KB125116

밥 로텔라의 쇼트 게임 심리학

밥 로텔라의
쇼트 게임 심리학

투어 챔피언의 쇼트 게임 비법

밥 로텔라 지음 | 이종철 옮김

예문당

밥 로텔라의
쇼트 게임 심리학

제1판 제1쇄 발행 2020년 6월 25일
제1판 제2쇄 발행 2023년 6월 25일

지은이 밥 로텔라
옮긴이 이종철
펴낸이 임용훈

마케팅 오미경
편집 전민호
용지 (주)정림지류
인쇄 올인피앤비

펴낸곳 예문당
출판등록 1978년 1월 3일 제305-1978-000001호
주소 서울시 영등포구 문래동 6가 19 문래SK V1 CENTER 603호
전화 02-2243-4333~4
팩스 02-2243-4335
이메일 master@yemundang.com
블로그 www.yemundang.com
페이스북 www.facebook.com/yemundang
트위터 @yemundang

ISBN 978-89-7001-712-9 03690

* 이 도서의 국립중앙도서관 출판시도서목록(CIP)은 e-CIP홈페이지(http://www.nl.go.kr/ecip)와 국가자료공동목록시스템(http://www.nl.go.kr/kolisnet)에서 이용하실 수 있습니다.(CIP제어번호:CIP2020022205)

사랑하는 나의 어머니 로라 보토멜리 로텔라에게 이 책을 바친다.

어머니는 다섯 아이들을 키우면서도

어머니로서 할 수 있는 만큼 활기찼고,

격려를 아끼지 않았으며, 너그러운 분이었다.

승리는 가슴과 마음 안에서 쟁취할 수 있다.
- 빈스 롬바디 -

얼핏 보기에도 '막을 수 없는 골퍼'라는 문장은 '듣지 못하는 피아니스트' 혹은 '앞이 보이지 않는 화가'처럼 어울리지 않는 단어들의 조합이다. 왜냐하면 골프는 축구나 야구처럼 수비수가 없기 때문이다.

나는 스포츠 심리학자로서 수십 년 동안, 초보에서 투어 챔피언에 이르기까지 많은 골퍼들을 지도해왔다. 이런 경험 속에서 사람들이 흔히 이야기하는 '골퍼들이 상대해야 할 적수는 코스와 자기 자신이다'라는 말을 좀 더 진지하게 생각해왔다. 결국 골프 경기에서의 승리는 자신의 재능을 십분 발휘하여 최고의 게임을 만들어내는 일이며, 이는 곧 자신과의 싸움에서 이기는 것이다. 하지만 자신과의 싸움을 패배로 몰아갈 수 있는 유일한 사람 역시 바로 자신이다. 자신을 통제하고, 자신의 능력으로 최고의 게임을 만들어 낼 수 있다면, 누구도 자신의 질주를 막을 수 없을 것이다.

골퍼가 자신과의 싸움에서 이기기 위해서는 무엇보다도 탁월한 쇼트 게임 능력이 필요하다. 270m짜리 드라이버 샷을 폭발시킬 만큼 힘이 센 골퍼는 그리 많지 않다. 하지만 어프로치, 퍼팅을 잘하기 위한 신체 능력은 누구에게나 있다. 따라서 쇼트 게임에 대한 노력을 게을리한다면 언젠가 한계를 맞이하게 된다. 나는 이 책에서 쇼트 게임의 대가들이 생각하는 방식, 그리고 그들이 어떻게 자신감을 가질 수 있었는지에 초점을 맞출 것이다. 왜냐하면 쇼트 게임 능력을 개발시키기 위한 가장 중요한 포인트는 마음에 있기 때문이다.

자신과의 싸움에서 승리하고 훌륭한 쇼트 게임 능력을 갖추기 위해서는 우선 스포츠 심리학의 기초 원리를 이해해야 한다. '자신을 이긴다'는 것은 '스스로를 믿는다'는 말과 같다. 이와 같이 스스로에 대한 믿음으로써 게임을 해나간다면, 다른 사람들의 시선을 두려워하지 않으면서 걱정 없는 플레이를 할 수 있다. 그리고 의식적인 생각에서 벗어나 오로지 타깃에 반응하는 골프를 하게 될 것이다. 게임은 여유롭고, 무언가를 억지로 만드는 골프가 아닌 저절로 일어나는 골프를 하게 될 것이다. 그러면 자신이 가지고 있는 기술들을 최대한 발휘할 수 있을 뿐만 아니라 이보다 더 높은 수준의 기술들을 수행할 수 있다는 자신감을 가질 수 있다.

자신감이 넘쳐 질주하는 동안에는 오직 자신만이 그 질주를 멈추게 할 수 있다. 질주를 다시 가능케 하는 것 역시 자신뿐이다. 스포츠 심리학자인 나는 일단 경기가 시작되면 선수들을 도우러 갈 수 없다는 사실이 매우 만족스럽다. 내가 만약 경기 도중 선수들을 도우러 간다면 그 행동은 룰을 어기는 것이고, 무엇보다도 선수들에게 게임에서의 가장 기본적인 즐거움을 빼앗는 것일지도 모른다. 왜냐하면 게임의 즐거움은 스스로 해낼 때 느낄 수 있는 것이기 때문이다.

나는 가끔 선수들에게 "골프공은 선수가 무슨 생각을 하는지 다 알고 있다"라는 말을 한다. 그리고 이 말을 이해하지 못하는 선수들에게는 골프공에 그런 능력이 있는 줄도 몰랐냐면서 놀리기도 한다. 여기서 내가 이야기하고 싶은 것은 바로 골프의 특성이다. 골프는 선수에게 있는 그대로 정직한 피드백을 준다. 또한 골프를 통해 자신이 얼마나 도전에 익숙해졌는지를 알 수 있을 뿐만 아니라 자립심, 독립심, 자기조절력 등과 같은 요소들을 배울 수 있다. 또한 책임감을 배울 수 있고, 자유의지를 연습할 기회도 가질 수 있다. 이러한 기회들은 참으로 값진 경험이 아닐 수 없다. 사실 이런 기회는 골프를 하는 매 순간 누구에게나 주어진다. 다만 그 기회를 살리느냐 못 살리느냐의 문제는 오직 자신의 선택에 달려 있다.

이 책에서는 메이저 대회의 챔피언 혹은 최고 수준의 경기를 보여주는 스포츠 선수들의 이야기를 담고 있다. 하지만 훌륭한 선수들의 이야기만 다룬 것은 아니다. 취미로 하는 골퍼들의 이야기도 있다. 궁극적으로 플레이 수준은 중요하지 않다. 돈과 인기는 프로 선수들의 경기에서는 중요한 일이겠지만, 나의 지도를 받고 있는 선수들에게는 진정한 기쁨이 되지 못한다. 게임을 통한 진정한 기쁨은 실력이 향상될 수 있다는 희망에서 시작된다. 그것은 마치 한 편의 성장 드라마를 제작하는 것과 같다. 이러한 경험은 반드시 메이저와 같은 큰 대회에서 우승을 해야만 가질 수 있는 것은 아니다. 취미로 골프를 즐기는 사람들에게도 얼마든지 가능한 경험이다.

골프 실력이 다르더라도 만족의 궁극적인 의미는 모두 같다. 자신감 충만하게 코스를 질주해온 골퍼라면, 라운드를 하나 끝내거나 시합을 하나 끝내면 거울을 통해 웃고 있는 자신의 모습을 볼 수 있을 것이다. 이렇게 웃을 수 있는 이유는 자신이 할 수 있는 만큼 게임을 잘해왔고, 이를 통해 자신의 골프 실력이 얼마나 향상될지 기대할 수 있기 때문이다. 이보다 더 재미있는 일이 또 어디 있겠는가?

차 례

쇼트 게임 그리고 승리하는 골프

"베스트 스코어는
쇼트 게임 능력에 달려있다."
- 톰 왓슨

자신감을 가지는 것과 훌륭한 쇼트 게임 능력은 떼려야 뗄 수 없는 관계에 있다. 만약 이 연관성에 대해 지금까지 한 번도 생각해보지 않았다면, 매년 4월에 열리는 '마스터스(Masters)'를 주목해볼 필요가 있다.

마스터스는 미국의 오거스타 내셔널 골프클럽에서 개최된다. 보비 존스와 엘리스터 매켄지가 디자인한 이 코스는 마스터스가 처음 시작했을 당시 활약했던 샘 스니드 혹은 오늘날의 부바 왓슨 같은 영웅적인 장타자들에게 유리하게 보일 수도 있다. 하지만 골퍼가 자신이 원하는 곳으로 공을 보낼 수만 있다면, 오거스타가 아니라 그 어디든 공을 멀리 보내는 능력이 문제될 리 없다. 바보가 아닌 이상 OB 없이 300m를 날아가는 드라이버 샷을 마다할 사람은 없기 때문이다.

그러나 나는 오거스타 내셔널에서 300m를 쳐낼 수 있는 장타자들이 우승하는 모습을 거의 보지 못했다. 심지어 우승 근처에 가는 것도 잘 볼 수 없었다. 오거스타 내셔널은 선수들의 쇼트 게임 능력을 테스트하면서 부족한 부분을 찾아내는 코스이기 때문이다.

오거스타의 그린과 그린 주변은 해병대 신병의 머리카락보다 더 짧게 깎여져 있다. 이처럼 빠른 그린으로 인해 경험이 부족한 선수들이 퍼트한 공은 그린 바깥으로 나가는 경우가 많다. 하지만 퍼팅조차 그린 주위에서의 어프로치 샷만큼 어렵지는 않다. 잔디가 너무 짧기 때문에 어프로치 샷이나 로브 샷을 할 때는 정확한 비거리와 탄도를 만들어내야 한다. 만약 실패하면 공은 상황에 따라 짧거나 혹은 굴러가서 그린 밖으로 나가버리기 일쑤다. 게다가 오거스타의 코스 관리 직원들은 선수들이 어프로치 샷을 할 때 잔디 결에도 신경 쓰도록 잔디를 깎는다. 엘리트 선수들을 위해 코스 난이도를 높이는 것이다.

이러한 조건들은 선수에게 많은 의심과 두려움을 갖도록 한다. 그래서 기량이 뛰어난 선수가 아니라면 마스터스에 초대될 수 없다. 어떤 선수가 마스터스가 시작되기 전 나에게 이런 질문을 했었다. "박사님! 이번 대회에서 제가 잘할 수 있을지 모르겠어요. 전국으로 방송이 나갈 텐데 이렇게 어려운 그린에서는 띄우는 어프로치 샷을 하면 안 될 것 같아요." 선수가 이런 말을 한다는 것은 쇼트 게임에 대한 두려움이 피어나고 있다는 뜻이다. 이들은 평소에는 이런 느낌을 받지 못했을 것이다.

나에게 상담을 받았던 한 어린 선수는 마스터스에 처음으로 초대되고 너무나 감격스러워했다. 이 선수의 경기는 대체로 양호했지만, 한두 타 차로 아쉽게 예선 탈락하고 말았다. 예선을 마치고 난 후, 어린 선수와 함께 경기한 선수 중 한 명이 나에게 이런 메시지를 보냈다. "그 선수는 착하고 좋은 선수예요. 하지만 어려운 라이에서의 높고 부드러운 로브 샷 연습을 해야 할 것 같더군요."

하지만 이 어린 선수는 원래부터 높고 부드러운 로브 샷을 할 수 있었다. 마스터스 첫 출전을 앞두고 돌았던 코스에서 하필 높은 탄도의 어프로치 샷에 대한 두려움이 생기는 바람에 제 실력을 발휘하지 못한 것이다. 아쉽지만 말이다. 그는 쇼트 게임을 위한 정신적인 준비를 거의 하지 않았다. 대신, 그러한 상황에 닥치면 오른발 쪽에 공을 놓고 할 수 있는 샷들을 구사했다. 그나마 깔끔하게 볼을 쳐낼 수 있다는 자신감이 있었고, 일반 관중들에게도 꽤 괜찮게 보였다. 하지만 버디를 잡고 파 세이브를 쉽게 할 수 있을 만큼 홀에 가깝게 붙이지는 못했다.

이 선수는 마스터스 출전을 위해 기술적인 부분만 준비했다. 그는 비록 좋은 기술을 가지고 있었지만, 여전히 쇼트 게임을 위한 멘탈 훈련이 필요했다. 당연한 이야기일 수 있지만, 그는 마스터스에 대한 약간의 두려움을 가지고 있었다. 마스터스에서 살아남기 위해서는 완벽한 쇼트 게임이 필요하다고 생각한 것이다. 그 바람에 그는 순간적으로 자신이 해왔던 방식을 완전히 잊어버리고 말았다. 사실 이 선수는 그동안 관리가 아주 잘 된 코스에서 우승을 해왔다. 그런 코스에서는 자신의 기술을 믿고 창의적인 플레이를 했던 것이다.

오거스타에서 챔피언이 된 선수들은 대부분 자신만의 쇼트 게임으로 도전을 즐기는 사람들이다. 그들은 자신만이 할 수 있다고 생각하는 쇼트 게임 능력을 뽐내면서 그것이 다른 선수들과 다르다는 것을 보여줄 수 있는 자신만의 무기라고 생각했다.

2008년 마스터스에서 우승한 트레버 임멜만이 아주 좋은 본보기이다. 트레버는 쇼트 게임을 매우 자연스럽게 배웠다. 이것은 내가 어린 아이들에게 바라는 방식이기도 하다. 트레버에게는 9살 차이의 형 마크가 있다. 마크는 평소 동생에게 좋은 영향을 끼쳤다. 마크 역시 골프선수였고, 현재는 조지아에 있는 콜럼버스 주립 대학에 코치로 있다. 마크는 14살에 골프를 시작했는데, 트레버의 고향인 남아프리카공화국 서머싯 웨스트의 호텐토트 홀랜드 고등학교에 입학하면서부터였다. 그 당시 5살이었던 트레버는 형 마크와 그의 친구들을 졸졸 따라다녔다. 당연하게도 어린 트레버는 형만큼 공을 멀리 보낼 수 없었고, 할 수 없이 어프로치 샷과 퍼팅을 많이 연습했다.

그런 모습을 본 트레버의 아버지 조안은 트레버에게 작게나마 집 앞마당에 모래 벙커와 퍼팅 그린을 만들어주었다. 아들의 골프 열정에 보답하는 작은 선물이었다. 아버지와 마크는 트레버에게 굳이 연습을 강요할 필요도 없었다. 트레버의 경쟁본능이 피어나기 시작했기 때문이다. 그는 한 번 쇼트 게임 연습을 시작하면 몇 시간이고 멈추지 않았다. 나중에는 이웃집 잔디밭에서 어프로치 샷을 시도할 수 있게 되었고, 점점 거리를 늘려나갔다. 결국 웨지로 풀 스윙을 시도할 수 있었으며, 나무와 벽을 넘기는 샷도 배울 수 있었다.

트레버는 제대로 된 레슨을 받아본 일이 없다. 대신 형 마크와 같이 골프를 하면서 좋은 선수들을 만났고, 그들의 플레이를 직접 보고, 때로는 물어보면서 골프를 배웠다. 특히 남아프리카의 투어 프로들을 보면서 많은 것을 배웠다. 예를 들어 어니 엘스로부터 웨지의 바운스를 어떻게 사용하는지를 배우는 식이었다.

1998년, 18살의 트레버는 미국에서 열린 퍼블릭 링크스 챔피언십에서 우승을 차지했고, 이 우승으로 1999년 마스터스에 초청되었다. 트레버는 오거스타의 위협적인 그린 경사와 스피드에 감탄했으나 곧바로 자신감을 가질 수 있었다. 그는 마스터스 최고의 선수들이 어려운 곳에서 어떻게 플레이하는지를 계속 지켜봤기 때문이다. 그들은 언제나 자신만의 플레이로 게임을 리드했다.

몇 년이 지난 후, 트레버는 프로골퍼가 되어 다시 마스터스로 돌아왔다. 그는 그린의 구석구석을 파악하기 시작했다. 자신감이 붙은 트레버의 쇼트 게임은 강점으로 작용했으며, 결국 2008년 마스터스에서 우승을 거둘 수 있었다. 준우승은 타이거 우즈였다. 처음에는 우승후보 명단에조차 빠져 있었다. 게다가 트레버는 자신의 스윙 코치가 오거스타에 따라가지 않는다는 것을 알고 이에 대한 대비를 해야 했다. 그래서 나는 트레버에게 1992년 US 오픈에서 톰 카이트도 똑같은 일을 겪었다는 사실을 알려주었다. 톰 카이트는 그것이 아무 문제가 되지 않는다는 것을 이미 증명했다. 우승을 거두었으니 말이다.

나는 트레버에게 "이 상황이 오히려 도움이 될 거라고 생각하자. 네가 할 일은 코치가 오지 않더라도 멋진 골프를 할 수 있다는 자신감을 가지는 거야. 너의 스윙과 게임에 믿음을 가져야 해"라고 조언해주었다.

그때까지 트레버는 오거스타에서의 플레이를 위해 전략적으로 게임계획을 구상해왔다. 특히 후반 9홀 중 13번과 15번, 이 두 개의 파5 홀에서 얼마나 자신감 있는 웨지 샷을 하느냐가 관건이었다. 그는 일단 이 두 홀에서 4번이나 그 이하의 아이언으로 투 온(Two on)을 시도하기로 했다. 그리고 여의치 않으면 레이 업을 한 후 쇼트 게임으로 승부를 보기로 했다.

물론 계획대로 쳐내기는 쉽지 않았다. 홀의 위치가 바뀜에 따라 웨지 샷을 쳐야 하는 지점이 달랐기 때문이다. 어떤 지점에서는 높게 쳐서 백스핀으로 끌려오게끔 쳐야 할 때도 있었고, 또 어떤 지점에서는 한 번 튕기고 바로 설 수 있는 어프로치가 필요할 때도 있었다. 그것은 모두 세 번째 샷을 어디서 하느냐가 관건이었다.

모든 선수가 그런 계획을 세울 수 있는 것은 아니다. 내가 말해왔듯이 마스터스의 참가자 중에는 트레버가 실행했던 것 같은 샷을 두려워하거나 피하는 선수들이 있었다. 장타자들에게 통하는 코스가 있는가 하면, 마스터스 우승은 역사적으로 쇼트 게임 실력에 의해 판가름 나곤 했다. 마스터스 우승자인 마크 위어와 잭 존슨은 장타자라고 말할 수 있는 선수들은 아니었다. 과거 챔피언 중 스페인 출신인 세베 바예스테로스와 호세 마리아 올라자발은 웨지 샷의 달인이었다. 톰 카이트는 오거스타에서 항상 좋은 모습을 보여주었다.

나는 트레버도 이들과 같은 쇼트 게임 능력을 가지고 있다고 생각했다. 더 중요한 점은 트레버에게는 좋은 선수에게서만 볼 수 있는 쇼트 게임을 대하는 태도가 있었다는 것이다. 나는 이런 태도를 좋아한다. 이것은 자신이 어떤 샷을 치든 개의치 않고 스스로를 좋은 방향으로 끌고 가려는 태도를 말한다. 만약 자신이 쇼트 게임에 자신감이 있고 최고의 무대에서 그 능력을 뽐내고 싶다면, 코스에서 무슨 일이 일어나든 고요히 받아들일 수 있어야 한다. 이러한 태도는 어떤 샷이 나오더라도 자신을 속상하게 만들지 않으며 여유를 가져다 줄 수 있다. 자신감 있는 쇼트 게임은 감정적 보호막인 것이다. 그리고 이것은 게임 전체에 영향을 미친다.

트레버는 이미 이 사실을 알고 있었기에 내가 옆에서 마지막까지 돕는데 전혀 어려움이 없었다. 나는 트레버에게 "늘 해오던 대로만 하면 될 것 같다"라고 간단히 상기시켜 주었다. 그것은 샷을 마음속에서 그려보기, 타깃에 집중하기, 루틴에 전념하기, 결과가 어떻게 되더라도 완벽하게 수용하기이다. 어려울 것은 없었다. 하지만 트레버는 간단한 문제가 아니고, 말처럼 쉬운 것도 아니라고 말했다. 내 경험에 의하면 일반적인 대회의 우승자는 물론, 메이저 대회 우승자들도 대개 단순히 실행하는 사람들이었다. 다른 선수들이 순간의 압박으로 인해 다른 무언가를 시도할 때, 그들은 그저 평범한 루틴과 기본적인 것들만 수행할 뿐이다.

트레버는 우승을 거둔 2008년 마스터스에서 인상적인 어프로치 샷을 하나 보여주었다. 그것은 마스터스 우승자들이 자주 버디를 기록하는 13번 홀에서 나왔다. 트레버는 시합 내내 좋은 티 샷을 보여주었지만 그 홀에서의 티 샷은 좋지 않았다. 세컨드 샷이 4번 아이언보다 더 긴 것을 잡아야 하는 곳으로 가버린 것이다. 트레버는 계획한 대로 볼을 70m 지점으로 레이 업했다. 그는 여전히 버디의 가능성을 놓지 않고 있었다.

깃대는 그린 뒤 좌측에 있는 작은 언덕 위에 있었다. 공을 떨어뜨려야 하는 지점은 2m 정도의 아주 좁은 공간이었기 때문에 매우 부담스러울 수밖에 없었다. 언덕 앞에는 퍼팅을 아주 어렵게 만드는 가파른 경사가 있지만, 그 언덕 위로만 볼을 가져다 놓으면 그 다음은 어렵지 않게 퍼팅할 수 있었다. 만약 그린 주위에서 칩 샷이나 벙커 샷을 너무 안전하게 플레이한다면 공은 언덕 위로 올라가지 못하고, 결국 투 퍼팅으로 인해 보기가 될 가능성이 높았다. 이 홀의 핀이 이렇게 뒤편 좌측에 있을 때면, 레이 업을 하는 대부분의 선수들은 거의 파를 목표로 플레이해왔다. 왜냐하면 세 번째 샷이 거의 그 언덕 앞으로 짧게 떨어지기 때문이었다.

트레버의 계획은 언덕 앞 경사를 향해 낮은 피치 샷을 치는 것이었다. 정확도가 필요한 샷이었다. 대부분의 선수들이 짧게 칠 것이라고 예상되는 지점이었다. 하지만 트레버는 연습장에서 이 샷에 대비한 훈련을 했다. 그리고 연습라운드를 할 때마다 이 홀에 도착하면 그 샷을 시도해왔다. 그의 마음은 평온했고, 자신감이 있었다.

트레버는 자신의 루틴을 믿었다. 샌드웨지를 꺼내든 트레버는 자신이 원하는 샷을 마음속에 그리고는 바로 실행에 옮겼다. 공이 산뜻하게 떠오르더니 정확히 그 비탈에 떨어졌고, 한 번 점프한 후 홀에서 가까운 거리 안에 멈췄다. 갤러리들은 박수와 함께 함성을 터트렸다. 그것은 쉽게 볼 수 없는 멋진 버디였고, 트레버에게 54홀 선두로 올라설 수 있는 분위기를 만들어주었다.

마스터스에서 선두로 플레이한다는 것은 쉬운 일이 아니다. 메이저에서 한 번도 우승해보지 못한 선수가 3라운드 후 선두에 있다는 사실을 외면할 수 있다면 그것은 비인간적이라 할 수 있다. 트레버는 마스터스 우승이 가져다 줄 인생의 변화를 생각하기 시작했다.

그날 저녁 트레버를 만났을 때, 그는 매우 긴장하고 있었다. 나는 트레버가 긴장에서 벗어나도록 도움을 주었다. 먼저 3라운드에서 선두로 올라갈 수 있도록 해준 13번 홀에서의 버디를 상기시켜주었고, 그때의 느낌을 되살리도록 유도했다. 그것은 타깃, 루틴, 수용, 전념이다. 우리는 샷의 결과가 좋든 안 좋든 차분함을 유지할 수 있는 방법에 대해 이야기했다. 그리고 매 샷에 똑같은 의미를 부여하고, 비교적 덜 신중한 태도에 대해서 이야기했다. 그가 최종라운드를 앞두고 연습그린을 떠날 때, 나는 하이파이브를 해주고 싱긋 웃었다. 그리고 잘해보라고 이야기해주었다. 그것은 현재에 집중하라는 의미였다.

결국 트레버는 해냈다. 계획대로 되지 않은 샷은 단 한 개였다. 16번 홀에서 6번 아이언을 왼쪽으로 당겨서 연못에 빠뜨린 것이다. 하지만 쇼트 게임에 대한 자신감과 그의 태도는 그런 위기상황을 대수롭지 않게 받아들였다. 트레버는 리더보드를 보지 않으려고 마음먹은 이후 자신이 몇 등을 하고 있는지 전혀 몰랐다. 물에 빠졌을 때도 리더보드에 대한 관심은 없었다. 사실 트레버는 5타 앞서고 있었다.

중요한 순간에 미스 샷을 친 트레버는 마치 1라운드에서 실수한 것 마냥 평범한 반응을 보였다. 그는 고요한 마음을 유지하기 위해 노력했다. 마음속에서는 이미 6번 아이언 샷의 실수가 사라졌다. 그리고 3라운드 13번 홀에서의 그 멋진 어프로치 샷을 마음속에 그렸다. 트레버는 쇼트 게임에 대한 자신감으로 티박스 앞쪽에 볼을 드롭했다. 그리고 9번 아이언으로 연못을 넘긴 후 투 퍼트로 홀을 마쳤다.

트레버가 몇 등을 하고 있는지 관심을 가졌던 순간은 18번 홀 그린에서 공을 마크한 이후였다. 트레버는 캐디에게 스코어 상황을 물었고, 캐디는 "우즈보다 3타 앞서 있어!" 하고 알려주었다. 트레버는 우승하기 위해서 몇 타가 필요한지 알려고 하지 않았다. 그런 상황은 트레버에게 좋은 경험이 되었다. 그는 마음을 가다듬고 투 퍼팅으로 마무리했다. 그리고 마침내 그린재킷을 차지했다.

나는 PGA, LPGA 그리고 챔피언스 투어에서 74차례 메이저 대회 우승을 도왔다. 트레버는 그 중 유일하게 일주일 내내 플레이를 잘한 선수였다. 트레버의 페어웨이 안착률과 그린 적중률은 거의 톱에 가까웠다. 이런 점을 감안하더라도 트레버 우승의 원동력은 쇼트 게임 능력과 오거스타 그린을 파악하기 위한 그의 노력에 있었다.

트레버의 우승은 나의 지도를 받았던 대부분의 우승자들과 마찬가지로 쇼트 게임의 역할이 얼마나 중요한지를 확실히 보여주었다. 이들이 우승한 경기를 살펴보면 최소한 몇 번은 미스 샷이 나왔다. 그럼에도 불구하고 우승할 수 있었던 이유는 쇼트 게임 능력과 강인한 멘탈 그리고 큰 대회에서 평상심을 가지고 경기하는 선수들이 많지 않다는 사실 때문이었다.

사실 PGA 투어 우승자들이라도 모든 라운드에서 자신이 꿈꾸던 플레이를 보여주며 우승하지는 않는다. 항상 페어웨이로 공을 올려놓는 것도 아니고, 아이언 샷이 항상 핀에 붙는 것도 아니다. 그리고 가깝게 붙인 버디 퍼팅을 실패할 때도 있다. 겨우 퍼팅을 잘 해내는 정도이다.

내가 이 책을 쓰는 시점에 그린 적중률 1위를 기록 중인 데이빗 톰스는 라운드당 평균 13회에 약간 못 미치게 그린을 적중시켰다. 공동 100위를 기록 중인 우디 오스틴과 스티븐 보디치는 평균 11.5회를 기록 중이다. 투어카드를 유지하기 위해 애쓰는 선수가 꾸준히 우승할 수 있는 선수와 다른 부분은 무엇인가? 그것은 바로 쇼트 게임이다.

나는 쇼트 게임에 대한 중요성을 오히려 아마추어 시합에서 더 많이 느낄 수 있다. 내가 지도하는 대학선수 중 몇몇은 컨디션이 좋으면 프로만큼 좋은 플레이를 보여준다. 하지만 어린 선수들의 플레이는 항상 좋을 수 없다. 어떤 날은 페어웨이에 한 번도 올리지 못할 때도 있다. 그런 날에도 쇼트 게임이 좋은 선수들은 힘겹게나마 70대 초반을 쳐낸다. 시합 때 이런 스코어는 적어도 팀에 도움을 줄 수 있다. 반면 쇼트 게임이 좋지 않은 선수들은 70대 후반으로 넘어가곤 한다.

쇼트 게임의 중요성은 게임의 수준이 낮아진다고 해서 떨어지지 않는다. 사실 쇼트 게임 능력은 엘리트 선수들보다 일반적인 골퍼들에게 더 필요하다. 미국골프협회에 따르면 미국 남자의 평균 핸디캡은 약 14 정도이다. 이것은 보통의 클럽에 있는 골퍼들이 90타 조금 아래로 친다는 의미이다. 여자의 경우에는 보통 100타 부근의 핸디캡 27 정도이다.

내가 이런 골퍼들과 함께 플레이를 하거나 그들의 플레이를 지켜보면 일반적으로 파 온에 성공하지 못한다. 경기력이 좋은 프로들이 한 라운드에 파 온을 13번 정도 한다면 일반 아마추어 골퍼들은 아마도 3~4번 정도일 것이다. 이 말은 아마추어 골퍼들이 프로보다 더 많은 어프로치를 해야 한다는 뜻이 된다.

사실 아마추어 골퍼의 스코어는 일반적으로 쇼트 게임 실력에서 판

가름 난다. 어프로치 샷이나 벙커 샷이 어느 정도 되고, 파 세이브를 어느 정도 할 수 있다면 예상 스코어보다 더 좋은 성적을 낼 수 있다. 그렇지만 어프로치 샷에서 땅을 쳐대고 톱핑을 쳐댄다면 스코어 카드는 엉망이 될 것이다. 점심 값으로만 꽤 많은 돈을 지출해야 할지도 모른다.

또한 쇼트 게임의 중요도는 골퍼의 나이에도 비례한다. 나이가 많아질수록 그 중요도가 커진다는 이야기이다. 나는 버몬트의 러틀랜드에서 골프를 즐기는 아버지와 아버지 친구들의 모습을 본 적이 있다. 그들은 모두 자신들이 파 온을 쉽게 할 수 없다는 사실을 잘 알고 있었다. 그러나 힘은 약해도 공을 똑바로 보낼 수는 있었다. 그들의 전체 스코어는 보통 40~60m 안에서의 어프로치가 어떻게 되느냐에 달려있었다. 어떤 면에서는 라운드가 시작되기 전부터 마음속에서 수용할 수 있는 스코어가 정해져 있는 듯 보였다. 그 스코어는 85타가 될 수도 있고, 100타가 될 수도 있다. 즐기는 골프로 본다면 아주 훌륭한 생각이다. 그들은 자신의 스코어를 기록하거나 조금 더 좋은 스코어를 기록하면 행복해한다.

반면 자신의 스코어보다 좋지 않게 되면 게임을 집어치울까 하고 투덜대기도 한다. 안타깝게도 그들 중 일부는 결국 포기하고 만다. 만약 쇼트 게임 실력이 괜찮았다면 그들은 포기하지 않고 게임을 끝까지 즐길 수 있었을 것이다. 나이가 들면 드라이버 비거리는 감소할 수는 있다. 하지만 30~40m 거리를 치기 위한 신체능력이 줄어든다고는 말할 수 없다.

나의 판단으로는 드라이버 샷이나 아이언 샷과 같은 롱 게임은 자신이 기록할 수 있는 가장 높은 숫자를 결정하는 반면, 어프로치, 퍼팅과 같은 쇼트 게임은 가장 낮은 숫자를 결정하는 것으로 보인다. 이 원리는 골퍼의 수준에 상관없이 적용된다. 가령, 프로골퍼가 성공적인 롱 게임으로 15개의 파 온에 성공했다고 치자. 그런데 그린을 미스한 홀에서 퍼트를 잘못해서 보기를 기록한다면 가장 높은 스코어는 75타 정도가 될 것이다. 하지만 반대로 쇼트 게임이 잘 되었다면 60대 타수로 내려갈 수 있다. 아주 좋은 성적을 기록할 수 있다는 이야기이다.

아마추어 골퍼의 경우도 마찬가지이다. 비거리가 평균 정도는 되고 뒤땅도 많이 치지 않는, 비교적 경기 운영을 잘하는 골퍼가 3~4개 정도 파 온에 성공했다고 치자. 이 정도 실력이라면 보통 90타를 훌쩍 넘기지는 않을 것이다. 하지만 비교적 좋은 쇼트 게임을 가지고 있는 골퍼라면 80타를 깰 수도 있을 것이다.

골프를 잘하는 사람이나 못 하는 사람이나 필연적으로 100m 안쪽에서의 샷을 피할 수는 없다. 퍼트는 말할 것도 없고, 어프로치 샷 혹은 벙커 샷과 같은 쇼트 게임 기술로 홀은 마무리된다. (평생에 한 번 할까 말까 하는 홀인원이나 알바트로스는 제외하고.)

이렇게 명백한 사실에도 불구하고, 일반 골퍼는 물론 PGA 투어에 있는 선수마저도 쇼트 게임의 중요성을 간과하는 경우가 있다. 오늘날에는 쇼트 게임을 위한 좋은 연습시설이 많다. 그럼에도 어프로치 샷을 더 날카롭게 만들려고 노력하기보다는 연습장에서 드라이버 비거리에 목매는 골퍼들이 훨씬 더 많다.

이런 현상을 만드는 이유 중 하나는 골프채를 파는 회사들이 파워와 롱 게임에 더 많은 관심을 가지도록 유도하기 때문이다. 그들은 골퍼가 새로운 클럽과 새로운 볼을 원하도록 끊임없이 유혹한다. 사람들은 풀 스윙 연습을 더 좋아하고, 공을 더 높게 멀리 보내는 것에 흥미를 갖는다. 사실 나도 그렇다. 그 마음은 충분히 이해할 수 있다. 그것은 골프를 하면서 맛볼 수 있는 가장 큰 기쁨 중 하나이기 때문이다.

하지만 골프 실력이 향상되기를 바라는 골퍼라면 다른 관점에서 생각할 수 있어야 한다. 그것은 골프가 단순히 멀리 치는 게임이 아닌 점수를 만드는 게임이라는 사실이다. 이를 위해 반드시 쇼트 게임 능력이 필요하다. 90타 전후를 왔다 갔다 하는 보통의 골퍼가 5타에서 15타를 줄이고 싶다면, 가장 쉬운 방법은 퍼팅과 어프로치 샷을 향상시키는 것이다. 이렇게 쇼트 게임에서 답을 찾을 수 있다면 선수는 시합에서 우승할 수 있고, 아마추어 골퍼라면 친구들에게 당하는 일이 줄어들 것이다.

지금도 연습장에서 드라이버를 잡고 땀을 뻘뻘 흘리는 골퍼들은 쇼트 게임장에서 훨씬 더 생산적인 시간을 보낼 수 있다. 한번 생각해보자. 보통의 운동능력과 적당한 힘을 가지고 있는 골퍼, 혹은 티 샷을 180~200m 정도 보내는 실력을 가진 골퍼라 해도 PGA 투어의 최고 단타자보다 더 멀리 치지는 못할 것이다. 만약 새로 드라이버를 산다면 몇 m 더 나갈 수도 있다. 혹은 레슨을 받고 스윙이 좋아진다면 10~20m를 더 추가할 수 있다. 하지만 비거리를 늘리는 일은 생각처럼 잘 되지 않는다. 오히려 비거리를 늘려보겠다고 하다가 정작 좋았던 스윙마저 망가질 수 있다. 나는 이런 현상을 PGA 투어에서 많이 봐왔다.

이런 실험을 해보자. 만약 지금 방 안에서 책을 읽고 있다면, 주위를 둘러보고 자신으로부터 7~8m 떨어진 곳에 있는 타깃을 하나 골라잡자. 소파 위에 있는 쿠션도 괜찮고 다른 어떤 것도 좋다. 책을 덮고 타깃을 향해 던져보라. 이때 '어떻게 하면 더 잘 던질 것인가'와 같은 던지는 방법에 대한 생각은 전혀 하지 않을 것이다. 그냥 타깃을 보고 던질 뿐이다.

만약 타깃을 맞추었다 해도 그것은 모든 사람들이 쉽게 할 수 있는 것에 불과하다. 이것은 누구에게나 타고난 신체능력이 있으며, 누구나 쇼트 게임을 잘할 수 있다는 말이다. 게다가 신체적 능력 외에 정신적인 부분에서도 쇼트 게임을 잘하기 위한 능력은 이미 누구나 갖추고 있다. 몸은 300m를 칠 수 있는 능력이 안 될 수 있다. 하지만 마음에 관련된 것들은 프로 못지않게 좋아질 수 있다.

이처럼 쇼트 게임을 대하는 태도, 쇼트 게임에 대한 자신감, 훈련에 필요한 인내와 같은 것들은 프로만이 가질 수 있는 것이 아니다. 만약 이 말이 사실이고 거의 모든 골퍼가 쇼트 게임을 잘할 수 있는 타고난 능력을 가지고 있다면, 그럼에도 불구하고 왜 그렇게 많은 사람들이 그린 주위에서 실수를 연발하는 것일까? 나는 여기에 대해 여러 가지로 생각해보았다.

첫 번째로 골퍼들은 쇼트 게임에 대한 중요성을 인식하지 못하기도 하지만, 그 중요성을 무시하곤 한다. 아마도 대부분의 골퍼들은 점수가 어떻게 만들어지는지 게임에 대한 분석을 해보지 않았을 것이다. 특히 그린과 그린 주위에서 얼마나 많은 스트로크가 나오는지에 대해 계산해보지 않는다. 아마도 그럴 것이다. 대신 어떻게 하면 슬라이스를 고칠 것인가, 어떻게 하면 더 멀리 칠 수 있을 것인가에만 집중했을 것이고, 이런 부분이 어느 정도 해결되면 마지막으로 쇼트 게임에 대한 노력을 하려고 생각했을 것이다.

또 다른 이유는 지도자에게 있을 수 있다. 어떤 지도자들은 쇼트 게임 레슨을 선호하지 않는다. 아마도 스스로 쇼트 게임에 자신감이 없을 수도 있고, 아니면 풀 스윙 레슨을 더 좋아하는지도 모른다. 이런 지도자에게 배우는 제자는 '골프를 잘할 수 있는 비결은 완벽한 스윙에 있다'라는 잘못된 인상을 가질 수 있다. 좋은 스윙을 갖는다는 것은 골프를 잘할 수 있는 일부분에 불과한 것이지 골프를 잘하기 위해 꼭 필요한 요소는 아니다.

마지막으로 어떤 골퍼들은 쇼트 게임 연습을 아예 하고 싶어 하지 않는 성향을 보인다. 쇼트 게임에 대한 공포증으로 인해 사실상 연습을 포기하는 것이다. 이는 입스에 걸렸다고 스스로 인정한 것과 다름없다.

약 30년 전, 내가 처음으로 골퍼들과 상담을 시작했을 때 퍼팅에 입스가 왔다고 말하는 선수들이 있었다. 오늘날에는 롱 퍼터, 벨리 퍼터, 집게 그립 등 그 외에 비슷한 것들이 퍼팅 입스를 위한 차선책으로 사용되곤 한다. 그 좋은 예가 바로 버나드 랑거이다. 이 선수는 퍼터와 그립을 바꾼 후 거의 40년 동안 성공적인 선수생활을 해왔다. 나는 요즘 들어서 어프로치 샷에 입스가 왔다고 하는 선수들을 더 많이 만난다. 어프로치 입스에 관한 것은 이 책의 후반부에 자세히 이야기할 것이다.

내가 이것을 후반부에 다루려고 하는 이유는 '입스'라는 용어를 크게 신경 쓰지 않을 것이기 때문이다. 현재로써는 단지 '쇼트 게임에 대한 두려움'이라고 말하는 것으로도 충분하다. 100타 부근에 있는 골퍼들은 벙커 샷이 두려울 수 있고, 좀 더 나은 골퍼들은 벙커 샷은 괜찮지만 어려운 라이에서의 섬세한 어프로치 샷이 두려울 수 있다.

그들은 왜 두려움이라는 마귀를 떨치지 못하는가? 여기에는 이유가 있다고 생각한다. 퍼팅에는 벨리 퍼터와 같은 차선책이라도 있지만 어프로치 샷에는 그와 같은 차선책이 없다. 프로 샵에 가봤자 어프로치 샷의 뒤땅과 톱핑을 방지해줄 벨리 로브웨지 같은 것은 없을 테니 말이다. 또한 퍼팅에서 그립을 쥐는 방법이라도 바꿀 수는 있겠지만, 그런 방법으로 두려움에서 벗어날 수는 없다.

쇼트 게임을 위한 유일한 차선책은 칩 샷에 대한 불안을 완화시켜주는 것이다. 요즘 페어웨이 잔디는 대부분 유지관리가 잘 되어 있다. 그래서 그린으로부터 조금 멀리 떨어져 있다 하더라도 하이브리드나 페어웨이 우드를 사용한 어프로치 샷이 가능해졌다. 그런 클럽들을 마치 퍼팅 스트로크처럼 사용하는 것이다. 그러나 벙커 샷 혹은 어려운 라이에서 벙커를 넘겨야 하는 경우에는 방법이 없다.

요즘 선수들은 갈수록 어려운 어프로치를 해야 하는 상황에 놓인다. 그 이유는 골프장이 갈수록 그린 주변을 어렵게 만들기 때문이다. 나는 그런 골프장 설계자들의 마음을 이해한다. 설계자들은 골프장을 건설하려는 개발업자들을 쉽게 만나지 못하기 때문에 그들의 요구를 만족시키기 위해 노력해야 한다. 골프장에 막대한 돈을 투자하는 사람들은 모든 수준의 골퍼들이 쉽게 즐길 수 있는 코스를 원하지만, 한편으로 프로들에게는 도전적인 코스가 되기를 바란다. 이는 세계 최대의 자동차공

업 도시인 디트로이트에서도 마찬가지이다. 자신의 차가 출퇴근 용도로만 사용된다 하더라도 누구나 연비 높은 차를 원할 것이다. 하지만 인디애나폴리스 500과 같은 자동차 경주에 나가기로 했다면 거기에 맞는 경쟁력 있는 차가 되어야 할 것이다.

개발업자들의 입맛을 맞추기 위해 애쓰는 골프 설계자들은 선택의 여지가 별로 없다. 설계할 땅이 300m 장타자가 플레이하기에 충분하지 않을 수 있다. 그렇다고 페어웨이를 너무 어렵게 만들 수도 없다. 왜냐하면 일반 골퍼들이 힘들어할 것이기 때문이다. 그래서 설계자가 선택할 수 있는 방법은 티잉 그라운드의 개수를 늘리고, 페어웨이를 넓게 만들고 그린을 어렵게 만드는 것이다. 요즘의 그린은 새롭게 만든 것인지 리모델링한 것인지 알 수 없을 정도로 언덕이 많고 움푹 팬 곳도 많다. 그리고 2단, 3단으로 이루어진 그린도 자주 볼 수 있다. 그런 그린은 경사가 가파르기 때문에 퍼팅이 어려울 수밖에 없다. 또한 까다로운 어프로치 샷이 되도록 그린 주위의 잔디를 짧게 깎아놓기도 하고, 깊은 벙커들을 여러 개 포진시켜 놓기도 한다. 골퍼들은 약간만 미스해도 어려운 상황에서 어프로치 샷이나 벙커 샷을 해야만 한다.

이와 같은 이유로 쇼트 게임을 대하는 골퍼들의 태도는 점점 더 중요해지고 있다. 그리고 쇼트 게임에 대한 중요도가 부각될수록 두려움과 공포증도 함께 커질 수밖에 없다. 그러면 멘탈 코치인 나는 어프로치 입스에 걸린 선수들을 점점 더 많이 만나게 될 것이다. 오늘날의 골프에서는 어프로치 샷과 쇼트 퍼트를 다루는 능력이 정신적인 강인함을 나타낸다고 해도 틀린 말이 아니다. 골퍼는 매 라운드를 하는 동안 많은 쇼트 게임을 해야 한다. 골퍼는 자신의 쇼트 게임을 신뢰하고 있는지 혹은 자신감이 있는지 알게 될 것이다.

이 책이 바로 그 자신감을 터득할 수 있도록 안내해줄 것이다. 하지만 그 과정은 단기간에 이루어지는 것이 아니며 결코 쉽다고 이야기할 수도 없다. 어쩌면 성공에 이르지 못할 수도 있다. 그 과정은 '쉽다 어렵다'를 이야기하는 문제가 아닌 것이다. 최고의 골퍼 혹은 쇼트 게임의 강자가 되고 싶은가? 만약 그렇다고 한다면 아마도 그 이유 중 하나는 다른 친구들 또는 동료 선수들에게는 없는 그 무언가를 터득하고 싶어서일 것이다.

심리학은 때론 기적을 만들어내는 위대함이 있다. 나의 삶은 그것을 연구하는 일이다. 그 위대함은 골프선수가 최고의 멋진 경기를 보여줌으로써 이 세상 모든 사람들과 다르다는 것을 보여주는 일이다. 내가 그런 위대한 도전에 도움을 줄 수 있다는 사실, 이것이 나를 감동시킨다. 평범한 사람들이 특별한 일을 해내는 것, 나는 이런 사람들을 돕는 일이 좋다. 평범한 일은 어느 누구도 쉽게 해낼 수 있다. 하지만 당연하게도 위대함은 누구나 쉽게 해낼 수 있는 일이 아니다. 그것은 의지가 필요하고 수양이 필요한 일이다. 적어도 골프심리에 관한 나의 지식을 자신의 것으로 만들고 싶다면 부단히 노력해야 한다.

그 첫 번째로 스스로를 어떻게 바라보고 있는지에 대해서 되돌아봐야 할 것이다.

자아상과 쇼트 게임

"부족한 자신감, 지나친 자신감 중 하나의 팀만 선택해야 한다면
나는 지나친 자신감의 팀을 선택할 것이다.
자신감이 떨어지는 것은 쉽지만 올리는 것은 어렵기 때문이다."
-존 우든

아이스크림의 맛이 다양한 것처럼,

각각 골퍼마다 혹은 골퍼의 실력 수준에 따라 골프를 하는 그 목표도 다양하다. 나는 메이저 대회를 목표로 하는 선수들을 상담하지만, 직업과 가족이 있고 연습에 투자할 수 있는 시간이 일주일에 고작 몇 시간밖에 안 되는 일반 골퍼들도 상담한다. 여기서 각자의 목표는 클럽 챔피언에 도전하는 일이 될 수도 있고, 90타를 깨는 것일 수도 있다. 또한 배우자 보기에 창피하지 않을 정도의 플레이가 목표일 수도 있다. 이렇듯 모든 골퍼의 목표는 개인의 사정에 따라 결정된다.

그러나 아무리 자신을 위한 목표라 할지라도 각자의 목표에 도달하기 위해서는 자신에 대한 신뢰가 필수다. 골프를 잘하기 위해서는 스스로에 대한 믿음, 즉 자신감이 중요하다는 이야기이다.

내가 이런 말을 하면 어떤 선수들은 머리를 긁적이면서 이렇게 중얼거릴지도 모른다. "로텔라 박사님! 일의 순서가 바뀐 게 아닌가요? 그보다는 제가 피치 샷을 더 잘할 수 있는 방법을 알려주세요. 그러면 시합

에서 우승할 수 있을 거고, 제 자신을 믿을 수 있을 겁니다."

이와 같은 생각은 우리 대부분이 가지는 자신감에 대해 생각하는 방식이다. 우리는 자신감을 개발하거나 조절할 수 있는 대상이라고 생각하지 못하고, 단지 성공의 부산물로 획득되는 것이라고만 생각한다. 성공한 후에야 자신감을 얻을 수 있다는 이야기이다. 이것은 우승을 해야 비로소 자신을 우승할 수 있는 사람으로 인정할 수 있다는 것이나 다름없다. 그러나 만약 이 말이 사실이라면 과연 누가 첫 우승을 달성할 수 있었겠는가? 그리고 만약 진실이었다면 어찌하여 나는 우승 경험이 있는 선수들에게 자신감에 대한 상담을 하고 있겠는가?

몇 년 전, 나는 꽤 좋은 스윙을 가지고 있는 선수와 상담을 했다. 이 선수는 스스로 "내 스윙은 정말 좋다고 생각해요"라고 하면서도 동시에 "하지만 제가 우승할 것 같은 느낌은 들지 않아요"라고 말했다. 아이러니하게도 이 선수는 이미 증명된 챔피언이었다. 나 역시 이 선수가 PGA 투어에서 우승하는 모습을 보았다. 이 우승으로 그는 명예의 전당에 한 발짝 다가설 수 있었다.

대회 마지막 날, 그는 약간의 떨림으로 불안한 티 샷을 이어갔다. 그는 트러블 상황에서 간신히 볼을 빼냈지만 꾸준히 파를 만들었고, 심지어는 버디도 기록했다. 나는 그것이 대단한 능력이라고 생각했고, 그에게도 그렇게 말해주었다. 하지만 그 선수는 "저는 그런 플레이에서 얻은 것이 없어요"라고 말했다. 나는 아리송해서 그에게 "그게 무슨 말이죠?" 하고 물었다.

그는 "저는 티 샷을 할 때마다 머리가 터질 것 같아요. 아주 좋은 스윙을 가지고 있다고 생각하지만 숨이 막혀 미칠 지경이에요. 저는 코스에서 스윙을 잘 컨트롤했고, 게임을 잘 이끌어갔다고 생각해요. 하지만 단지 운이 좋았을 뿐이지 스윙 덕을 본 것은 없어요. 어디서 쳤다는 것은 중요하지 않아요. 숲 속에서 스윙을 해야 하는 경우가 많았지만, 다행히 공을 칠만한 공간이 있었고 그린 공략도 가능했어요. 퍼팅도 별로 좋지 않았어요. 경사를 잘못 읽었는데도 공이 들어갔어요. 저는 우승을 하긴 했지만 아무것도 얻은 게 없다고 생각해요"라고 대답했다.

특별히 이 선수의 경우에는 전체적으로 스윙 생각 속에서 경기를 치른 것으로 보인다. 사실 많은 골퍼들이 그렇다. 이 선수는 완벽한 스윙을 가지고 있어야 우승할 수 있다는 생각을 늘 가지고 있었다. 하지만 골프는 결코 완벽해질 수 없는 노릇이라 항상 비관적인 생각을 강화시킬 수밖에 없었다. 결국 자신감을 가질 수 없었던 것이다.

이런 선수들은 다른 문제도 있다. 만약 어처구니없는 보기를 연달아 기록하면서 큰 시합을 망치고 나면 "내가 이따위 대회에서 우승하려고 한 게 아니다"라는 식으로 말한다. 이런 생각으로는 큰 시합에서 우승할 리도 만무하지만, 그렇다고 그가 재능이 부족하거나 운명적으로 우주의 어떤 기운이 시합을 망치려고 하지는 않았을 것이다. 그저 단지 스스로에 대한 믿음이 없었기 때문이다.

'자신을 믿는다'는 것은 아주 중요한 일이다. 어떤 사람들은 마돈나 같이 성공한 연예인을 보면서 이런 생각을 한다. '나는 마돈나가 어떻게 연예계에서 살아남을 수 있었는지에 대한 본인의 생각이 궁금하다. 그녀는 특별히 멋진 것도 아니고, 세계의 최고의 댄서도 아니다. 목소리는 가냘프고 힘이 없다.' 이것이 사실일 수도 있다. 하지만 마돈나는 이런 식의 질문에 늘 자신 있게 대답했다. "나는 항상 유명했다. 어떤 사람들은 내가 유명하다는 사실을 아는데 정말 오랜 시간이 걸리기도 한다."

나는 이 말을 듣고 그녀가 왜 성공할 수 있었는지 알게 되었다. 현재 나와 상담을 하는 사람들 중에도 마돈나가 건방지고, 거만하고, 거드름을 피우는 것에 대해 한 마디 하는 사람이 있을지도 모른다. 어떤 이유에서인지 미국 문화에는 자신감에 대해 매우 이중적인 의식이 있다. 우리는 자라나는 아이들에게 자신감을 심어주기 위해 부단히 노력한다. 어른들은 손가락으로 마구 그린 아이들의 그림을 칭찬하기도 하고, 축구경기에 참가한 모든 아이들에게 트로피를 주기도 한다. 그러나 아이들이 어른으로 성장하면, 아이들에게 주려고 했던 그런 메시지는 변질된다.

예를 들어 학교에서 학생들끼리 가장 안 좋게 생각하는 말로 '잘난 체 한다'는 것이 있다. 우리가 그것을 자만심이라고 부르든 다른 말로 부르든, 대단한 일을 해내는 사람들은 일반적으로 그런 성향을 많이 가지고 있다. 비욘세 놀스는 어느 인터뷰에서 자신은 대체로 온화하면서 심지어 부끄러움을 많이 타는 사람이라고 말했다. 그러나 그녀는 무대에 올라서기만 하면 내면의 디바(Diva)를 끄집어낸다고 한다. 코미디언 조지 로페즈는 권투선수 오스카 델라 호야와 친구가 된 후 성공가도를 달리기 시작했다. 호야가 유머집을 쓰기 시작한 것은 로페즈를 위한 일이 아니었다. 그러나 호야가 링 안에서 보여주었던 오만한 행동들은 로페즈에게 영향을 주었다.

사실 훌륭한 골퍼들에게는 게임 안에서 보여주는 오만과 거만에 가까운 자신감이 있다. 타이거 우즈는 세베 바예스테로스가 사망한 직후 다음과 같은 인터뷰를 가졌다. 어느 기자가 타이거에게 세베와 함께 플레이를 한 적이 있는지 물었고, 그는 오거스타에서 함께 한 기억이 있다고 대답했다. 또 세베가 다양한 탄도로 어프로치를 보여주었으며, 그의 스핀은 아주 인상적이었다고 말했다. 하지만 타이거는 세베의 플레이로 인해 자신의 쇼트 게임이 더 복잡해지지 않았고, 그저 자신의 볼이 홀에 들어가기만을 바랐다고 했다. 그리고 다른 기자가 혹시 세베의 어프로치 샷을 따라 하고 싶은 생각이 없었는지 물었을 때 타이거는 그런 생각은 없다고 말했다.

타이거의 대답은 일부 스포츠 기자들을 실망시켰을지도 모른다. 왜냐하면 기자들은 타이거가 쇼트 게임의 거장으로부터 무엇을 배웠는지에 대해 기사를 쓰고 싶었을 것이기 때문이다. 하지만 나에게 타이거의 인터뷰는 실망할 일도 아니고, 놀랄 일도 아니었다. 타이거 우즈와 같은 위대한 선수들은 다른 사람들의 스타일을 모방하거나 따라 한다는 생각을 하지 않는다. 그들은 스스로를 자랑스러워할 뿐이다. 타이거의 인터뷰에서 내가 주목한 것은 타이거 자신의 생각을 공개적으로 만들었다는 것이다. 대부분의 위대한 선수들은 자신에게 얼마나 많은 자신감이 있는지를 드러내곤 한다. 만약 그들이 항상 그런 식으로 말하고 다녔다면, 그 행동이 솔직했을지는 몰라도 때로는 현명하지 않은 행동이 되기도 한다. 사람들은 영웅적인 선수라 할지라도 겸손한 모습을 좋아하기 때문이다.

나와 상담을 하는 선수들은 종종 이런 문제에 부딪히곤 한다. 자신의 목표에 도달하기 위해 얼마큼의 자신감이 있어야 하는지 깨달았을 때, 그들은 한 발 물러나면서 이렇게 말한다. "내가 만약 그런 자신감을 보였다면, 사람들은 나를 좋아하지 않았을 거예요." 나는 이렇게 말하는 선수들에게 두 가지 중요한 차이점을 가르쳐주고 싶다.

첫 번째는 자신감이 있는 상태와 자신에게 얼마나 자신감이 있는지 말로 내뱉는 것, 이 둘의 차이점이다. 나는 잘 포장된 자신감 따위에는 관심이 가지 않는다. 어떤 선수는 미디어 센터에 앉아서 자신이 얼마나 대단한 플레이를 보여주었는지, 누가 얼마나 우승 가능성이 있는지를 기자들에게 말하기도 한다. 내가 관심을 갖고 싶지 않은 말들이 바로 이런 것들이다. 나의 관심은 선수들이 각자의 마음 속 깊은 곳에 '내가 필드에서 최고'라는 믿음이 있는가이다. 이런 믿음이 있는 선수들은 공개적인 자리에서 자신이 원하는 것을 거리낌 없이 표현할 수 있다.

두 번째는 더 중요하다. 그것은 자신에 대해서 생각하는 방식과 삶에서 사람들을 대하는 방식, 이 둘 사이에 있는 차이점이다. 경기에서 아무리 큰 자신감이 있다 하더라도 다른 사람에게 무례하게 행동하거나 거만한 행동을 해서는 안 된다. 자신감이 있다고 해서 그런 자격이 주어지지는 않는다. 건강한 자신감은 사람들을 기분 나쁘게 만들지 않으면서 자신의 삶에 있는 모든 관계를 원만하게 만든다. 자신감은 스스로에게 주는 선물이다. 골프든, 사업이든, 다른 무엇이 되었든 열정과 관심을 가지고 하는 일에는 어느 정도 거만함이 있어야 한다. 하지만 그렇다고 자신이 다른 사람들보다 더 낫거나 훌륭하거나, 특히 가족이나 친구들보다 더 중요한 존재라고 생각하라는 것은 아니다.

만약 자신의 쇼트 게임 능력을 향상시키기 위해 이 책을 읽는 중이라면 자신감에 대한 문제로 고민하고 있을 가능성이 높다. 여기서 말하는 자신감은 반드시 삶 전체에 대한 자신감이 부족하다는 것을 의미하지는 않는다. 자신감은 삶에 있어서 각각의 기능에 따라 다를 수 있다. 어떤 사람은 사업가로서 자신의 능력에 자신감을 가질 수 있고, 또 어떤 사람은 가수로서, 또 어떤 사람은 단지 애인으로서 자신감을 가질 수 있다. 이렇게 각각의 영역에 자신감이 있다고 해서 그것이 꼭 어프로치 샷에 대한 자신감을 의미하지는 않는다.

일반적으로 쇼트 게임이 좋지 않은 골퍼들은 경기에서 나쁜 태도를 보인다. 그들은 자신에게 재능이 없거나 입스를 가지고 있거나 항상 부족한 부분이 많다고 여긴다. 그들은 또한 쇼트 게임에 대해서 더 이상 배울 것이 없다고 생각하기도 한다. 이런 태도는 자신의 실력에 대한 변명이면서 역효과만 커지게 한다.

쇼트 게임 능력을 향상시키기 위해서는 반드시 이런 태도에서 벗어나야 한다. 이런 노력을 하지 않는다면 쇼트 게임 능력을 개선시킬 수 없다. 트레버 임멜만은 마스터스에서 우승했을 당시 타깃에 집중, 루틴의 실행, 중압감 속에서의 침착함을 잘 보여주었다. 골프선수에게 이런 것들은 자신을 어떻게 바라보고 있느냐의 문제만큼 아주 중요한 부분이다.

쇼트 게임을 잘하기 위해서는 낙천주의자가 되어야 한다. 그리고 트레버가 보여주었던 그런 능력을 반드시 해내야만 한다. 만약 그런 일들이 잘 되지 않는다면 우선 잘하고 있는 자신의 모습을 상상하고, 지금부터라도 생각한대로 이루어질 것이라는 믿음을 갖도록 노력해야 한다.

우리의 뇌는 마치 충직한 하인과도 같다. 뇌는 어떤 면에서 자신에 대해서 생각하는 바를 모두 기억한다. 만약 스스로를 재능 있는 골퍼라고 생각한다면, 뇌는 좋은 샷을 하도록 만든다. 더 나아가 자신을 세계 최고 선수가 될 수 있는 사람이라고 생각한다면 우리 뇌는 더 완벽한 샷을 위해 도울 것이다.

나는 가끔 이런 상상을 한다. 사람들이 일과를 끝내고 나면, 뇌가 마치 컴퓨터에 연결된 것처럼 하루 종일 자신에 관한 생각이 프린터로 출력되는 것이다. 그리고 잠들기 전 그 출력물을 읽는다. 그러면 자신의 자아상이 어떻게 생겼는지 알 수 있다. 왜냐하면 그 출력물의 총합이 바로 자아상이기 때문이다. 그 중 강한 감정과 함께 있었던 생각들은 진한 글씨로 강조되어 있다. 그렇게 감정과 함께한 기억들은 자아상에 미치는 영향력이 좀 더 크다. 그리고 최근의 생각들은 출력물의 가장 꼭대기에 있다. 왜냐하면 지난 기억보다 최근의 기억일수록 자아상에 더 큰 영향을 미치기 때문이다.

이 개념을 골프에 적용해본다면 두 가지 중요한 의미를 생각해볼 수 있다. 첫 번째, 좋은 샷이 나왔을 때는 기쁜 감정을 갖는다. 그리고 성공적이지 못한 샷들이 나왔을 때는 무심하게 받아들인다. 이것은 중요한 문제이다. 왜냐하면 강한 감정과 함께한 우리의 경험은 자아상에 더 큰 영향력을 행사하기 때문이다. 하지만 너무나 많은 선수들이 반대로 하고 있다. 다시 말해 선수들은 미스 샷에 더 화를 내는 반면, 성공적인 샷에는 규칙적으로 오는 버스처럼 별로 특별할 것이 없다고 생각한다. 어떠한 감정도 갖지 않으려 한다는 뜻이다.

두 번째 의미는 우리의 자아상은 향상될 수 있다는 점이다. 만약 과거의 모든 생각들이 현재의 자아상에 똑같은 영향을 주고 있다면 그동안 부정적 자아상을 키워온 사람들은 그 부정적 자아상에서 오랜 시간 동안 혹은 영원히 벗어날 수 없을 것이다. 그러나 최근의 생각들이 자아상에 더 큰 영향을 미친다는 점을 잘 이용한다면 자신을 바라보는 방법을 빠르게 바꿀 수 있다.

현재 여러분의 출력물은 무엇을 말하고 있는가? 우리는 이 질문의 중요성을 놓쳐서는 안 된다. 나는 30년 이상 초보자에서 투어 챔피언에 이르기까지 모든 수준의 골퍼들을 관찰해왔다. 나는 그들이 각자 목표한 스코어를 얼마나 달성했는지 지켜보았다.

수준이 높은 선수들은 항상 언더파는 유지해야 한다고 생각한다. 그리고 생각한 대로 스코어를 유지한다. 그들은 날마다 얼마나 공을 잘 치든 그것을 중요시하지는 않는다. 위기상황에 놓이면 어떻게든 파 세이브를 해낸다. 종종 버디를 치기도 한다. 나와 상담을 했던 어린 선수 중에는 타이거 우즈나 필 미켈슨과 같은 최고의 선수들과 라운드를 한 후, 그들이 얼마나 멋진 경기를 보여주었는지 흥분해서 떠드는 경우가 있다. 재미있는 점은 이들 역시 타이거나 미켈슨만큼 공을 멀리 칠 수 있는 능력을 가지고 있을 뿐만 아니라 공을 똑바로 보낼 수 있는 좋은 스윙도 가지고 있다는 사실이다. 하지만 그 어린 선수들은 스코어를 잘 내지 못할 때가 많다. (이러한 현상은 자아상의 중요성뿐만 아니라 쇼트 게임의 중요성을 보여주는 것이기도 하다. 사실 타이거 우즈와 필 미켈슨은 탁월한 쇼트 게임 능력을 가진 선수들이다.)

어떤 골퍼든 자신의 실력을 평가할 때 70대, 80대 혹은 파플레이처럼 스스로에 대해 생각하는 수준이 있다. 만약 자신이 생각한 수준보다 더 나쁜 플레이로 출발한다면, 그들은 위험을 감지한 후 '자아상이 생각하는 수준'으로 돌아오려고 애쓴다. 그러면 그 즉시 플레이에 집중하면서 좋은 플레이를 할 수 있게 된다. 그리고 곧 자신이 위험하지 않다고 느끼는 수준의 점수로 돌아오게 된다. 이와 반대로 파 혹은 몇 개의 버디와 함께 좋은 출발을 한다면, 다시 말해 '자아상이 생각하는 수준'보다 더 좋은 점수로 가려고 하면, 그들은 일반적으로 집중력을 잃고 그들이 생각하는 안락한 수준으로 돌아온다.

골퍼들의 자아상은 변할 수 있다. 자아상은 좋아질 수도 있고 나빠질 수도 있다. 이런 까닭에 자신을 믿는다는 것 그리고 자신감을 발전시킨다는 것은 어쩌면 일생의 숙제일지도 모른다. 나와 상담을 했던 선수들은 한때 큰 자신감을 가지고 있었다. 그럼에도 그들은 흔들릴 때가 있었고, 때로는 모든 자신감을 잃기도 했다. 스윙에서의 사소한 결함이 그들을 힘들게 했을지도 모르지만, 스윙을 고치는 것으로는 자신의 문제를 풀지 못했다. 그들은 자신에 대해 생각했던 방식을 변화시켜야만 했고, 자아상을 새롭게 만들어야 했다.

선수들은 자신이 참가하는 시합의 수준이 한 단계 높아질수록 자아상을 다시 점검해야 한다. 이런 일은 흔하게 발생한다. 그 좋은 예가 어린 선수들이 PGA 투어에 처음으로 발을 딛는 순간이다. 이때 선수들은 자신감에 대한 일종의 테스트를 받는다. 가령 어린 선수들의 눈에는 갑자기 다른 선수들의 플레이가 완벽해보이고, 쇼트 게임 연습장에서는 다른 선수들의 어프로치 샷이 그렇게 멋져 보일 수가 없다. 벙커 샷도 좋아 보이고, 그린에서도 모든 선수들이 공을 홀에 쏙쏙 잘 넣는 것처럼 보인다. 갑자기 플레이가 위축되는 것이다.

언젠가 나는 이와 같은 어린 프로 선수와 상담을 했다. 그런데 그 선수의 아내가 우리의 상담에 관심을 가졌다. 그녀는 나에게 말했다. "남편이 자신감이 떨어졌다면서 박사님을 만나야 된다고 하니까 좀 이상한 생각이 들더라고요. 제가 대학 시절 남편을 만났을 때는 누구보다 자신감이 충만한 사람이었거든요."

그의 아내는 자신의 외모에 꽤 자신감이 있어 보이는 아름다운 여성이었다. 하지만 나는 궁금했다. 한번 상상해보자. 그녀가 평범한 생활에서 벗어나 아주 유명한 모델 기획사의 직원으로 채용됐다고 가정해보자. 과연 어떤 일이 일어날까? 아마도 그녀는 세상에서 가장 예쁘다고 자타가 공인하는 여성들로 둘러싸일 것이다. 각각의 모델이 촬영기사와 함께 자신의 아름다움을 뽐내고 있을 때, 직원으로 일하는 그의 아내는 그저 전화나 받고 있을 것이다. 그녀는 이런 환경에서 얼마나 오랫동안 자신의 외모에 자신감을 유지할 수 있을 것인가?

거의 모든 프로 선수들은 이와 비슷한 상황을 겪는다. 고등학교 또는 대학 팀에서 주력으로 활약했던 농구선수들도 마찬가지이다. 게임이 막상막하일 때 코치는 선수들의 슈팅이 성공하기를 바란다. 그 순간 선수들도 게임의 승패를 결정지을 수 있는 득점을 간절히 원한다. 게임종료 몇 초를 남겨두고, 선수는 파울라인에서 마지막 공격을 준비한다. 경기는 이제 어떻게 될지 모른다. 바로 이런 상황에서 팀의 주력선수들은 자신의 역할을 잘 해낸다. 팀을 승리로 이끄는 것이다. 만약 그들이 이렇게 중요한 상황에서 자신의 역할을 제대로 해내지 못했다면 프로무대인 NBA로 진출하지 못했을 것이다.

하지만 그런 선수들이 프로농구로 진출하게 되면 상황은 달라진다. 이미 주전 자리는 다른 선수들이 꿰차고 있고, 프로팀의 코치는 처음부터 자신을 신뢰하지는 않을 것이다. 게다가 고등학교나 대학의 코치가 했던 것처럼 용기를 북돋아 주는 말을 아낌없이 해주지 않는다. 코치는 선수의 슛 실패가 반복되면 "계속 슛을 해! 이길 수 있어! 난 너를 믿어!"라고 다그칠 것이다. 그래도 실수가 이어진다면 코치는 선수교체를 감행할 것이고, 결국 선수는 벤치 끝에 앉는 신세가 된다. 그리고 연습시간이 되면 코치는 팀의 주전 선수에게 공을 튕겨주면서 그 선수에게 이렇게 말한다. "네가 주전으로 뛰고 싶다면 지금의 주전 선수를 인정해야 돼."

대학에서 그토록 자신감이 넘쳤던 선수는 더 이상 자신을 대학 최고의 선수로 여기지 못하게 된다. 스스로를 부족한 것이 많고 한계가 있는 선수로 보기 시작하는 것이다. 그리고 그러한 생각은 운동수행에 즉각적으로 영향을 미친다. 프로무대인 NBA에서의 자유투는 사실 고등학교에서의 자유투와 별반 차이가 없다. 그러나 고등학교나 대학 시절, 중요한 순간의 자유투를 잘해왔던 선수들이 NBA에 들어오면 달라지는 경우가 있다. 게임이 거의 끝나갈 무렵 파울이 나오고 자유투를 해야 하는 상황이 오면, 선수는 예전과 달리 실수를 범한다. 스스로에 대한 믿음이 유지되지 못하면 그렇게 되는 것이다.

이것이 바로 자아상이 운동수행에 영향을 미치는 방식이다. NBA에서 뛰는 대부분의 선수들은 대학 수준의 선수들보다 당연히 몸집이 크고, 스피드도 더 빠르다. 사실 그런 신체조건은 슈팅, 리바운드 그리고 수비를 위한 수행능력에 더 유리할지도 모른다. 하지만 그런 신체조건은 자유투 능력과는 아무 상관이 없다. 자유투에 영향을 주는 것이 있다면 그것은 바로 자신감이다.

골프를 하는 과정은 농구에서 자유투를 하는 것과 비슷하다. 자유투는 수비가 없는 상태에서 슛 동작을 한다. 골프선수들은 한 단계 높은 수준의 무대로 올라갈 때마다 비슷한 문제를 겪는다. 아마도 그것은 중고등학교에서 대학교, 대학교에서 프로무대로 넘어갈 때일 것이다. 선수들은 한 단계씩 올라갈 때마다 그동안 자신의 목표를 이룰 수 있도록 도와주었던 이전 단계에서의 자신감을 유지해야 한다. 만약 그것을 해내지 못한다면 선수는 당황하게 된다. 그것은 꼭 시합 수준이 높아졌기 때문은 아니다. 자신감을 유지하지 못한 선수들은 결국 자신의 기량을 제대로 발휘하지 못한다. 그렇게 무의식적으로 나온 미스 샷은 아주 고통스러운 경험이 되고 또 다른 실수를 만든다.

이러한 현상은 아마추어 수준의 골퍼에게도 비슷하게 일어난다. 자신이 있는 곳보다 더 높은 수준의 경기는 항상 있기 마련이다. 어떤 골퍼는 친구와 늘 비공식적인 게임만 하다가 클럽 챔피언전에 참가할지도 모른다. 더 나아가 시 대항전, 도 대항전 그리고 전국 규모 수준의 경기에 참가할 수도 있다. 이렇게 단계가 올라갈수록 자신의 실력 발휘를 위해서는 자신감을 유지하지 않으면 안 된다. 다른 사람들이 아무도 자신을 알아보지 못한다 하더라도 혹은 자신의 재능을 제대로 보여주지 못했다 하더라도 스스로를 믿을 수 있어야 한다.

최근에 나는 9홀 라운드가 포함된 강습 행사에 참석했다. 이때 우리 조에 포함된 회원 중 앨런이라는 사람이 있었다. (내가 간단히 불렀던 이름이고, 진짜 이름은 아니다.) 그는 사업이 잘 되기 시작한 후부터 골프 실력을 향상시키기로 단단히 결심했다. 사실 그는 과거에 70대 타수를 쳤었다.

9홀을 도는 동안, 앨런은 대여섯 홀에서 자신이 가장 좋아하는 클럽인 하이브리드 3번을 사용했다. 거리는 대략 그린으로부터 155m 정도였다. "아주 좋은 샷이야 앨런!" 나의 칭찬에 그는 활짝 웃었다. 다음 홀에서도 우리 조는 앨런의 퍼팅 덕에 승리했다. 나는 다시 앨런을 칭찬해주었다. 앨런의 자신감은 마치 풍선처럼 부풀어 올랐다. 그는 행동부터 달라지고 표정도 달라졌다.

앨런은 파3, 8번 홀에서도 하이브리드 클럽을 다시 한 번 사용했다. 볼은 1.5m 정도로 아주 잘 붙었다. 나는 그의 등을 가볍게 한 번 쳐주었다. 우리는 이번 홀에서도 앨런의 샷을 기대해야 했다. 앨런이 퍼팅을 준비할 때 "앨런! 버디는 자네 것이야"라고 격려해주었다. 예상대로 앨런은 버디를 잡아냈다. 그는 그렇게 기뻐할 수가 없었다. 나 역시 기쁘기는 마찬가지였다. 내가 앨런에게 해주었던 것은 그가 자신감을 가질 수 있도록 용기를 주고, 스스로 무엇을 해야 하는지 알 수 있도록 도와주는 일이었다. 그가 만약 나의 의도를 알아챘다면, 그것은 그다지 어려운 일이 아니었다.

우리는 기억과 집중을 선택적으로 할 수 있다. 앨런은 보통 잘된 샷에 대해서는 거의 무관심하거나 어떠한 반응도 보이지 않았다. 마치 하려고 했던 것처럼 대수롭지 않게 여겼다. 그러나 앨런은 나의 칭찬을 받는 순간만큼은 주의를 기울였다. 왜냐하면 앨런에게 나는 처음 보는 사람이었고, 전문 강사로 소개되었기 때문일 것이다. 그런 까닭에 앨런의 자아상은 상황에 따라 좋은 영향을 받았고 자신감도 높아졌다. 이 자신감은 앨런을 신체적으로 변화시키지 않았다. 앨런은 드라이버 샷을 더 멀리 치려고 욕심부리지도 않았다. 그는 어떻게 하면 좋은 게임을 할 수 있는지 깨달았다.

나는 선수나 고객에게 자아상에 대한 이야기를 할 때 언제나 앨런이 생각나곤 한다. 그러면 누군가는 이렇게 대답한다. “네 맞아요, 박사님. 하지만 저는 그냥 하루 동안에 있었던 일을 떠올릴 뿐이지 그 많은 것들을 제어할 수 있다고는 생각하지 않아요. 그래서 전 제 자아상을 조절할 수 없다고 생각해요.”

많은 사람들은 ‘좋지 않은 자아상이 내 탓은 아니지 않은가’라는 생각으로 인생을 살아간다. 그들은 그저 삶이 자신을 그렇게 만들었고 앞으로도 그럴 것이라고 생각한다. 삶에 의해서 자신의 자아상이 만들어진다고 생각하는 것이다. 하지만 다시 한 번 생각해보라. 우리는 자유의지를 가지고 있다. 앨런처럼 주의 집중하는 것을 선택할 수 있다. 우리는 생각하는 것을 선택할 수 있고, 그런 자유의지는 자아상을 조절하도록 만든다.

다음은 자유의지로써 자아상을 향상시킬 수 있는 7가지 방법이다.

경험으로부터 좋은 기억을 떠올려라

2인 1조로 한 팀이 되어 매치플레이를 한다고 가정해보자. 17번 홀에 올라갈 당시 상대 팀에게 1 Down으로 지고 있는 상황이다. 좋은 실력을 가진 파트너는 16번 홀에서 안정적인 플레이를 보여주었다. 자신도 괜찮은 플레이를 보여주었다. 사실 파트너보다 자신이 더 좋은 플레이를 해왔다. 꽤 좋은 어프로치 샷 덕분에 여러 홀에서 승리할 수 있었다. 그런데 파트너가 17번 홀에서 훅으로 OB를 내버렸다. 이제 그 홀은 자신에게 달려있었다. 두 번의 샷으로 일단 그린 주변까지는 올 수 있었지만 어프로치 샷에서 그만 톱핑을 쳐버렸다. 결국 그 홀에서 패했고, 2 and 1이 되면서 매치에서 지고 말았다. 파트너는 얼굴을 찡그렸고, 자신도 기분이 좋지 않았다.

이런 상황은 틀림없이 아프고 고통스러운 기억이 될 것이다. 이처럼 강한 감정과 함께한 우리의 경험은 마음속에 더 오래 기억되는 경향이 있다. 결국 그것은 정신적으로 더 큰 피해를 주고 만다.

자, 여기서 게임을 돌이켜 생각해보자. 비록 매치게임에서는 패하고 말았다. 하지만 괜찮았던 자신의 쇼트 게임 덕분에 상대에게 이긴 홀이 꽤 많이 있었다. 라운드가 끝난 이 시점에서 무엇을 기억하고 싶은가? 자신을 위해 어떤 기억을 선택할 것인가? 많은 골퍼들은 17번 홀에서 톱핑을 쳤던 그 나쁜 기억만을 떠올릴 것이다. 보통의 사람들은 기억을 떠올릴 때 자신에게 선택할 수 있는 기회가 주어진다는 점을 망각한다.

그러나 성공한 골퍼들은 미스 샷을 떠올리려 하지 않는다. 다만 잠깐 동안은 왜 실수했는지 생각한다. 그리고 다음과 같이 실수로부터 배울 점을 찾으려고 노력한다.

'그래, 나는 17번 홀에서 미스 샷을 칠까봐 걱정했어. 나는 정말 가슴이 조이는 듯한 느낌을 받았고 두려웠어. 그 순간 내가 정작 실수했던 것은 그 어프로치 샷을 잘 해내지 못한다면 내 파트너가 나를 어떻게 생각할지를 걱정했다는 거야. 그런 마음으로는 누구도 좋은 어프로치를 할 수 없어. 사실 좋은 샷이 필요했던 순간, 나는 실제로 좋은 샷들을 많이 쳤잖아. 그러니까 나는 잘한 거야. 이제 생각해야 할 문제는 어떤 부분을 더 연습할 것인가 또는 그런 순간이 다시 온다면 내가 잘 해낼 수 있다는 믿음을 가질 수 있는가 하는 것이야. 나는 잘할 수 있다고 생각해.'

이런 유형의 생각은 강한 멘탈의 특성 중 가장 기본적인 요소이다. 사실 이것은 꼭 골프에서만 적용되는 것이 아니라 삶의 모든 상황에 적용된다. 예를 들면, 심리적으로 강인한 청년은 여자 친구와 이별할 때 '나는 여전히 예쁜 여자가 관심을 가질 만큼 충분히 매력적인 남자다'라고 생각한다. 이 청년은 여자 친구에게 혹시나 어떤 실수를 했는지 생각한 후 다른 여자 친구를 만날 수 있다는 믿음을 잃지 않고, 더 좋은 남자 친구가 될 것이라는 확신을 갖는다. 반면 심리적으로 약한 청년은 자신에 대해서 이렇게 생각하기 쉽다. '나에게 어떤 문제가 있는 게 틀림없어.' 이 청년은 다른 여자에게 다가가는 것을 두려워하고, 또 다시 상처받을 일을 미리부터 걱정할 것이다.

자신의 목표를 이룬 선수들은 심리적으로 강인하다. 이런 선수들은 생각하는 것이 분명하고 좋은 샷들을 기억하려 애쓴다. 또한 실수를 하더라도 그 실수로부터 배울 점을 찾지 결코 실수에 집착하지 않는다. 그리고 자신에 대해 '할 수 있다'는 마음을 갖기 위해 노력하고, 점점 나아지고 있는 자신의 모습을 상상한다. 하루일과를 마친 선수는 결국 자신을 성장시킬 수 있는 자아상을 획득한다.

이러한 과정은 자아상을 조절하기 위해 자유의지를 사용한다는 개념으로 설명할 수 있다. 심리적으로 강함을 유지하는 방법은 선택이 가장 중요하다. 우리는 어떤 생각을 할 것인지 결정할 수 있고, 자신의 삶에서 일어나는 일들에 대해서 어떻게 인식할 것인가를 결정할 수 있다. 어쩌면 이것이 어렵게 느껴질 수도 있다. 하지만 이런 방식이 바로 위대한 골퍼들이 가지고 있는 사고방식 중 하나다. 진짜 실력자들은 자신들이 해냈던 좋은 샷과 자신들이 쟁취한 승리만을 기억하려 애쓴다.

실수한 기억을 잊어버려라

실수를 하면 그것으로부터 배울 점을 찾은 후 그 실수를 잊는다. 바로 이것이 훌륭한 선수들이 생각하는 방식이다. 사실 '실수를 잊는다'는 것은 보통의 골퍼들보다 톱 플레이어들에게 더 어려울 때가 있다. 왜냐하면 방송과 관련된 기자들이 선수들을 가만히 두지 않기 때문이다. 그럼에도 불구하고 그 선수들은 '실수 잊기'를 잘 해낸다.

만약 우리와 같은 보통의 골퍼들이 주말 라운드 마지막 홀에서 실수를 했다고 치자. 스스로 자신의 실수에 대한 말을 꺼내지 않는다면 저녁

시간에 그것에 대해서 이야기하는 사람은 아무도 없을 것이다. 반면 메이저 대회와 같은 큰 무대에서 톱 플레이어가 흔들리는 모습을 보였다면 아마도 기자들은 평생토록 그 이야기를 끄집어낼 것이다. 그럼에도 불구하고 위대한 선수가 될 수 있었던 것은 나쁜 기억을 금방 잊을 수 있었기 때문이다.

이러한 심리적 특성은 학습이 가능하다. 농구선수 마이클 조던은 경기 중 무언가 잘못을 저질렀을 때, 자신이 오랜 시간 동안 고민해야 할 일이라고 생각하고, 그것에 대해서 글을 썼다. 그러자 그의 대학 코치인 딘 스미스는 그의 행동을 보고 조언했다. 스미스는 좋은 지도자였다. 스미스는 실수를 저지른 것에 대해서 일단 배울 점을 찾았다면 그 실수를 바로 잊으라고 이야기했다. 이런 조언에도 불구하고 조던이 자신의 농구, 자신의 게임에 대해 더 생각하면 스미스는 그럴 시간에 다음에 펼쳐진 멋진 경기에 대해 생각하라고 말했다.

스미스와 같은 조언은 모든 사람이 이해할 수 있는 것은 아니다. 어떤 코치들은 선수들이 좋은 성적을 내도록 하기 위해 질책을 반복한다. 또 어떤 사람들은 선수들이 실수한 것에 대해 고민하지 않거나, 왜 그런 실수를 하게 됐는지 돌아보는 시간을 갖지 않는다면, 더 이상 게임을 위해 노력하지 않는다고 생각해버린다. 최근 NBA 최종전에서 댈러스 매버릭스가 마이애미 히트를 이겼다. 게임이 끝난 후 히트 선수들 중 몇 명이 어떤 파티에 참석했는데, 당시 이 사실을 알게 된 일부 해설자들은 선수들을 비난하며 분노를 표출했다.

이 해설자들은 슈퍼볼과 월드시리즈, 혹은 US 오픈과 같은 큰 대회가 있을 때마다 경기 결과를 예상한다. 하지만 그들의 판단은 틀리는 경우가 많다. 아마도 그들은 자신들의 예측이 왜 그렇게 빗나가는지에 대해 다시 생각해보지 않았을 것이다. 해설자들은 결승전에서 패한 선수는 적어도 몇 달 동안은 깊은 시름 속에서 보낼 것이라 확신한다.

하지만 실제로는 이와 정반대이다. 실수 후 빠르게 움직일 수 있는 선수들, 즉 실수를 잊고 긍정적인 생각을 유지할 수 있는 선수들이 승리에 더 빨리 다가갈 수 있다. 그저 주저앉아서 신세한탄만 하고 있는 선수들은 자아상에 실수만 주입하고 있는 중이다. 마이애미 히트 선수들이 패배로부터 무언가를 느끼고 배웠다면, 그들이 파티를 즐기지 못할 이유는 없다. 왜 그들이라고 스트레스를 풀면 안 되는가?

우리는 기억에 대해서 이렇게 생각할지도 모른다. 기억이라는 것은 제어할 수 없는 것 또는 어떤 일이 한 번 일어나면 뇌에 고정되어 있는 것이다. 이것은 진실일 수도 있고 아닐 수도 있다. 확실한 점은 우리는 아직 기억 저편의 신경과학에 대해 충분히 알지 못하고 있다는 것이다.

그러나 회상을 위해서 어떤 기억을 선택하고 조정해야 한다는 점은 분명한 사실이다. 그 기억은 마치 뜬금없이 걸려오는 어떤 영업사원의 전화처럼 잠깐 왔다갈지도 모른다. 하지만 그렇게 전화를 받았다고 해서 원치 않는 구매권유를 계속 듣고 있을 필요는 없다. 바로 전화를 끊을 것이다. 기억 역시 마찬가지이다. 다른 어떤 기억을 떠올리기 위해서는 지금의 기억들을 떨쳐버릴 수 있다. 이것은 선택의 문제이다.

훌륭한 선수들은 자신의 생각을 조절하기 위해 상상하는 방법을 터득해왔다. 그것은 마치 유튜브를 사용하는 것과 같다. 만약 유튜브에서 좋아하지 않는 영상이 나오면, 그들은 즉시 다른 영상으로 바꾼다. 또 어떤 선수들은 파일 서랍을 연상하기도 한다. 만약 원치 않는 기억이 떠오르면, 그것을 서랍 안에 두고 닫아버리는 것이다.

스스로에게 비평가가 되지 말고 치어리더가 되라

나는 치어리더의 열렬한 팬이다. 그들은 항상 긍정적인 태도로써 자기 팀 선수들을 격려하기 위해 애쓴다. 생각해보라. 선수들의 플레이를 비판하는 치어리더를 본 적이 있는가? 만약 선수들이 생애 최악의 게임을 하더라도 치어리더들은 자신이 응원하는 선수들이 얼마나 멋진 플레이를 했는지에 대해서만 말한다.

우리 모두는 그러한 치어리더가 되어야 한다. 당신은 자신의 팀 선수이다. 스스로를 위해 치어리더의 기능을 수행하라는 말이다. 골프에 관한 대화를 할 때에도 항상 자신의 치어리더가 될 수 있는 사람들을 곁에 두어야 한다.

하지만 골퍼들은 반대로 하는 경향이 있다. 그들은 자신의 게임을 위해 열심히 노력하지만 그 노력의 방향이 단점들을 찾기 위한 것으로 맞춰져 있다. 라운드를 마치고 집에 돌아오면 형편없었던 샷들에 대해 자책하거나 퍼팅 스트로크를 조목조목 분석하고 검토한다. 이는 미스 샷을 반복하기 위한 또 다른 준비일 뿐이다. 왜냐하면 실패를 생각하는 것이기 때문이다.

아마도 이런 골퍼들은 다른 상황에서의 질책과 불평에 대해서는 상반된 태도를 보일 것이다. 만약 학교 교사가 자신의 자녀에게 냉혹하게 질책하고 비난했다는 사실을 알았다면 바로 학교로 달려가서 항의를 할지도 모른다. 또한 배우자가 자신의 결점만 찾으며 쉴 새 없이 잔소리를 해댄다면 아마도 그들은 이혼을 결심할지도 모른다. 하지만 그들이 골프로 돌아오게 되면 그와 같은 끔찍한 일을 자기 자신에게 저지른다.

우리의 문화에는 자신을 질책하고 자신의 단점을 찾으려는 행위가 스스로를 위한 일이라고 여기는 경향이 있다. 그렇게 하는 것이 정직해지기 위한 노력이고, 정신적으로 강해지기 위한 노력이라고 인식되기도 한다. 급기야 이제는 승리를 위해 필요한 의지의 한 부분이 되어버렸다.

얼마 전 밥 나이트가 TV에 나와 인터뷰를 했다. 나이트는 수년간의 코칭 경험을 통해 결국 아내가 오랜 시간 이야기하려고 했던 것이 무엇이었는지 깨달았다고 말했다. 그는 선수들을 많이 비난하는 코치로 알려져 있었다. 나는 당시 나이트의 인터뷰를 이렇게 기억하고 있다. "아내는 내가 선수들을 비난한 것 때문에 그들이 마음의 상처를 입었고, 망가지기도 했으며, 심지어 내가 선수들을 잃은 것도 그 때문이라고 했다. 아내는 선수들이 일부러 실수를 저지른 것도 아니고 나를 짜증나게 하려는 것도 아니었다고 설명했다. 선수들은 실수를 저지를 때, 자신이 실수했다는 사실을 잘 알고 있다. 만약 내가 그 선수를 잘 가르치고자 한다면 나는 선수에게 경기력을 어떻게 향상시킬 수 있는지에 대해 확실하게 이해시킨 후 농구를 시켜야 했다."

언론에 비치는 밥 나이트의 이미지는 오해의 소지가 있을 것으로 생각된다. 왜냐하면 거의 모든 언론이 밥 나이트를 비판을 많이 하는 사람으로 소개하기 때문이다. 하지만 그는 적어도 몇몇의 뛰어난 선수들에게는 자신감을 심어준 감독으로서의 또 다른 면이 있을 것이다.

뛰어난 선수들은 스스로 응원하는 방법을 알고 있다. 그렉 노먼은 언젠가 나에게 이렇게 말한 적이 있다. 그가 어린 시절 호주에서 골프를 배울 때 이런 가사를 가진 노래가 있었다고 한다. "멈추지 말고 노래를 불러라. 너는 언젠가 스타가 될 것이다." 그렉은 그 노랫말을 조금 변경했다. "멈추지 말고 샷을 해라. 너는 언젠가 스타가 될 것이다." 그렉은 연습할 때마다 자신을 향해 이 노래를 불렀다고 한다.

사실 음악은 스스로를 격려하면서 자신감을 향상시키는 좋은 방법이다. 몇 년 전 내가 버지니아 대학에서 스포츠 심리학과의 학과장으로 있을 때, 나는 쌍둥이 니사와 레슬리 웰치를 상담한 적이 있다. 그들은 버지니아의 챔피언, 여자 크로스컨트리 팀의 멤버였다. 이 둘은 상대 선수를 통과할 때마다 "또 한 명이 무너진다!"라고 노래를 흥얼거렸다. 이는 스스로의 자신감을 자극하는 방법이었다.

밤에는 마음의 훈련을 하라

선수들은 매일 한정된 시간 동안에만 신체적인 부분의 기술 연습을 할 수 있다. 여름날 12살짜리 아이에게 한정된 시간이라는 것은 없다. 아이들은 골프공을 치면서 몇 시간이고 보낼 수 있다. 좋은 일이다. 그러나 나이가 들수록 신체적인 부분을 위한 훈련시간은 반비례로 움직이는 경향이 있다. 이 말은 20~30대에 들어설수록 직장 또는 가족으로 인해 연습을 많이 할 수 없고, 은퇴한 사람들의 경우에는 연습을 많이 하게 되면 몸이 쉽게 다칠 수 있다는 말이다.

그러나 자신만의 훈련법이 있고, 또한 실력 향상을 위한 의지가 있다면, 자신의 골프를 위해 또 다른 시간을 마련할 수 있다. 그것은 자아상과 자신감을 향상시키는 일이다. 이는 마치 밤에 영화감독 스티븐 스필버그가 되어 자신의 삶에 관한 이야기를 그리는 것과 비슷하다. 해피엔딩과 함께 스스로를 스타로 만들 것인지는 자신의 선택에 달려 있다.

간혹 선수들 중 이러한 조언에 회의적으로 반응하는 사람도 있다. 이들은 기술 훈련에 몇 시간이고 투자할 의지는 있지만, 밤에 멘탈 훈련을 위해 시간을 쓰는 것은 생소하게 여긴다. 그들은 '정상적인' 사람이라면 그런 활동으로 시간을 보내지는 않을 것이라고 생각한다. 혹은 그런 활동을 마치 게으른 사람, 패배자와 관련된 공상과 같다고 생각하기도 한다. 내가 말할 수 있는 바는 그렇게 '정상적인' 사람들은 시합에서 승리하지 못한다는 점이다. 만약 이런 방법으로 노력한다면 큰 도움을 받을 수 있지만 많은 사람들이 쉽게 할 수 있는 것은 아니다. 위대한 일은 그리 쉽게 찾아오는 것이 아니기 때문이다.

최근에 쳐냈던 좋은 샷들을 기억하고, 다시 그 샷을 떠올리면서 시간을 보내는 선수, 나는 이런 선수들을 좋아한다. 나의 선수들은 연습이든 실전이든 가장 좋았던 샷들을 일기에 기록하는 것이 자신의 골프에 도움이 된다는 사실을 깨닫는다. 어떤 선수들은 좋은 샷들을 동영상으로 만들어 컴퓨터에서 반복 재생해서 보는 것을 좋아한다. 또 어떤 선수들은 단순히 자신의 성공에 대해 생각한다. 어떤 방법을 선택하든 미래에 일어날 일을 생각하면서 긍정적인 생각을 자신의 잠재의식에 먹이로 줄 수 있다.

이런 방법들 중 하나를 선택했다면 이제 진지하게 실행해야 한다. 멘탈 훈련을 함에 있어 진지하지 못하고 성의를 보이지 않는다면 그저 공상에 지나지 않는다. 그것은 마치 장난치듯 대충 칩 샷 몇 개를 날리는 것과 다르지 않다. 꾸준하게 그리고 악착같이 해나가야 한다.

성공을 마음속에 그려라

내가 코칭하는 선수들 중에는 메이저 대회 우승자도 있다. 하지만 대부분의 선수들은 그런 수준에 도달하기 위해 노력하는 중이다. 나는 결코 그것이 쉬운 일이라고 말하지 않는다. 일단 선수가 한 번 우승을 맛보면 또 다시 우승하는 것은 어렵지 않다. 적어도 그렇게 될 가능성이 높다. 왜냐하면 시합은 계속 열릴 것이고, 다시 비슷한 상황이 오면 성공의 기억을 끌어내기가 보다 유리하기 때문이다. 하지만 우승을 해본 모든 선수들이 그런 이점을 이용하는 것은 아니다.

반대로 PGA 투어와 LPGA 투어, 그밖에 전 세계 골프 시합에서 생애 첫 우승을 경험하는 선수들이 있다. 심지어 챔피언스 투어(시니어 투어)에서마저도 30년 동안 우승이 없던 선수가 우승하는 사례도 있다. 그들은 PGA 투어에서 단 한 번의 우승도 없었던 선수들이다. 이들의 성공 사례는 우승하기 위해서 반드시 우승 경험이 필요한 것이 아님을 증명한다. 골프선수를 이렇게 성장시키는 방법 중 하나가 바로 심상화(이미지 트레이닝)를 통한 심리적인 준비이다.

대회 마지막 라운드의 챔피언 조에 들어가게 되면 뭔가 심리적으로 불편함을 느끼는 선수들이 있다. 이렇게 경기에 대한 불안감을 토로하는 선수들에게 나는 다음과 같이 조언한다. 그것은 잠들기 전에 우승하는 자신의 모습을 바로 지금 일어나는 일처럼 상상하라는 것이다. 상상을 할 때는 잔디의 색깔, 갤러리들의 소음, 바람의 향기, 손바닥의 땀과 같은 것까지 자신의 모든 감각을 동원해야 한다.

마지막 3홀을 상상해보자. 차분함을 유지하고, 루틴에 집중하며, 한 샷 한 샷 잘 해나가는 자신을 떠올리는 것이다. 위기상황을 잘 극복해내는 자신의 모습, 현명한 플레이와 멋진 쇼트 게임으로써 파를 만들고 버디를 만드는 장면을 마음속에 그려본다. 선수들이 실제로 경기할 때 결과를 염두에 둔 플레이는 좋지 않다. 하지만 나는 선수들이 잠들기 전만큼은 성공적인 결과에 대해 상상하기를 바란다. 우승 후 동반자와 악수하는 장면, 우승 트로피를 들고 있는 자신의 모습, 우승 소감을 밝히는 인터뷰 장면, 자신이 할 수 있는 모든 과정을 가능한 한 자세하게 상상하는 것이다.

놀랍게도 정말 많은 선수들이 이런 상상의 과정을 힘들어 한다. 자신의 우승을 상상할 수 없는 것과 실제로 우승하지 못하는 것에는 깊은 연관성이 있다. 따라서 자신이 우승하는 장면을 편안하게 상상할 수 있을 때까지 이러한 과정을 반복해야 한다. 생각해보라. 자신의 마음속에서조차 할 수 없는 일을 어떻게 실제상황에서 해낼 수 있겠는가?

실제로 '심상화'는 뇌를 훈련시키는 방법이다. 우리의 마음은 실제와 상상을 구분하지 못한다. 공포영화를 처음 봤을 때를 떠올려보자. 머리카락이 쭈뼛쭈뼛 서고, 무서움을 느낄 때 생기는 신체적인 증상들이 나타날 것이다. 이러한 증상들이 나타나는 이유는 우리의 뇌가 마치 실제로 흡혈귀에게 공격을 받는 것처럼 영화를 통해 똑같이 반응하기 때문이다. 하지만 시간이 흐르면 우리 뇌는 영화와 현실의 차이를 깨닫게 된다. 그리고 의식의 뇌는 그동안의 경험을 통해 방어막을 설치하게 된다. 그 방어막은 이렇게 말한다. "우리가 보게 될 것은 진짜가 아니다. 그러니 걱정할 게 없다."

이와 반대로 자신이 성공하는 장면을 상상할 때는 방어막 따위가 필요치 않다. 왜냐하면 이때의 뇌는 입력되는 정보가 실제처럼 인식되기를 원하기 때문이다. 이미지 트레이닝을 실시할 때는 진지하게 실행해야 한다. 어둡고 조용한 방이 효과적이다. 의자에 앉거나 누워도 좋다. TV나 핸드폰 같이 집중을 방해하는 물건들은 최대한 치우도록 한다. 이미지 트레이닝을 할 때는 연습장에서 스윙연습을 위해 전념하는 것처럼 마음을 다해서 노력해야 한다.

결과보다 과정에 대한 자부심을 가져라

그 누구도 골프 경기의 결과를 마음대로 조절할 수 없다. 마스터스 대회 최종라운드를 연상해보자. 한 타차 선두로 12번 홀에 들어섰다. 9번 아이언을 완벽하게 쳐냈지만 그린 쪽에서 갑작스런 돌풍이 불어 닥친다. 볼은 뒤로 흘러 그만 해저드로 빠져버린다. 이번엔 클럽 챔피언전을 연상해보자. 챔피언 조의 앞 조에서 올해 최고의 플레이를 펼쳤지만 더 좋은 플레이를 선보인 다른 선수가 나온다면 패배할 가능성이 있다. 물론 꾸준히 좋은 플레이를 보여준다면, 결국 자신의 몫을 얻어낼 수 있겠지만, 어떤 경기에서도 승리가 보장된 경우는 없다.

이런 이유로 나는 선수들에게 결과에만 신경 쓰는 게임을 하기 보다는 자아상과 자신감을 중요하게 여기는 과정에 더 집중하라고 조언한다. 이것은 무슨 말인가? 선수들이 애쓰는 모든 과정은 자신의 골프가 최고가 되기 위해 전념하는 과정이 되어야 한다는 뜻이다. 그 과정은 신체적, 정신적 이 두 부분을 준비하는 시간으로써 그것을 얼마나 올바르게 하느냐, 얼마나 충분하게 하느냐가 관건이다. 여기에는 플레이하는 방식도 포함된다.

이 책의 후반부에서 프리 샷 루틴에 대해 더 자세하게 다루겠지만, 지금 중요한 문제는 얼마나 더 많은 연습을 하고 있느냐가 아니다. 그보다는 샷을 할 때마다 정신적, 신체적 루틴을 얼마나 잘 해내고 있느냐가 중요하다. 또 하나의 중요한 부분은 매 샷을 하기 전에 자신이 원하는 곳에 마음을 잘 두었느냐 하는 것이다. 만약 자신이 이러한 부분과 관련하여 자신과 했던 약속들을 잘 이행했다면, 또는 시합을 하는 동안 루틴에 집중을 잘했다고 솔직하게 말할 수 있다면, 스스로를 자랑스러워할 수 있는 이유와 자신감을 가질 수 있는 근거를 가진 것이다.

다른 스포츠도 이러한 속성을 공통적으로 갖는다. 데이비드 페허티(프로골퍼이자 골프 해설자)가 최근 골프채널에서 댈러스 카우보이스 쿼터백인 토니 로모를 인터뷰했다. 데이비드는 토니에게 풋볼과 골프의 공통적인 요소가 있다면 무엇이라고 생각하느냐고 물었다. 토니는 대답했다. "풋볼 경기를 하는 동안 두 번의 가로채기를 당하면 점수가 역전되는 상황이 온다. 이것은 골프 경기의 최종라운드에서 보기 두 개를 치면서 선두 자리를 내주는 것과 비슷하다." 여러분도 같은 대답을 할 수 있어야 한다. 토니는 다시 말했다. "당장에 일어나는 모든 일을 무시하고, 오직 승리를 위해 할 수 있는 일만 생각해야 한다."

특히 골프선수는 풋볼선수보다 그러한 과정을 더 쉽게 컨트롤할 수 있다. 적어도 골프 경기에서는 사각지대에서 급습을 당하는 일은 없기 때문이다. 골프선수와 풋볼선수들이 토니가 말한 바와 같이 생각할 수만 있다면 그 생각은 안정적이고 차분한 자신감으로 이어질 것이다.

대화를 조절하라

PGA 투어 대회가 개최되는 동안, 연습그린과 연습장에서는 골프 이야기나 골프에 관한 한담으로 뒤덮인다. 사실 유익한 것은 별로 없다. 사람들은 "퍼팅 좀 어때?"와 같은 사소한 질문들을 끊임없이 늘어놓는다. 어떤 선수가 전날 경기에서 쇼트 퍼팅을 몇 개 놓쳤다는 사실을 알고 있는 사람이라면 더더욱 이런 질문을 던지려 한다. 사실 이런 질문의 의도가 나쁜 것은 아니다. 하지만 그런 질문에 대한 대답들은 개인의 자신감과 자아상에 따라 달라진다. 나는 선수들이 이러한 대화를 할 때 주의가 필요하다고 생각한다. 가장 좋은 방법은 "아주 좋아!" 혹은 "잘 되고 있어요"와 같은 긍정적인 대답으로 상대의 질문을 멈추게 하는 것이다.

만약 질문을 해온 상대에게 "퍼팅이 잘 되고 있어!"라고 대답한다면 대부분의 사람들은 대화 주제를 바꾸려 할 것이다. 왜냐하면 상대는 두 가지 중 하나의 의도를 가지고 있을 확률이 높기 때문이다. 그것은 연습에 대한 팁을 가르쳐 주고 싶거나 아니면 위로를 해주고 싶은 의도이다.

어느 누구도 자신을 위해 마음으로 도우려는 사람은 별로 없을 것이다.

만약 "별로 좋지 않아요. 오늘 쇼트 퍼팅을 몇 개 뺐어요"와 같은 대답을 한다면 상대는 "그럼 이렇게 한 번 해봐"와 같은 말을 시작으로 온갖 팁을 주려고 할 것이다. 이런 광경을 보고 있노라면 나는 웃음을 참을 수가 없다. 그 얼간이들은 기회만 주어지면 가르치려 들기 때문이다. 도대체 프로 선수들에게 어프로치 방법, 퍼팅 방법 등을 왜 그렇게 가르치려 드는지 모르겠다. 가르치려 드는 사람도 그렇지만, 많은 선수들이 그런 조언에 귀를 기울이고 있다는 것도 놀랍고 충격적이다.

상대의 태도를 살펴보라. 그들은 마치 자신의 퍼팅에는 만족스럽지 않은 듯한 표정을 지으면서 다른 사람들의 조언은 무시하는 듯한 태도를 보인다. 그러면 상대는 이런 말을 할 가능성이 높다. "너는 퍼팅이 그저 안 좋다고 생각하겠지만, 나는 어제 얼마나 많은 쓰리 퍼팅을 했는지 몰라." 어떤 사람들은 동료를 위하는 마음으로 마치 그런 마음을 증명이라도 하는 것처럼 보이기도 한다. 만약 그렇게 조언을 하도록 그냥 내버려두면 그들은 아마도 실수한 퍼팅에 대한 이야기를 몇 시간이고 늘어놓을 것이다.

이미 고인이 된 하비 페닉이 어린 투어 프로들에게 조언해주기를, 퍼팅을 잘하는 사람과 저녁을 먹으라고 했다. 여기에는 이유가 있다. 대화가 중요하기 때문이다. 골프에 대한 이야기를 할 때는 자신감을 떨어뜨리는 이야기보다 자신감을 높일 수 있는 이야기를 해야 한다. 퍼팅이나 어프로치 샷을 실패한 이야기는 결국 나쁜 기억만 강화시킬 수 있다.

자신의 지도자와 이야기할 때는 반드시 솔직하게 말해야겠지만, 다른 사람과 대화를 할 때는 그동안 자신이 잘해왔던 것 또는 자신의 실력이 향상될 수 있었던 방법에 관한 내용으로 대화를 시작하는 것이 좋다. 그리고 지도자를 선택할 때 역시 긍정적이고 건설적인 사람을 선택해야 한다.

때로는 선수들이 이런 말을 한다. "그래요. 자신감을 갖는다는 것은 타이거 우즈나 로리 맥길로이 같은 누군가에게는 쉬울 거예요. 하지만 제가 어렸을 때는 그들처럼 우승경험이 많지 않았습니다. 저는 차츰차츰 자신감을 만들어가야 한다고 생각해요."

자신감을 위한 또는 긍정적 자아상을 만들기 위한 이상적인 방법은 어렸을 때부터 성공경험을 갖는 것이다. 이는 틀림없는 사실이다. 그러나 모든 사람들이 그런 경험을 가질 수 있는 것은 아니다. 선수가 자신의 생각을 조절하고 자신감을 키우는 과정에 있어서 어떤 결과를 얻는다는 것은 큰 도움이 된다. 이 점 역시 의심의 여지가 없다. 승리는 강력한 지원군인 것이다. 꼭 그렇게 될 것이다.

자신감을 획득하는 것, 튼튼한 골프 자아상을 갖는다는 것은 꾸준한 노력과 함께 천천히 진행되어진다. 그 과정은 어떤 선수가 어느 날 갑자기 번쩍이는 섬광을 보듯, 한 순간에 자기의심에서 자신감으로 바뀌는 과정이 아니다. 그것은 끊임없이 이어지는 향상의 과정이 되어야 한다.

일반적으로 목표를 달성하는 선수들은 자신의 게임을 위해 정신적인 측면과 신체적인 측면, 이 두 부분에서 함께 노력한다. 이들이 메이저대회나 클럽챔피언십 같은 큰 게임에 들어설 때, 정작 자신의 우승을 점치지는 않는다. 하지만 그들은 결국 우승이라는 결과를 만들어낸다. 자신감이 충만한 선수들은 자신감을 향상시키는 과정이 수동적인 과정이 아님을 잘 알고 있듯이 쇼트 게임 능력을 향상시키는 과정 역시 수동적인 과정이 아님을 잘 알고 있다. 이들이 잘하고 있는 것은 결과를 위한 플레이가 아닌 과정에 집중한 플레이를 한다는 점이다. 그래야 자신감을 얻을 수 있기 때문이다.

자신감이 충만한 선수들은 스윙에만 집착하는 연습을 하거나 자신감 없이 경기에 들어서면 스스로 혼란에 빠질 수 있다는 점을 잘 알고 있다. 그리고 그런 경기에서 나온 결과를 통해 자신을 평가하려든다는 점도 잘 알고 있다. 이러한 과정은 악순환을 만든다. 일반적으로 골퍼들이 자신에 대한 믿음이 없고, 자신의 스윙을 신뢰하지 못하면 좋은 경기를 펼칠 수 없다. 만약 선수들이 좋지 않은 결과를 토대로 자신의 자아상을 만들어간다면, 실력 향상은 더 이상 기대하기 어렵다. 자신의 기술을 정확하게 평가하기 위한 유일한 방법은 정신을 똑바로 차리고 현재 자신이 어떻게 하고 있는지 관찰하는 것이다.

자신의
쇼트 게임을 사랑하라

"빠르게 움직여라. 자신감과 함께 임무에 충실하라.
그리고 리바운드하라.
이것이 우리가 경기하는 방식의 핵심이다."
-존 칼리파리

1905년, 영국의 위대한 골퍼 해리 바든은 첫 번째 레슨서 『완벽한 골퍼(The Gist of Golf)』를 출판했다. 바든은 당시의 영국 골퍼들이 드라이버 샷 난조로 어려움을 겪고 있다는 것을 알고 드라이버 샷에 관한 내용으로 책 서두를 시작한다. 그 내용은 이렇다. "골퍼들은 어떻게 쇼트 게임을 잘할 것인가 또는 어떻게 공을 똑바로 칠 것인가에 대해서 관심을 갖기보다는 오로지 드라이버 샷의 비거리에만 관심을 가지는 경향이 있다."

한 세기가 지난 오늘날, 골프에는 많은 발전이 있었다. 골퍼들이 그토록 원했던 드라이버 샷의 비거리도 극적으로 늘어났다. 그 당시 선수들의 드라이버 비거리는 기껏해야 230m 정도에 불과했다. 바든은 고작 230m를 보내기 위해 애쓰는 골퍼들을 위해 책을 썼던 것이다. 하지만 요즘 시대의 장타자들은 보통 300m 이상을 쳐내기 위해 애쓴다. 재미있는 점은 골퍼들의 비거리에 대한 욕망은 여전히 그 시대와 똑같다는 것이다.

분명하게 말하지만, 비거리가 많이 나가든 적게 나가든 문제는 비거리에 있는 것이 아니다. 만약 드라이버 샷이 일관성과 정확도만 가지고 칠 수 있는 기술이었다면 누구나 300m를 치고 싶어 할 것이다. 그러나 선수들을 망가뜨리는 것은 바로 이 비거리에 대한 욕망이다.

바든의 책은 1세기 전 스포츠 심리학자가 있었다는 것을 시사한다. 아마도 이들의 과제는 오로지 장타를 치려다 망가져가는 선수들을 돕는 일이었을 것이다. 21세기 초의 나 역시 골퍼들에게 도움을 주는 것 중 상당 부분이 비록 장타를 치지 못하더라도 자신의 게임을 사랑하도록 설득하는 일이다. 나는 골퍼들에게 두 가지 중요한 점을 말해주고 싶다. 이것은 해리 바든도 똑같이 이야기했던 부분이다.

1. 골퍼의 성공을 위해서는 쇼트 아이언, 웨지, 퍼터 등과 같이 스코어를 만들기 위한 기술이 가장 중요하다. 강한 쇼트 게임 능력을 가진 선수들은 지구상에서 가장 훌륭한 골퍼가 될 수 있다.
2. 다른 선수들의 비거리를 부러워하지 마라. 자신의 쇼트 게임에 자부심을 가져야 한다. 자신의 쇼트 게임을 존중하고 사랑해야 한다. 그렇지 않으면 골퍼로서 자신의 잠재력을 끌어내지 못할 것이다.

골프 게임의 요소 중 골퍼가 가장 컨트롤하기 어려운 부분이 아마도 비거리일 것이다. 비거리는 보통 골프 클럽의 성능과 헤드 스피드에 의해 영향을 받는다. 자신에게 적당히 맞는 클럽과 적당한 볼을 가지고 플레이를 한다고 가정해보자. 비거리를 늘리기 위한 유일한 방법은 헤드 스피드를 더 빠르게 하는 것이다.

헤드 스피드를 향상시키는 것은 불가능한 일이 아니다. 그리고 자신의 풀 스윙을 위해 무언가 더 개선할 수 있는 부분이 있을 것이다. 헬스장에서 힘을 더 키울 수도 있고, 더 유연해지려고 노력할 수도 있다. 나는 간혹 어떤 골퍼들에게는 이런 것들을 말리지만, 일반적으로는 권장하고 있다.

그러나 그 어느 것도 코리 페빈을 부바 왓슨으로 바꿀 수는 없다. 미국 보통 남성 골퍼의 드라이버 평균 비거리는 180m에서 210m 정도일 것이다. 여성 골퍼라면 약간 더 짧을 것이다. 이런 사람들이 레슨을 받고, 스윙에 변화를 주고, 체력훈련을 한다 해도 드라이버 샷의 비거리는 좀처럼 향상되지 않는다. 부바 왓슨과 같은 프로 선수의 비거리를 얻고자 하는 건 더욱 불가능한 일이다.

그럼에도 불구하고 사람들은 비거리를 늘려주겠다고 하는 현란한 광고에 현혹된다. 그런 광고들은 신형 드라이버나 새로운 볼이 출시될 때마다 비거리가 향상될 것이라고 말한다. 거의 모든 광고가 비거리 향상에 대한 비밀을 풀어주겠다고 약속한다. 사람들은 자신의 게임에서 정말로 필요한 것이 무엇인지를 고민한다. 하지만 그것을 선별하기는 쉬운 일이 아니다. 골퍼에게 그러한 고민은 더 이상 이상한 일이 아니다. 저녁 무렵 TV를 켜면 햄버거와 피자 광고가 가득하다. 미국인에게 비만에 대한 문제가 있다는 게 전혀 놀랄 일이 아니듯이 미국의 골퍼들이 장타를 원하고, 골프 실력 향상을 간절히 원하고 있다는 사실도 더 이상 놀랄 일이 아니다.

내가 선수들한테 늘 말하는 것이 있다면 비거리가 조금 늘어난다 하더라도 스코어가 그렇게 눈에 띄게 줄어들지는 않는다는 점이다. 가끔 나는 이러한 사실을 확인시켜주기 위해 플레이 중 드라이버로 티 샷한 공을 앞으로 옮겨 놓고 플레이하도록 만든다. 볼을 집어 들고 50m 정도 앞에서 세컨드 샷을 치는 것이다. 파3에서는 30m 정도 앞에 나가서 티 샷을 한다. 만약 자신이 볼을 집어 들어 홀 가까이로 이동시키는 모습을 보여주고 싶지 않다면 그냥 레이디 티 같이 가장 짧게 플레이할 수 있는 티잉 그라운드를 이용해도 좋다. 이런 조치에도 불구하고 골퍼들은 아마도 평소 나오던 미스 샷에 의해 스코어를 잃고 말 것이다. 50m 앞에서 치든 레이디 티에서 치든 원래 자신의 스코어에서 좀처럼 벗어나지 못한다는 이야기이다.

그렇게 되는 이유는 다양하다. 예를 들어 원래 치던 곳에서 50m 정도 앞으로 나가서 티 샷을 하게 되면 그나마 컨트롤이 가능했던 드라이버 샷의 정확도가 더 떨어지게 된다. 공이 러프로 가거나 OB로 나가기 쉬워진다는 이야기이다. 그러나 스코어를 줄이지 못하는 더 큰 이유는 스코어를 만들어내는 클럽인 쇼트 아이언, 웨지, 퍼터를 잡았을 때 여전히 많은 실수가 나오기 때문이다. 이 작은 실험은 골퍼들의 쇼트 게임에 대한 약점을 보여준다. 그리고 그런 약점이 점수에 얼마나 많은 영향을 미치고 있는지 잘 보여준다.

그런데도 나는 비거리를 늘리려고 혈안이 되어 있는 많은 선수를 지도하고 있다. 나는 그런 선수들의 마음을 이해할 수 있다. 요즘은 평균 드라이버 샷이 260m 정도 되는 PGA 투어 선수라면 아마도 가장 먼저 세컨드 샷을 쳐야 할지도 모른다. 다른 선수들은 아마도 저만치 앞에서 기다리고 있을 것이다. 특히 파5홀에서는 다른 선수들이 투 온에 성공할 때 자신은 쓰리 온을 시도하고 있을 것이다.

그러나 나는 비거리에 욕심을 부리다 곤경에 처하는 선수들을 많이 봐왔다. 연습장에서 그들을 보고 있노라면 마치 드라이버 전시장을 보고 있는 듯하다. 선수들은 클럽 회사로부터 제공받은 샤프트와 드라이버 헤드를 각각 30개 정도는 보유하고 있는 것처럼 보인다. 또한 회사가 만든 모든 종류의 공도 가지고 있다. 그들은 경쟁사 옆에서 장비를 테스트하는 중일지도 모른다. 선수들은 드라이버 비거리를 위한 환상의 조합을 찾는다. 마법처럼 더 날려 보낼 수 있는 클럽과 볼의 조합을 찾기 위해서 드라이버를 치고 또 쳐댄다. 만약 그러한 장비들이 거리를 늘려주지 못한다면 이제 선수들은 스윙코치를 바꾸려 할 것이다. 그리고 스윙코치로부터 어떻게 하면 장타를 칠 수 있는지에 대해 끊임없이 조언을 듣는다. 헬스장도 등록한다. 만약 드라이버 장타왕이 삼두박근을 키우기 위해 훈련을 해왔다고 말한다면 아마도 많은 선수들이 그를 따라할 것이다.

프로 선수들, 특히 비거리가 짧은 선수들은 게임에 관한 무관심한 태도 즉, 어떤 부분을 개선시켜야 할지 정확하게 판단하지 못하기 때문에 PGA 투어에 진출하지 못한다. 그들은 그나마 부단하게 노력한 결과로써 프로는 될 수 있었다. 나는 선수들의 그런 노력에 감탄한다. 하지만 그 노력의 방향이 잘못되어 있다면 오히려 상처가 된다는 사실을 알았으면 한다.

일반적으로 비거리에 욕심을 갖기 시작하면 하나같이 오버스윙을 한다. 그러면 일관성과 정확도가 떨어지게 마련이다. 그들은 보통 스코어를 만들어내는 클럽에 대한 연습을 등한시한 채 긴 클럽을 위한 연습에 거의 모든 시간을 쏟아 붓는다. 애당초 선수들이 프로가 될 수 있었던 이유는 쇼트 게임 능력 덕분이었는데도 말이다.

이보다 더 나쁜 행태는 자신의 게임을 존중하기보다 다른 선수들의 게임에 더 많은 관심을 갖는 것이다. 이런 선수들은 장타왕의 스윙을 갖고자 하는 욕망이 더 크다. 이는 이미 결혼한 사람이 다른 사람의 배우자에게 관심을 가지는 것과 똑같다. 결혼생활에 좋을 리 없다. 이렇듯 다른 선수의 게임을 따라하려는 욕망은 자신의 골프에 좋게 작용하지 않는다.

이제 골프선수에게 자아상과 자신감이 얼마나 중요한지 이해할 수 있을 것이다. 생각해보라. 자신의 게임보다 다른 사람의 게임을 더 좋아한다면 어떻게 스스로 자신감을 가질 수 있겠는가? 만약 자신이 다른 선수들의 비거리를 탐내고 있다면, 그것이 바로 자신의 게임을 존중하지 못하고 있다는 증거이다. 이는 자신을 신뢰하지 못하고 다른 그 선수를 신뢰하는 것이다.

시합에 참가하는 선수들이 1번 홀에 오를 때마다 생각해야 할 것은 '내 게임'을 해야겠다는 다짐이다. 하지만 여전히 다른 선수의 게임을 좇으려 한다면, 결코 자신의 게임을 만들 수 없다.

그리고 사실 쇼트 게임을 잘하고 좋은 마인드를 가지고 있는 선수라면 다른 선수들의 게임은 필요치 않다. 나는 이런 선수들을 코스의 '소리 없는 자객'이라 부른다. 괴력의 장타왕이 엄청난 비거리로 갤러리들의 마음을 사로잡을 때 '소리 없는 자객'은 그저 페어웨이에 공을 올려놓을 뿐이다. 장타왕이 러프에서 공을 찾고 있을 때 '소리 없는 자객'은 공을 조용히 그린에 올려놓는다. 파5에서는 웨지로 써드 샷을 핀에 붙인 후 버디에 성공한다. 하루가 끝날 무렵 장타왕은 '소리 없는 자객'이 어떻게 자신보다 좋은 점수를 기록했는지 의아해한다.

내가 LPGA 명예의 전당에 헌액된 팻 브래들리를 지도할 때 이러한 현상을 목격했다. 그 당시 나는 경력이 많지 않은 시절이었고, 팻 브래들리 역시 명예의 전당에 오르지 못했을 때였다. 그녀는 좋은 선수였지만 LPGA 투어에서 그다지 알려져 있지 않았다. 그리고 그녀는 장타보다는 좋은 쇼트 게임 능력을 가지고 있었다. 그녀의 아버지 톰은 언젠가 팻에게 "우리 딸은 어려운 상황에서도 파 세이브를 참 잘한다"라는 말을 했다. 팻은 선수생활 내내 아버지의 칭찬을 영광의 훈장처럼 마음속에 지니고 다녔다.

팻은 자신의 쇼트 게임에 만족했고 큰 자부심이 있었다. 내가 그녀와 처음 만났을 때, 팻은 드라이버 샷 비거리보다 퍼팅 능력을 향상시켜야 한다고 생각했다. 그녀는 이것을 스스로 인지하고 있을 만큼 영리했다. 우리는 퍼팅에 대한 몇 가지 과제를 수행했다. 그 과제는 이 책의 퍼팅 챕터에 있는 내용이다. 팻이 이 과제들을 이해하고 자기 것으로 만들었을 때, 그녀의 퍼팅 실력은 이미 상당한 수준이 되어 있었다. 이후 팻은 1986년 LPGA 4개 메이저 중 3개 대회에서 우승을 차지했다. 사실 4개 대회 모두 우승할 뻔했다.

팻은 쇼트 게임이 자신의 골프에 아주 큰 역할을 하고 있다는 사실을 이해했다. 라운드를 하는 동안 모두가 온 그린에 성공하는 것은 아니다. 팻도 챔피언 조에서 경기할 때 상대의 퍼팅 실수를 보곤 했다. 그때마다 팻은 상대의 표정에서 두려움과 불안을 감지할 수 있었다. 그들은 퍼팅 후 '이런, 내가 파 세이브를 할 수 있을까?'라고 생각했을 것이다. 그러나 팻이 그린을 놓쳤을 때 그녀의 태도는 전혀 달랐다. 팻에게 그린을 놓친 것은 문제가 되지 않았기 때문이다. 만약 온 그린에 실패하면 팻은 어프로치 샷이 성공하기를 바랐다. 반대로 온 그린에 성공하면 퍼팅에 집중하면서 공이 홀에 들어가기를 바랐다. 그것은 모두 똑같은 태도였다. 사실 온 그린에 실패하면 팻의 태도는 오히려 좋아졌다. 팻은 '좋아! 이제 내 실력을 보여줄 시간이다!'라고 생각한 것이다.

팻은 칩 샷으로 홀인 시켜 버디를 만들 수 있다는 자신감과 최소한 어프로치 후 파 세이브를 할 수 있다는 완전한 자신감을 가지고 있었다. 그렇게 하는 것이 상대 선수를 주눅 들게 한다는 사실도 알고 있었다. 대부분의 골퍼는 상대가 온 그린에 실패하는 것을 보았을 때, 상대의 보기를 바라거나 자신이 그 홀에서 이길 수 있다는 희망을 갖는다. 하지만 상대가 버디나 파를 기록해버리면 그 희망은 현저하게 꺾인다. 그래서 나는 팻과 같은 선수를 '소리 없는 자객'이라고 부르고 싶다.

이것은 성별과 관련된 개념이 아니다. 내가 이 책을 집필할 때, 마크 윌슨은 이미 PGA 투어에서 4번의 우승 경험이 있었다. 마크는 어린 시절 위스콘신주에서 주니어 경기를 뛰면서 쇼트 게임을 익혔다. 마크의 현재 키는 176cm이고, 몸무게는 65kg이다. 마크는 PGA 투어 선수들의 평균적인 비거리를 가지고 있다. 12살 때의 몸무게는 훨씬 더 적었다. 그리고 마크가 주니어 대회에 출전했을 때 파4에서 투 온할 수 있는 홀이 그리 많지 않았다. 그러나 마크는 우승을 바랐고, 그러기 위해서는 쇼트 게임을 잘해야 한다는 사실을 깨달았다. 마크는 매치게임에서 쇼트 게임이 강력한 무기가 될 수 있음을 이해했다. 상대 선수는 마크보다 비거리가 30m 정도 더 나갔기 때문에 두 번 만에 그린에 도달할 수 있었다. 마크는 상대적으로 비거리가 짧았지만, 손쉽게 퍼팅할 수 있을 만큼 공을 홀에 붙이곤 했다. 상대 선수는 마크에게 컨시드를 주면서, 비기기 위해서는 최소한 투 퍼팅을 해야 한다는 사실을 인지했다. 이런 압박감 속에서 많은 선수들은 쓰리 퍼팅을 한다. '소리 없는 자객'이 다시 나타나는 것이다.

마크는 자신이 쇼트 게임을 잘할 수 있다고 생각했다. 오늘날 마크는 자신의 쇼트 게임이 위스콘신주의 주니어 경기에서처럼 최고 수준의 스트로크 경기에서도 강력한 무기가 될 수 있음을 깨달았다. 마크에게 가장 좋았던 기억 중 하나는 그가 처음으로 우승했던 2007년 혼다 클래식에서의 마지막 라운드이다. 그는 16번 홀에서 15m 버디 퍼팅을 성공시켰다. 마크는 내게 자신의 강점을 더욱 강화시켜야겠다고 말했다. 그는 드라이버 샷이 270m씩 날아가지 않음을 걱정하지 않았다. 마크는 그런 비거리를 가질 수 없다 해도 큰 문제가 되지 않음을 이해했다. 마크는 지칠 줄도 모르고 퍼팅, 어프로치 샷, 벙커 샷 연습에 매진했다. 결과는 성공적이었다.

만약 쇼트 게임이 최고 수준에 이른다면 각자의 게임에서, 혹은 프로 경기에서 확실한 성공을 거둘 수 있을 것이다. 골퍼가 만약 멋진 쇼트 게임 능력을 가지고 있다면 결과와 상관없이 자신의 능력을 보여줄 수 있는 기회가 18번 있다. 이 말은 18홀 동안 자신의 쇼트 게임을 자랑할 수 있다는 이야기이다. 그것은 상대가 이길 것이라고 예상한 홀에서 자신이 승리할 수 있는 기회를 18번 가질 수 있다는 말이기도 하다.

여기서 중요하게 생각해야 할 것은 쇼트 게임을 잘하게 되면 골프를 더욱 자신의 방식으로 해나갈 수 있다는 점이다. 나는 프랭크 시나트라가 골프를 한 경험이 있는지, 혹은 그가 얼마나 골프를 잘 쳤는지 알지 못한다. 하지만 내가 골퍼들에게 노래 하나를 추천한다면 프랭크의 노래 '마이 웨이'를 첫 번째로 추천하고 싶다.

일반적으로 골퍼들은 자신감의 표현이 없다면 최고의 골프를 하지 못한다. 그 표현은 내가 말했던 것처럼 사람들에게 나쁘게 행동하라는 것이 아니다. 그 행동이 거만하게 보일 수도 있지만 그것은 단지 마음속에서의 거만함이다. 골퍼가 쇼트 게임 능력을 자기 골프 실력의 토대로 만들겠다고 하는 것은 일반적인 방식에서 벗어나 자신만의 방식으로 하겠다는 의지이다. 이것이 중요하다.

자신의 방식으로 한다는 것은 스스로를 의심하지 않는다는 말과 같다. 내가 생각하는 골프는 마치 누가 가장 자신을 신뢰할 수 있는가, 이것을 겨루기 위해 고안된 활동처럼 보인다. 적어도 최고 수준에서의 골프는 그렇게 보인다. 게임 속의 변화와 피할 수 없는 어려움들은 골퍼의 자신감을 흔들기 위해 계획된 것처럼 보인다.

게다가 골프는 수많은 정보와 전문지식으로 넘쳐난다. 퍼팅 스트로크에 대한 기술적인 부분에 대해서 분석해보자. 전문가들 중에는 퍼터면이 퍼팅라인에 반드시 직각이 되어야 한다고 말하는 사람들이 있다. 또 다른 전문가들은 퍼터 헤드가 안쪽으로 간 후, 똑바로 되었다가 다시 안쪽으로 가야 한다고 말하는 사람들도 있다. 그것이 틀렸다고 말하는 사람들은 퍼터헤드가 안쪽에서 똑바로 가야 한다고 말하기도 한다.

골퍼로서 자신의 게임에 확신이 없는 사람이라면 이런 정보는 매우 치명적인 공격이 될 수 있다. 하루 게임을 망치고 나면 다른 선수들의 플레이가 더 좋아 보인다. 누군가의 드라이버 샷이 부러워지고, 아이언 샷도 완벽해 보인다. 다른 선수의 어프로치와 퍼팅이 자신보다 더 좋게 느껴진다. 이런 생각의 유혹은 꼬리에 꼬리를 문다. 이런 생각 속에 빠져 있는 것은 의심의 씨앗을 심는 행위와 같다. 마치 집 지하실에 물이 새어 들어가는 것처럼 말이다. 자신의 골프에 조금이라도 금이 가 있다면 물은 그곳을 찾아 들어갈 것이다.

그렇다고 자신의 게임에 그냥 만족하라거나 안주하라는 뜻은 결코 아니다. 개선시킬 수 있는 현명한 방법들이 있다. 나는 이 책의 뒷부분에서 쇼트 게임을 향상시키기 위한 효과적인 방법들을 제시할 것이다. 그런 방법들은 게임을 어떻게 풀어나가야 하는지에 대해 의심하지 않고 불안한 마음을 갖지 않는 것부터다. 그것은 수많은 매체로부터 나오는 온갖 팁과 아이디어에 관심을 갖는 것도 아니고 받아들이는 것도 아니다. 또한 쇼트 게임 연습을 소홀히 하면서 비거리만 늘리려는 노력도 아니다. 라운드 중에 스윙을 바꾸거나 하는 것도 아니다.

하지만 초반 6홀을 플레이하는 동안 중요하다고 생각되는 퍼팅에 실패하게 되면, 선수들은 퍼팅 스트로크에 변화를 주기 시작한다. 그립을 고치기도 하고 스탠스를 조정하기도 한다. 그리고 어드레스에서 볼의 위치를 바꾸기도 한다. 그런 후 선수들은 볼을 코스 사방으로 쳐대기 시작한다. 이쯤 되면 선수들은 거의 공황상태에 이른다.

나는 이런 선수들이 우승하는 것을 거의 보지 못했다. 우승하는 선수들은 어떻게 플레이할 것인지에 대해 자신과 약속하고, 끈기 있게 그 약속을 지켜나간다. 그렇다고 항상 우승하는 것은 아니지만, 그들은 항상 자신의 기대를 충족시켰다는 사실에 만족감을 가진다. 그리고 챔피언들은 대부분 성공할 것이라는 사실을 믿으면서 자신이 하는 일에만 집중한다.

우승으로 이끄는 이러한 태도와 철학은 골프뿐만 아니라 다른 스포츠에서도 마찬가지로 나타난다. 자신의 게임을 믿어야 하고, 자신의 게임을 사랑해야 하며, 우승자의 태도를 실천해야 한다. 게임은 튼튼한 기본기 위에서 만들어져야 한다. 나는 이러한 내용을 골프가 아닌 농구에서 배웠다.

나는 보스턴 셀틱스를 응원하며 뉴잉글랜드에서 자랐다. 나 역시 농구선수를 했었고, 나중에는 코치가 되었다. 나는 셀틱스 팀의 아주 훌륭한 코치들로부터 많은 것을 배웠다. 그들을 보면서 농구에는 승리로 이끄는 어떤 공식이 있다는 사실을 깨달았다. 어떤 팀도 매일 슛을 잘할 수는 없다. 하지만 어떤 팀은 슛을 잘했을 때만 승리하는 반면, 또 어떤 팀은 슛을 잘하지 못해도 승리한다.

꾸준히 승리하는 팀들은 몇 가지 공통점이 있었다. 이런 팀은 리바운드를 잘하고, 수비를 잘한다. 그리고 자유투를 만들어낸다. 농구경기에서 항상 슛을 잘할 수는 없지만 수비와 리바운드, 자유투와 같은 기술은 꾸준하게 잘 해낼 수 있다. 이 점이 셀틱스가 다른 팀보다 더 많은 승리를 거둘 수 있는 이유였다. 레드 아워백에서 존 칼리파리에 이르기까지 내가 만나왔던 훌륭한 코치들은 이런 평범한 기술들을 강조했다.

내가 골프를 치기 시작하고 골프선수들과 상담을 시작했을 때, 골프에서도 이와 비슷한 기술들이 있다는 것을 발견했다. 골퍼 역시 늘 자신들이 원하는 대로 공을 칠 수는 없는 노릇이다. 골퍼가 롱퍼팅을 항상 성공시킬 수는 없지 않은가? 그러나 어프로치 그리고 벙커 플레이는 마치 농구에서 리바운드, 수비, 자유투처럼 꾸준히 잘할 수 있는 그런 기술들이다. 우승한 골프선수들은 마치 팻 브래들리가 그랬던 것처럼 이런 기술들을 바탕으로 자신의 게임을 만들어 갔던 것이다. 우승을 꿈꾸는 골퍼라면 퍼팅, 칩핑, 피칭 그리고 벙커 플레이를 바탕으로 자신의 게임을 만들어야 한다. 그리고 그런 기술들에 자부심을 갖고 자신의 게임을 즐겨야 한다.

이 책의 목표는 쇼트 게임을 어떻게 향상시킬 수 있는지에 대해 이해하도록 도움을 주는 것이다. 결국 좋은 쇼트 게임은 자신의 전반적인 게임 내용을 향상시킬 것이고, 좋은 스코어를 만들 수 있도록 도와줄 것이다. 나는 이것을 가르치기 위해 다음 장에서 신경과학에 대한 이야기를 할 것이다.

헨리 롤래슨의
골프에 대한 공헌

"1937년경부터 은퇴할 때까지
나는 샷을 하는 동안 별 생각이 없었다.
나의 샷은 아주 무의식적이었고 쉬웠다."
-바이런 넬슨

헨리 몰래슨이라는 이름은 골프의 역사 어디를 뒤져도 찾을 수 없다. 뭐 그렇게 놀랄 일도 아니다. 내가 알기로 그는 골프채를 잡아본 적도 없고, 골프공을 쳐본 일도 없다. 그럼에도 불구하고 나는 그가 골프 역사에 있어서 각주 정도에는 들어갈 만한 가치가 있다고 생각한다. 비극적이고 우연하게도 헨리 몰래슨은 인간이 어떻게 하면 최고의 경기를 할 수 있는지에 대한 기초를 가르쳐주었다. 특히 쇼트 게임에서는 더욱 그렇다.

헨리는 신경과학 문헌에 잘 알려졌듯이 1926년 코네티컷주의 하트포드에서 전기기술자의 아들로 태어났다. 어린 시절 그는 롤러스케이팅, 라디오 청취, 다람쥐 사냥을 즐겼다. 그의 친구들과 가족들은 헨리가 아버지의 일을 물려받을 것이라고 생각했다.

그러나 그는 16살이 되는 생일에 심각한 간질 발작을 일으켰다. 발작은 계속 이어졌다. 하지만 무엇이 그런 증상을 유발시키는지 원인을 알 수 없었다. 헨리의 가족은 병력을 가지고 있었다. 유년시절 헨리는 자전거를 타고 내려오던 한 소년과 부딪혀 머리를 다친 적이 있었다. 사고 당시 헨리는 의식을 잃었고 상처를 치료하기 위해 열일곱 바늘을 꿰매야 했다. 코네티컷주의 몇몇 의사들은 헨리의 발작이 이 사고에서 비롯되었을 것이라고 생각했다.

원인이 무엇이었든 그 병은 헨리의 젊은 시절을 망가뜨렸다. 한동안 학교도 다닐 수 없을 정도였다. 마침내 고등학교를 졸업하는 날, 학교 측에서는 혹시라도 헨리의 발작이 졸업식을 망칠까봐 헨리가 졸업장을 받기 위해 무대를 가로질러 걷지 못하도록 했다. 그는 결국 전기기술자가 되려는 희망도 버려야 했다.

헨리는 많은 의사들을 찾아다녔고, 마침내 1953년에 한 외과 의사를 만났다. 그 의사는 발작을 일으키는 것으로 보이는 뇌의 한 부분을 제거하면 간질 발작을 끝내거나 줄일 수 있을 것이라고 말했다. 헨리는 의사의 말을 따를 수밖에 없었고, 해마라고 알려진 뇌의 일부분을 제거했다.

그러나 이러한 처치는 예상치 못한 비극적인 결과를 불러왔다. 헨리가 수술 후 깨어났을 때, 그는 신경과학자들이 '서술 기억'이라고 부르는 것을 잃어버리고 말았다. 헨리는 새로 배운 것 혹은 자신에게 일어난 일들을 다시 기억하지 못했다. 아주 짧은 시간 동안만 기억할 수 있었다. 하지만 그는 여전히 어린 시절과 청소년기의 기억은 가지고 있었다. 말하고 읽는 것도 가능했다. 그러나 헨리가 잡지를 읽은 후, 20분 정도 지나 다시 그 잡지를 집어 들면 아무것도 기억할 수 없었다.

헨리는 매일 밤 전날의 기억을 완전히 잊어버리는 것 같았다. 그는 스스로 살아갈 수 없는 상태가 되었고, 남은 삶은 누군가의 보살핌을 받아야만 했다. 헨리를 돌보던 간호사와 의사는 매일 아침 그에게 자신을 다시 소개해야 했다. 그들을 기억할 수 없었던 것이다. 헨리의 간질 발작은 수술 전보다 훨씬 줄어들었지만, 그 대신 혹독한 대가를 치러야 했다. 그럼에도 헨리는 상냥하고 쾌활한 성격을 잃지 않았다.

헨리는 자신의 기억력 상실증에 관한 뇌 연구에 동참하기로 했다. 연구자들은 그를 통해 뇌가 기억하는 방식 그리고 두뇌의 작동 방식에 대해 새로운 정보를 얻을 수 있을 것으로 기대했다. 1963년 캐나다의 신경과학자인 브렌다 밀너 박사는 흥미로운 사실을 발표했다. 해마를 제거하면서 헨리가 의식적으로 기억하려는 능력이 파괴된 것은 사실이지만, 그렇다고 모든 기억력이 파괴된 것은 아니라는 내용이었다.

일련의 연구과정에서 헨리는 고도의 운동기술 테스트를 수행하자는 요청을 받았다. 그 테스트는 거울을 보면서 선을 긋는 과제였다. 헨리에게 주어진 임무는 별 모양의 점들을 선으로 잇는 것이었다. 그는 하루 종일 반복된 연습으로 이 과제에 익숙해졌다. 시간이 지날수록 실수는 줄어들었고, 더 빨리 해낼 수 있었다. 수행 속도는 점점 더 빨라졌다. 그러나 다음날 아침이 되면, 헨리는 전날의 과제에 대해서 전혀 기억할 수 없었다. 의식적인 생각에는 과제수행에 대한 사실이 남아있지 않았던 것이다. 이처럼 헨리에게는 매번 새로운 과제였지만, 그는 이미 숙달된 형태의 수행능력을 어딘가의 기억 속에서 조금씩 보여주었다. 의식적으로 학습했던 것을 기억할 수는 없었지만, 운동기술을 배우고 있었던 것이다.

이러한 현상은 헨리의 다른 태도에서도 나타났다. 어느 날 한 기자가 헨리를 만났다. 기자는 이야기를 나누면서 그가 참여했던 실험에 대해서 물었다. 헨리는 어떠한 실험에도 참여하지 않았다고 대답했지만, 의사가 실험실로 가야 할 시간이라고 말하자 헨리는 실험실에 가본 기억이 없었음에도 불구하고 그쪽으로 몸을 돌려 걷기 시작했다.

헨리와 함께한 실험은 기억의 종류에 따라 사용되는 뇌의 위치가 달라진다는 사실을 보여주었다. 헨리에게 없어졌던 의식의 기억은 해마를 필요로 한 것이다. 그러나 학습된 운동기술의 기억은 분명 뇌 어딘가에 자리 잡고 있었다. 그곳은 아마도 사람의 의식적인 생각에서 쉽게 접근할 수 없을 것이다. 우리는 그곳을 잠재의식이라고 부를 수 있다.

밀너 박사팀의 이러한 실험은 유능한 골프 지도자 또는 프로골퍼들이 오랜 시간 알고 있었던 것에 대한 과학적인 발견이다. 그것은 우승하는 선수들이 기술 수행을 위해 의식의 뇌에 의지하지 않는다는 내용이다. 챔피언들이 사용한 것이 바로 잠재의식의 기억이었던 것이다.

위대한 골퍼 밥 존스는 이런 유명한 말을 남겼다. "훌륭한 골프는 선수의 양쪽 귀 사이의 14cm짜리 코스에서 플레이되어진다." 그렇다고 이 말이 '골프는 지식이나 지능을 요구하는 게임'이라는 것은 아니다. 사실 존스는 생각이 많다는 것은 장점이 아니라 오히려 불리한 조건이라고 설명했다. 존스는 의식적인 동작으로 만들어진 스윙과 무의식적으로 만들어진 스윙의 차이점을 정확히 이해하고 있었다. 무의식의 동작이 훨씬 더 효과적인 것은 분명하다. 뇌의 의식적인 기억중추로 스윙을 통제하려는 것, 이것을 존스의 표현대로 하자면 '망하는 지름길'이다.

다른 스포츠의 코치들은 선수들이 경기할 때 '근육의 기억'에 의존하라고 말한다. 예를 들어 농구에서 자유투를 할 때, 테크닉에 대한 생각은 버리고 연습과 반복에 의해 습득된 근육 기억을 사용하라는 것이다.

사실 '근육 기억'은 약간 잘못된 개념이다. 근육에는 기억력이 없기 때문이다. 하지만 연구자들이 밝혀낸 바에 의하면, 운동선수는 훈련과 연습을 통해 신체의 움직임을 무의식적으로 조절하는 '신경망'을 고도로 발전시킨다. 예를 들어 골퍼는 짧게 깎여진 잔디에서 벙커를 넘겨 홀 옆에 공을 떨어뜨리기 위해 그런 위로 공을 높게 띄운다. 이 행위는 수많은 연습이 필요한 일이다.

인체의 복잡한 움직임을 지배하는 신경망은 반복을 통해 형성된다. 예를 들어 컵을 들고 물을 홀짝이는 행위를 생각해보자. 이 행위가 단순한 움직임이 아니라는 사실을 확인하고자 한다면 한 살짜리 아이를 보면 된다. 한 살짜리 아이는 물을 바닥에 흘리고, 얼굴과 몸 전체에 물을 묻히고 먹는다. 그래서 빨대가 달린 컵이 발명된 것이다. 하지만 어린 아이도 연습을 통해 움직임을 관리하기 위한 신경망이 형성되기 시작하면, 컵을 들고 물을 홀짝일 때 동작에 대한 의식적인 생각이 없어진다. 이때 의식의 마음은 저녁식사를 같이 하는 친구와 대화를 이어나갈 수 있다. 의식의 마음이 그렇게 대화를 시도하는 동안 잠재의식은 물을 홀짝이는 임무를 처리한다.

사실 잠재의식의 뇌는 매일 이와 같은 일들을 수십 가지 처리한다. 운전을 처음 배울 때에도 동작 하나하나를 매우 의식적으로 했을 것이다. 아마도 몸에 힘이 들어가고 긴장도 됐을 것이다. 만약 수동 변속기로 운전을 배웠다면 차가 덜컹거렸을 것이다. 하지만 운전 경험이 점점 쌓이다보면 차를 똑바로 향하게 하고, 도로를 따라 달리는 것에 의식적인 주의를 기울이지는 않는다. 운전을 하는 동안 옆 사람과 이야기를 나눌 수도 있고, 라디오를 듣기도 한다. 목적지에 도착했을 때는 그 곳까지 어떻게 도착했는지 기억하지 못할지도 모른다. 잠재의식이 차를 운전하는 것과 관련된 신체적인 임무를 아주 훌륭하게 처리한 것이다.

나의 친구 밥 크리스티나 박사는 운동학습과 운동발달 전문가이다. 골퍼들은 이 친구로부터 배울 점이 있다. 그는 어떤 신체적 기술이라도 학습의 초기 단계에서는 의식적인 뇌, 움직임의 인지적 통제, 이 둘과 관련이 있다고 말한다. 학계 전문가들도 그렇게 말하고 있다. 우리는 우리가 만드는 각각의 움직임에 대해 생각해보고, 그것을 어떻게 만들 것인가를 생각해야 한다. 첫 과정은 서투른 단계이다. 하지만 연습을 하게 되면 중간 단계에 들어선다. 학습자는 기술 개선을 위해서 수행에 대한 결과를 참고한다. 수행 결과라 함은 운전을 배울 때 자동차가 움직여지는 방식 또는 골프에서 공이 날아가는 형태를 말한다. 학습자는 동작의 오류를 분석하고 조정을 시도한다. 그러면서 점차 의식적인 동작에서 벗어나기 시작한다. 꾸준한 연습과 훈련은 마침내 학습자로 하여금 의식적인 통제 없이 움직임을 수행할 수 있도록 만든다. 이는 발전되고 능숙한 단계에 이르러 동작이 자유로워지는 것을 의미한다.

중요한 점은 일단 기술이 학습되면 그 기술을 의식의 뇌로 생각하면서 관리하는 것보다 잠재의식이 조절하도록 내버려두어야 한다는 것이다. 이것이 훨씬 효과적이다. 학습된 신체 기술이 수행되는 동안 의식의 뇌를 작동시키는 것은 초보자의 서투름으로 되돌아가는 것과 마찬가지이다. 예를 들어 직선 위로 걷는 행위를 생각해보자. 이제 막 걸음마를 배우기 시작한 아이에게는 불가능한 일이다. 아이는 넘어지지 않기 위해 한 발 한 발 애쓰겠지만, 운동 신경망이 발달될 때까지는 몸이 흔들리면서 균형을 잃을 수 있다. 그러나 어른이 되면 달라진다. 어른들은 언제나 직선으로 걷는다. 그것도 아무런 의식적인 생각 없이 능숙하게 한다. 말하자면 우리가 부엌으로 가려고 마음먹으면 그냥 그곳으로 향하는 것과 같다.

하지만 이런 경우를 생각해보자. 어느 날 저녁, 당신은 술을 마시지 않았음에도 불구하고 음주단속에 걸렸다. 경찰이 차를 한쪽에 세우고 똑바로 걸어보라는 과제를 요구한다. 그러면 갑자기 이 과제가 어렵게 느껴질 수 있다. 실수에 대한 의식, 위기에 대한 의식으로 인해 의식의 뇌가 관여할 수 있기 때문이다. 당신은 헨리 몰래슨과 다르게 해마를 가지고 있다. 만약 음주운전에 걸려서 면허정지를 받은 기억이 있다면, 아마도 그 기억을 떠올릴 것이다.

이런 스트레스 속에서 어떻게 하면 한 발 한 발 똑바로 걸을지에 대해 신중해지게 된다. 그리고 도로에 있는 선을 쳐다보며 그 선에서 벗어나지 않도록 애쓸 것이다. 근육이 긴장되면서 걸음마를 배우는 아이와 같이 몸이 흔들리거나 균형을 잃을 수도 있다. 당신은 술을 마시지 않았으니 음주 측정을 요구받았을 때, 그것을 증명할 수 있다는 마음으로 안심했을 수도 있다.

이와 같은 원리는 골프에도 똑같이 적용된다. 특히 쇼트 게임이 그렇다. 노련한 골퍼라면 스코어를 만드는 데 쇼트 게임이 얼마나 중요한지를 잘 알고 있다. 그린을 놓쳤다 하더라도 어프로치 샷을 잘하면 파를 만들 수 있지만, 어프로치 샷에 실패하면 더블보기가 될 수도 있다. 1m 퍼팅은 그 성공여부에 따라 우승을 하느냐 못 하느냐로 나누어지기도 한다. 이렇듯 경찰이 차를 세워 음주 측정을 했을 때 우리 뇌가 그 상황을 위기로 받아들일 수 있는 것처럼, 골퍼 역시 모든 쇼트 게임을 위기 상황으로 받아들일 수 있다는 것이다.

그러면 우리는 의식의 뇌를 작동시키게 되고, 직선 위를 걷는 운전자의 수행능력처럼 자신의 쇼트 게임을 온전히 자연스럽게 수행할 수 없을 것이다. 따라서 골퍼들이 잠재의식으로 쇼트 게임을 조절하고 관리할 수만 있다면 성공의 기회를 훨씬 더 많이 가질 수 있을 것이다.

나는 이것을 '자신의 방식을 알아내는 것'이라고 부른다. 앞으로 이야기할 것들이 바로 여기에 관한 내용이다.

부드럽게 노력하고 태연하게 하라

"내 몸이 무엇을 할지 알고 있다는 것을 믿어라.
그리고 샷을 하라."
-게리 플레이어

1984년, 나는 버지니아 대학에서 스포츠 심리학을 가르치고 있었고, 카발리어 풋볼팀과 농구팀에서 선수들을 지도하고 있었다. 우리는 학교 역사상 처음으로 초청 풋볼 경기인 볼 게임(Bowl game)에 참가했고, 농구 역시 처음으로 대학리그 4강에 진출하는 성과를 냈다. 어느 날, 농구 팬이었던 대학병원의 한 외과의사가 날 찾아왔다. 그 의사는 내가 농구선수들의 심리적 측면에 도움을 주고 있다는 사실을 듣고는 내가 하고 있는 일에 관심을 가졌다. 그는 자신을 소개하면서 내가 병원에 한 번 방문하기를 바랐다. 그리고 자신과 동료들을 봐달라고 부탁했다.

그 후 나는 병원에 방문하여 그의 팀이 수행하는 심장수술을 참관했다. 나는 의자 위에 올라서서 수술 장면을 지켜보았다. 의사가 환자의 가슴을 열고 혈관을 우회시키는 동안 양손에 장갑을 착용한 간호사가 심장을 들어올렸다. 그리고 다른 간호사가 뭔가를 자르고 꿰맸다.

그러나 나를 놀라게 한 것은 그곳의 분위기였다. 수술실 안에는 음악이 흐르고 있었고 노래를 부르는 사람도 있었다. 수술을 집도하는 수석 의사와 동료들은 환자의 생사를 손에 쥐고 있었음에도 불구하고 나에게 자기들의 골프에 대한 이야기를 늘어놓았다.

그들은 심장수술을 하는 동안 경기 중 선수들이 겪는 도전에 맞닥뜨리고 있었다. 그리고 선수들이 하는 것과 비슷한 방법으로 대처하고 있었다. 나는 이 사실을 깨닫는데 약간의 시간이 걸렸다. 결국 병원에서는 우리 대학원생 중 한 명을 고용하여 의사들의 스트레스, 수행불안 그리고 내가 운동선수와 함께 다뤘던 문제들을 상담하도록 했다. 의사들은 수술할 때 아주 미세하고 정밀한 손기술이 필요하다. 의사들 역시 이런 상황에서 너무 조심스럽고 너무 열심히 노력하는 것을 피해야만 했던 것이다.

그렇지만 환자나 환자 가족이 이러한 사실을 공개적으로 듣는다면 아마도 충격을 받을 것이다. 가족 중 한 명이 심장수술을 받으러 수술실에 들어갔다고 가정해보자. 의사들이 아주 조심스러운 마음을 갖고 최선을 다해주기를 바라는 마음이 당연하다. 나는 이러한 문제를 보면서 언어의 한계를 느끼곤 한다. 그것은 최선을 다해야 하지만 반대로 태만해지라는 두 가지 의미를 모두 표현해야 하기 때문이다. 최상의 수술 결과와 골프 코스에서의 최고 성적, 이것을 만들어 낼 수 있는 일종의 무의식적인 노력, 우리에게는 이런 의미를 모두 표현할 수 있는 단어가 없다. '부드럽게 노력하기(Trying soft)', '태연해지기(Slacking on)'와 같은 말이 떠오르긴 하지만 그 단어들만 가지고는 사람들에게 의미를 온전하게 전달하지 못한다.

그러나 수술을 집도하는 데 있어서 '매우 조심스럽게' 혹은 가능한 한 '열심히 노력하는 태도'는 최선의 방법이 아니다. 이것만큼은 진실이다. 나는 최고의 의사라 할지라도 자신의 가족 혹은 자신이 사랑하는 사람들을 대상으로는 거의 수술하지 않는다는 사실을 알았다. 그들이 만약 가족이나 사랑하는 누군가를 수술하게 되면, 아주 조심스러운 태도와 열심히 노력하는 태도에서 벗어나기 쉽지 않을 것이다. 의사들은 환자에게 감정적으로 매어 있지 않을 때, 수술대에 누워 있는 환자가 단지 사람일 뿐이라고 생각될 때, 이 수술은 그저 일상적인 절차라는 생각을 가질 때 수술을 더 잘할 수 있다는 점을 알고 있다. 의사들은 교육을 위해 레지던트와 함께 수술할 때, 수술이 더 어렵다는 것을 느낀다. 왜냐하면 가르치는 행위는 의사들이 수행하는 절차를 더 의식하도록 만들기 때문이다.

이와 같은 의사들의 업무 속성은 스포츠 코치들이 오랫동안 알고 있던 '근육 기억' 그리고 신경과학자들이 헨리 몰래슨으로부터 배운 것에 대한 진실을 잘 보여준다. 인간은 복잡한 신체적인 일을 수행함에 있어서 그 과제를 배울 때 가장 집중하며 연습도 열심히 한다. 그리고 얼마 후면 무의식으로 들어가 잠재의식의 기억에 의존하여 수행을 하게 된다. 그러면 어떠한 긴장 속에서도 동작수행을 잘할 수 있게 되는 것이다. 만약 그 과정에 여전히 의식적인 마음이 관여하게 되면, 몸은 효율적으로 움직일 수 없으며 자연스러운 움직임을 만들어 내지 못한다.

우리는 자기 자신을 방해하는 오류에서 벗어나야 한다. 내가 선수들을 코칭할 때 고민하는 것 중 하나는 그러한 마음을 이해시킬 수 있는 단어가 마땅치 않다는 것이다. 브래드 팩슨이나 패드릭 해링턴 등 내가 지도한 선수들 중에는 예리하고, 분석적이며, 호기심은 많은 선수들이 있었다. 이런 선수들은 캐묻기를 좋아하고 이해하려고 애쓴다. 나는 언젠가 브래드와 이야기를 나누다가 이런 말을 했다. "나는 네 마음을 정말로 고요하고 평온하게 만들고 싶다. 하지만 그것을 이해시키기 위한 적절한 단어가 없다는 것이 너무 아쉽군."

우리 인간은 그런 단어를 만들지 못했다. 그 이유는 최근까지 인간의 뇌 안에 있는 의식의 층에 대해 우리가 자세히 알 수 없었기 때문일지도 모른다. 우리는 항상 의식의 상태에 있었고, 우리의 언어 중 정신 상태를 정의하는 거의 모든 단어들은 의식(Conscious)을 중심으로 만들어졌다. 반대로 의식의 마음에 의해 조종되지 않는 상태, 우리는 그것을 '무의식(Unconscious)'이라고 부른다. 이것은 권투선수가 상대를 KO로 쓰러뜨릴 때 일어나는 일뿐만 아니라 보통의 일상생활과도 밀접한 관련이 있다.

19세기 말, 20세기 초의 심리학자들은 '잠재의식(Subconscious)'이라는 단어를 만들어 냈다. 지금은 이 단어가 유용하게 쓰일 수 있지만, 당시 그들은 특별히 이 단어에 대해서 상세한 설명을 하지 않았다.

나는 선수들과 이야기를 나눌 때, 말하고자 하는 바가 무엇인지를 이해시키기 위해 '의식적이지 않은, 멍한(Oblivious)', '태연한, 무심한(Nonchalant)', '무관심한, 평범한(Indifferent)', '무신경한(Uncaring)', '무관한(Irrelevant)'과 같은 단어들을 사용한다. 나는 가끔 그것을 '화이트아웃(Whiteout, 시야상실)'이라는 말로도 설명한다. 그래서 선수들에게 '보고 실행하라', '무의식적으로 가라'와 같은 말을 사용한다. 하지만 이런 단어와 문구들은 내가 전달하고자 하는 것에 대한 암시에 불과하다. 그저 힌트일 뿐이다. 내가 말한 바와 같이 그 의미를 완전하고 정확하게 전달할 수 있는 단어와 문구는 없다. 그렇지만 골프는 완전하게 무의식의 방법으로 해야 하는 게임이다.

나의 이런 발상을 직감적으로 이해하는 사람들이 있다. 예를 들어 뛰어난 음악가와 댄서들, 그들은 무대에 있을 때 이런 마음의 상태에 있는 것이다. 피아니스트가 오랜 시간 연습과 리허설을 반복하다 보면, 손가락이 정확히 건반을 치는지 혹은 얼마나 세게 치는지 혹은 얼마나 오랫동안 누르고 있어야 하는지와 같은 일은 전혀 걱정하지 않는다. 손가락은 그저 건반 위에 정확하게 올려진 후 정확하게 누를 뿐이다. 연주자는 손가락의 움직임을 잊은 채 그냥 음악이 흘러나오도록 한다.

최고의 골퍼들 역시 거의 비슷한 방식으로 타깃에 반응하면서 샷이 일어나도록 한다. 1945년 바이런 넬슨은 11개 대회를 연속으로 우승했다. 나는 그 당시 바이런과 함께 그의 심리상태에 대해 이야기한 적이 있다. 당시에는 스포츠 심리학 같은 전문적인 훈련은 없었다. 그러나 바이런과 이야기를 한 후, 나는 그가 스포츠 심리학에 대해 많은 것을 알고 있다고 확신했다. 바이런이 연달아 우승을 기록하던 어느날, 그는 내게 이렇게 말했다. 시합이 끝나고 코스에서 나올 때면 자신이 무슨 샷을 했는지 도통 기억이 나질 않는다는 것이었다. 그는 이것을 약간 멍한 상태라고 표현했다.

나는 이 이야기를 이렇게 받아들였다. 바이런이 최고의 플레이를 했을 때는 의식의 마음을 제거하고 무의식적인 마음으로 플레이를 했다. 바이런에게는 이런 능력이 있었던 것이다. 팻 브래들리도 거의 똑같은 이야기를 했다. 팻 역시 플레이가 잘됐을 때는 자신이 했던 샷에 대한 특별한 기억 없이 코스에서 나왔다. 게임이 끝난 그녀는 피곤함을 느꼈다. 하지만 그 피로는 다른 어떤 것에도 흔들리지 않고 타깃에 집중하며, 오로지 한 번에 한 샷만 몰두하느라 생긴 피로였다.

사실 이것은 많은 사람들이 이해하기 어렵고 실행하기도 어려운 내용이다. 특히 교육을 잘 받아온 사람들에게는 더욱 그렇다. 여기에는 우리의 교육시스템이 책임져야 할 부분이 있다고 생각한다.

미국 교육의 기본 중 하나는 '블룸의 분류학(Bloom's Taxonomy)'이다. 이것은 지식, 이해, 응용으로 출발하여 교육자들이 '고차원적 사고기능'으로 여기는 분석, 평가, 종합으로 이르기까지의 순위를 말한다. 말하자면 생각하는 기술의 단계이다.

이 '블룸의 분류학'은 교사 양성 프로그램뿐만 아니라 거의 모든 학교에서 채택하고 있으며, 변형되어 사용하기도 한다. 교사들의 임무는 아이들에게 이와 같은 '고차원의 기술'을 훈련시키는 것이다. 학생들은 대학 입학시험에서 이러한 능력을 보여주어야 한다. 그런 까닭에 교육을 잘 받아온 사람들은 모든 것에 분석적이고 평가하기를 좋아한다. 분명한 사실은 이들이 의식적인 두뇌 사용에 익숙하다는 것이다. 어쩌면 이러한 성향은 법을 다루거나 수학 방정식을 푸는 것과 같은 활동에 더 유리할지도 모른다. 하지만 골퍼들에게는 그리 좋지 않다. 영리한 선수들은 의식적인 뇌를 언제 써야 하고, 무의식적인 뇌는 언제 써야 하는지를 정확히 알고 있다.

골프선수들의 분석적인 마음은 여러 가지 이유에서 의식의 뇌를 켜도록 유도한다. 이럴 때 선수들에게 필요한 것이 바로 그 의식의 뇌를 끄도록 만드는 멘탈 훈련이다. 그래야 비로소 선수들은 최고수행을 할 수 있다. 분석적인 마음은 자신에게 조용히 소리친다. '나는 마지막 홀에 와있다. 나는 정말 우승하기를 소망한다. 실수를 원치 않는다. 홀까지 정교한 피치 샷이 필요해. 모든 것이 이 샷에 달려 있다. 이 시합을 위해 오랜 시간 준비했잖아. 우승 트로피를 갖고 싶어. 망치면 안 돼!'

우리는 평생토록 '망치면 안 돼!'라는 말을 들었을 때, 많이 생각하고 신중하게 행동하는 것이 좋다고 배워왔다. '아홉 번 재고, 단번에 쳐라!'라는 속담이 있다. 하지만 그것은 학교 시험이나 건축학, 소득세 신고 등과 같은 과제들에 적합한 조언일 뿐이지, 결코 시합의 마지막 홀에 있는 골프선수에게 적절한 조언은 아니다.

나는 남아프리카 공화국 출신의 데이비드 프로스트와 몇 년 동안 상담해왔다. 그는 재능이 있는 선수였고, 현재는 챔피언스 투어에 참가하고 있다. 얼마 전 데이비드는 풀 스윙에 어려움을 겪고 있다면서 나를 찾아왔다. 그 어려움은 정렬에 관한 문제였다. 스탠스를 취하고 나면 자신이 목표한 바대로 잘 섰는지 의심이 든다는 것이었다. 그는 "조준을 잘 하려고 애쓰면 타깃이 어디에 있는지 모르겠어요"라고 말했다.

우리는 집 근처에 있는 케스윅 골프장으로 갔다. 나는 데이비드에게 말했다. "자네는 벙커 샷을 잘하는 선수지?" 그는 동의했다. 사실 데이비드는 몇 년 전 최종일 마지막 홀에서 벙커 샷을 홀인 시키면서 우승한 적이 있었다. 뉴올리언스에서 개최된 PGA 투어 시합에서였다. 우승 후 그는 "난 정말 벙커 샷 연습이 필요 없어요"라는 말까지 했다.

나는 물었다. "벙커 샷을 할 때 클럽페이스를 몇 도나 열지?" 그가 답했다. "몰라요. 그냥 열어요." 다시 물었다. "그럼 클럽페이스를 열고 나면 그것에 맞추어 스탠스를 몇 도나 오픈시켜?" 그는 또 답했다. "전혀 모르겠는데요." 나는 또다시 물었다. "스탠스를 취하고 어드레스를 한 다음, 백스윙을 얼마큼 할 것인지 또는 얼마나 세게 칠 것인지 생각해? 모든 벙커 샷 상황이 다르잖아. 그걸 고려해서 생각하는 것이 있어?" 그가 말했다. "아니오. 전혀 그런 생각을 전혀 안 하는데요."

나는 그가 벙커 샷을 할 때 스윙의 궤적에 대해 얼마나 많이 생각하는지 혹은 볼 뒤 몇 cm를 칠 것인지에 대해 더 물어볼 수 있었지만, 아마도 대답은 비슷했을 것이다. "그러면 벙커 샷을 어떻게 한다는 거야?" 나는 재차 물었고 데이비드는 "그냥 어디로 갈지만 보고 쳐요. 그러면 그곳으로 가요"라고 말했다. 바로 이때 나는 "그래 바로 그거야! 드라이버 샷이나 아이언 샷도 똑같은 방법으로 하는 거야. 생각해 봐. 정렬에 대해 의식적으로 생각하지 않고, 그냥 볼이 어디로 갈지만 보면서 조준하는 거야. 그러면 집중이 흐트러지지 않고 방향을 잡을 수 있을 거야"라고 말해주었다.

데이비드는 머지않아 실행에 옮겼고, 공이 똑바로 나가기 시작했다. 그는 마음이 느껴지는 대로, 스윙이 느껴지는 대로 때리는 샷을 아주 좋아했다. 데이비드는 단지 자기 자신을 방해하는 방식에서 벗어난 무의식적인 동작이 필요했던 것이다. 나는 프로 선수들을 지도하면서 모래 벙커가 무의식적인 느낌을 깨닫게 하는 아주 좋은 장소라는 것을 알았다. 프로에게 벙커 샷은 아마추어 골퍼와 다르게 그리 어렵지 않은 기술이다. 프로들은 공을 바로 치지 않고 그냥 모래만 때린다. 내가 가끔 플레이를 할 때 그린 주변이 US 오픈 스타일의 러프로 되어 있다면, 나는 거의 벙커 샷과 같은 방식으로 공을 높게 띄운다. 왜냐하면 프로도 이런 샷을 할 때 거의 같은 방식으로 하기 때문이다. 두 장소 모두 프로에게조차 기대치가 높지 않다. 프로에게도 결국 '트러블 상황'이 있는 것이다. 하지만 이런 상황에 놓인 프로들은 그냥 샷을 할 뿐이지 특별히 샷에 관해서 생각하는 것은 없다. 그들은 자기 자신을 방해하지 않는 방법을 선택한다. (물론 아마추어 골퍼들에게 벙커 샷은 어려울 수 있다. 아마추어 골퍼들은 프로들이 하는 것처럼 무의식적인 방법으로 손쉽게 하지 못하기 때문이다. 이 문제에 대해서는 나중에 다시 언급할 것이다.)

프로들은 불가능할 것으로 보이는 상황에서 리커버리 샷을 하는 순간, 무의식의 동작을 보여주곤 한다. 2009년 앙헬 카브레라가 마스터스에서 우승했을 당시 오른쪽 소나무 숲에서 보여주었던 샷이 바로 그런 것이다. 사실 그런 상황에서는 생각할 수 있는 기술이 거의 없다. 왜냐하면 정상적인 샷을 할 수 없기 때문이다. 겨우 보이는 나무 틈 사이로 공을 통과시킬 뿐이다. 프로들은 여느 때와 마찬가지로 이런 샷들을 잘 해내는 것처럼 보인다. 그 순간 다른 모든 것을 배제하고 오로지 작은 타깃에만 집중하면서 무의식으로 빠지기 때문이다.

앙헬 카브레라가 우승한지 몇 달 후 그 샷에 대한 이야기가 다시 나왔다. "사람들이 그 나무 틈새가 얼마나 컸는지 물어봤어요." 그가 웃으면서 말했다. 그리고 이렇게 대답해주었다. "그 틈새가 얼마나 컸는지는 잘 모르겠어요. 하지만 볼보다는 더 컸어요." 나는 앙헬의 생각이 성공적인 샷을 위한 것이었고, 무의식의 상태에 도달하기 위한 한 가지 방법이었다고 생각한다. 앙헬은 어려운 상황에 맞닥뜨려 볼보다 조금 더 큰 타깃을 설정했다. 나는 보통 선수들에게 그렇게 큰 타깃은 추천하지 않지만 앙헬에게는 그런 방법이 효과가 있었던 것이다.

내가 생각하기에 앙헬은 단순하게 무의식적으로 하지 않았기 때문에 효과를 본 듯했다. 그는 나뭇가지 사이의 작은 구멍을 타깃으로 삼아 무의식적으로 반응한 것이다. 여기에는 미묘하지만 중요한 차이점이 있다. 내가 가르쳐왔던 선수들은 의식적인 생각 없이 샷을 할 수 있지만, 모두가 그렇게 타깃에 반응해서 샷을 하는 것은 아니다. 어떤 선수들은 집중이 흐트러지면서 적당히 얼버무리는 식으로 하는 경향이 있다.

선수들이 정신적인 일련의 절차에 타깃을 포함시킬 수 있다면 훨씬 나은 샷을 할 수 있을 것이라는 말은 모순처럼 들릴 수도 있다. 어떻게 의식적인 생각을 갖지 않고 동시에 타깃에 반응할 수 있을까? 내가 말할 수 있는 건 최고 수행을 보여주는 선수들은 이런 방식을 취한다는 사실이다. 그리고 많은 선수들이 그런 방식으로 훈련하는 것을 나는 계속 봐왔다. 다른 모든 것과 마찬가지로 선수는 의지를 갖고 연습을 해야 한다. 골퍼는 타깃에 열성적으로 집중하는 것이 아니라 부드럽게 집중하도록 노력해야 한다. 그냥 무심으로 대충 봐야 한다. 타깃을 작게 만들되 눈을 찡그리며 봐야 할 정도는 아니다.

자기 자신을 방해하는 방식에서 벗어나기 위한 방법 중 하나는 기대치를 버리는 것이다. 타깃에 반응하는 원리를 잘 이해하고 있는 프로들조차도 상황이 나쁘지 않음에도 불구하고 의식의 뇌를 켤 때가 있다. 그린 주변의 어려운 상황에서 높게 띄워야 하는 어프로치 샷을 할 때, 기대치가 높아지면서 의식적인 동작으로 빠질 수 있다. 그럴수록 결과에 대한 기대치를 낮춰야 자기 자신을 방해하는 방식에서 더 쉽게 벗어날 수 있다. 만약 앙헬이 숲에서 친 공이 나무를 맞고 더 깊은 숲으로 들어갔다 해도 사람들은 그리 놀라지 않았을 것이다. 앙헬은 기대를 갖지 않았고 그런 까닭에 부담도 없었다. 그렇게 친 샷의 결과는 놀라웠다.

하지만 그린에서 짧은 어프로치 샷을 생각해보자. 이런 샷은 단순하게 보이고 대부분의 프로들이 거의 파 세이브를 기대하는 상황이다. 사실 이런 상황은 마음을 비우지 못하도록 만든다. 시합 상황에 있는 프로조차도 이런 상황에서는 매우 의식적이고 의심이 커질 수 있다. 만약 연습라운드였다면 선수 대부분은 어려운 상황에서의 어프로치 샷이라 할지라도 곧잘 해낼 것이다. 그러나 경기의 압박 속에서는 의식의 마음을 일으키고자 하는 유혹이 훨씬 강력해진다.

다른 스포츠 선수들 역시 자기 자신을 방해하는 방식에 있다. 나는 몇 년 전 명예의 전당에 헌액된 골퍼 톰 카이트, 농구 지도자인 릭 칼라일(현재 챔피언 댈러스 매버릭스의 코치, 당시에는 선수였다), 마크 라바로니(NBA 챔피언 팀에서 선수생활을 했었고, 현재는 로스앤젤레스 클리퍼스 팀의 코치이다)와 이야기를 나누었다. 톰이 말하기를 무의식적으로 하기에 가장 어려웠던 샷은 1.2m 퍼트와 평범한 칩 샷이었다고 한다. 톰은 그런 샷을 할 때, 자신이 조심스러워지는 것과 싸워야 했다. 여기에는 두 가지 이유가 있다. 첫 번째 이유는 퍼트에서 '홀에 넣어야 한다'는 기대, 칩 샷에서 '가깝게 붙여야 한다'는 기대이고, 두 번째 이유는 만약 그 기대에 미치지 못한다면 타수를 잃을 것이라는 불안이었다고 한다. 그런데 왜 선수들은 유독 쇼트 게임에서 가장 큰 멘탈 문제를 일으키는가? 이유는 이렇다. 만약 드라이버 샷이 페어웨이에 들어가지 않거나 온 그린에 성공하지 못했더라도 여전히 파를 만들 수 있는 기회는 남아있다. 그렇지만 쇼트 퍼트를 성공하지 못하면 파 세이브의 기회는 영원히 사라지는 것이다.

가끔 골프를 즐겼던 릭 칼라일과 마크 라바로니는 톰이 신경 써야 했던 샷에 대한 압박 같은 건 특별히 느끼지 않았다고 했다. 이것이 가능했던 이유는 코스에서 어떠한 기대치가 없었기 때문이다. 만약 있었다 하더라도 그 수준은 아주 미미한 정도에 불과하다. 그들은 또한 농구를 예로 들어 설명했다. 6m 정도 거리에서 시도하는 점프 슛은 무의식적으로 하는 것이 어렵지 않지만, 막상 수비수 없이 2m 정도의 슛을 할 때에는 무의적으로 하지 못하고 좀 더 조심스러운 태도와 함께 공을 넣으려는 욕심이 앞선다고 한다. 그 이유는 자신도 기대하고 있고, 팀도 기대하고 있기 때문이다. 아마도 마음 한 편에는 백보드가 없다는 것을 생각했을지도 모르고, 혹시나 '림도 못 맞추면 어떡하나'라고 생각했을 수도 있다. 그래서 결국 이런 마음이 농구에서도 자기 자신을 방해하는 꼴이 되어버리는 것이다.

아마추어 골퍼들 역시 더 중요한 게임이라고 느낄수록 이와 같은 고민을 할 수 있다. 나는 얌 브렌즈(Yum Brands) 최고경영자, 데이브 노박의 경영기법에 대해 연구한 적이 있다. 그는 자신이 많은 사람들 앞에서 말을 해야 할 때, 애써 잘하려고 하지 않았을 때부터 말하는 능력이 좋아졌다고 했다. 이 생각은 골프에서도 거의 똑같이 적용된다. 만약 발표를 하는데 손을 어디에 두어야 하는지 혹은 문법이 틀리지는 않는지와 같은 문제를 걱정하면서 말을 한다면 부자연스럽고 지루하게 보일 가능성이 높다. 따라서 말을 할 때 단순히 자신의 목표 즉, 청중에게 말하고 싶은 것에만 집중하고 말을 한다면 자신의 말하기 능력은 향상될 것이다.

데이브는 최근 어느 골프대회에 참가하기 위해 쇼트 게임 연습에 공을 들여왔다. 대회가 열리는 곳은 유명한 골프장인 플로리다 세미놀의 팜 비치 골프장이었다. 데이브는 원래 쇼트 게임을 정말 잘했지만, 이번 대회에서는 혹시나 못하면 어떡할지에 대해 무척이나 걱정했다. 그는 그렇게 자신감이 떨어지는 것을 느끼면서 열심히 연습했다. 데이브와 나는 코스에서 애써 잘하려는 노력에서 벗어나는 것에 대해 오랜 시간 이야기를 나눴다.

이 문제는 많은 골퍼들이 해결해야 할 문제 중 하나다. 골퍼가 샷에 대한 결과에 신경을 쓰지 않는 플레이를 할 수만 있다면 애써 잘하려는 노력에서 벗어나는 것은 한결 쉬워진다. 하지만 골퍼들은 결과를 신경 쓰는 플레이에서 좀처럼 벗어나지 못한다. 만약 그것을 잘하고 있었다면 아마도 여러분은 이 책을 읽지 않았을 것이다. 골퍼는 보통 결과를 생각하는 플레이를 하기 때문에 애써 잘하려는 노력을 피한다는 것은 결코 쉽지 않은 일이다.

나는 선수들하고 이야기를 할 때 가끔 이런 비유를 한다. 결과를 생각하지 않고 플레이하는 것은 마치 벌거벗은 채로 골프 코스에서 나서는 느낌과 같고, 발표를 할 때도 벌거벗은 채로 낯선 사람들 앞에 서는 것과 같은 느낌일 것이다. 골프를 잘하기 위해서는 자신이 소중하게 여기는 것을 포기해야 한다. 즉 의식의 뇌를 끄는 것, 자신이 하고 있는 모든 것을 컨트롤해야 한다는 생각, 결과가 저절로 따라오게끔 하는 것이 아니라 결과를 만들어 내려는 욕망을 포기해야 한다는 것이다.

나는 이것을 설명할 때 '몸에 맡긴다(Surrender)'라는 단어를 사용한다. 타깃을 본 후, 눈이 공으로 돌아온다. 그런 후 내가 본 것에 몸을 맡기고, 나의 재능과 기술을 몸이 알아서 하도록 내버려 둔다. 내 몸은 공을 타깃으로 보내기 위해 필요한 무언가를 한다. 이 사실을 그냥 믿는 것이다. 잠재의식에 내 몸을 맡기고 내버려두면, 내가 보았던 곳으로 공을 보낼 수 있는 최상의 기회를 가질 수 있다.

마크 윌슨은 그것을 두고 '통제력을 얻기 위해 통제력을 포기한다'라고 표현했다. 그리고 그것이 가장 터득하기 어려운 골프기술이었다고 말했다. 결국 마크는 그것을 해냈다. 그는 그것이 얼마나 효과적인지 이해했다. 하지만 우리 대부분이 그러하듯이 마크 역시 상황을 자신의 생각대로 통제하는 것을 좋아했다. 만약 퍼팅에 연달아 실패한다면, 마크 역시 기술적인 부분을 생각하고 싶은 욕망과 싸워야만 한다. 마크는 때로는 그 싸움에서 이기기도 하고 지기도 했다.

어떤 선수들은 이렇게 '몸에 맡긴다'는 것을 잘 하지 못한다. 그들에게 의식적인 통제는 너무 소중한 일이기 때문이다. 만약 그것을 포기한다면 그들은 죄책감 같은 것을 느낀다. 그래서 과감하게 포기할 수 없는 것이다. 만약 자신이 가지고 있는 자신감이 그러한 의식적인 통제에 의해 만들어졌다면 마음을 흘려보내는 일은 쉽지 않을 것이다. 오히려 무서움을 느낄 수 있다.

지금까지 나는 이러한 무의식의 상태를 마치 흑백논리처럼 이야기해왔다. 어프로치 샷을 하기 위한 올바른 마음가짐과 올바르지 않은 마음가짐, 의식의 불이 꺼져 있는 것과 켜져 있는 것. 사실 골퍼의 마음은 이보다 더 복잡하다. 골퍼의 마음은 여러 가지 형태로 변할 수 있기 때문이다.

나는 많은 골퍼에게서 적절치 않은 형태의 마음을 보곤 한다. 골퍼들은 어프로치 샷이나 퍼팅을 할 때 의식의 뇌에서 흘러나오는 온갖 해로운 생각들로 인해 마음이 흐트러진다. 실수에 대해 생각하기도 하고, 최근에 받은 레슨을 떠올리기도 한다. 또한 잡지에서 본 연습방법을 떠올리기도 한다. 그들은 머리를 고정시켜야 한다는 생각, 체중이 앞으로 나가면서 몸이 들리지 않아야 한다는 생각, 그리고 팔을 펴야 한다는 생각을 한다. 퍼팅을 할 때 헤드의 궤적을 생각하기도 하고, 퍼트에 실패하면 다른 사람들이 자신을 어떻게 생각할까 고민하기도 한다. 그들은 '벙커를 탈출해야 해, 짧으면 안 돼!'와 같이 원하지 않는 것을 생각한다. 골퍼가 이것을 깨닫지 못하면 퍼트, 어프로치 샷, 벙커 샷에서 미스 샷의 가능성은 극대화된다.

이런 문제는 사실 최근 십여 년 사이에 많이 불거졌다. 그 이유는 쇼트 게임에 대한 정보가 눈에 띄게 증가했고 전문지식이 꽤 많이 확산되었기 때문이라고 생각한다. 예전에는 대부분의 티칭 내용이 풀 스윙에 초점이 맞춰져 있었다. 예를 들어 벤 호건의 『5가지 레슨』을 보면 어프로치 샷이나 퍼팅에 대한 조언은 찾을 수 없다. 그 책에는 그립, 스윙궤적과 같은 풀 스윙에 대한 내용이 대부분을 차지한다. 교습가들은 쇼트게임을 소홀히 하는 경향이 있었다. 그 이유는 퍼팅은 알쏭달쏭하고 신비한 영역이고 어프로치는 풀 스윙의 축소판에 불과하다는 것이다. 그래서 골퍼는 기술적인 부분에 집착하면서 손목의 해부학적 움직임, 다운스윙 시 하체의 움직임과 같은 것들을 생각하게 된다.

최근에 와서는 분야가 세분화되어 풀 스윙뿐만 아니라 퍼팅, 어프로치 샷에 관한 전문가들이 나타났다. 때로는 어느 한 전문가의 조언이 다른 전문가의 조언과 상반되거나 모순된 것처럼 보이기도 한다. 이제는 그린 주변에서 플레이에 도움이 되지 않는 생각을 가지고 있는 골퍼가 많이 보인다. 이런 현상은 더 이상 특별한 일이 아니다.

그린 주변이든 코스 어디든 샷을 수행해야 하는 골퍼에게 이상적인 마음이란 '무아지경(Zone)'으로 설명할 수 있다. 그곳은 죽음에 가까운 경험을 한 사람들에 의해 알려진 사후세계와 같은 느낌이 있다. 마치 유체이탈과 같은 특성, 눈이 부실 정도로 멋지고 매혹적이지만 이해하기 어려운 곳이다.

내가 그러한 무아지경과 같은 Zone에 있었다고 말한 첫 번째 선수는 이미 고인이 된 아서 애쉬이다. 그는 1975년에 윔블던 결승전에서 상대 선수인 지미 코너를 만나 예상 밖의 큰 역전승을 거두었다. 아서는 당시 그 Zone에 있었다. 최근에는 꼭 스포츠가 아니더라도 삶의 각계각층에 있는 사람들이 이 Zone에 대해서 이야기한다. 내가 만약 맥도널드에서 햄버거를 주문한다면 누군가 카운터로 햄버거를 가지고 올 것이다. 이 때 햄버거를 만든 직원이 Zone에 있었다고 얘기해도 나는 놀라지 않을 것이다. 그 Zone이 널리 이야기되고 있다고 해서 개념이 퇴색되는 것은 아니다.

골프에서 Zone은 몸과 마음이 완벽하게 조화된 곳이며, 어떠한 생각도 필요치 않은 곳이다. Zone에 있는 골퍼는 마치 의식이 몸과 잠재의식의 마음으로부터 떨어져나가는 것처럼 느낀다. 그들은 자신의 몸이 하는 일을 지켜보고 있다. 그들은 이런 방식으로 Zone을 느낀다. 2011년 PGA 챔피언십에서 우승한 키건 브래들리는 경기 후 마지막 홀과 연장전에서는 마치 TV에서 자신을 보는 것처럼 느끼면서 플레이했다고 밝혔다.

Zone 안에서의 몸은 자동조종장치 같은 것이 장착되어 있다. 눈과 잠재의식의 뇌는 마치 직선회로로 연결되어진 것 같다. 눈은 페어웨이와 그린 그리고 타깃을 느낀다. 그리고 몸이 반응한다. 이 행위에는 어떠한 의식적인 생각도 없고, 과정에 대한 어떠한 의식적인 자각도 없다. Zone 안에서 라운드를 끝낸 골퍼는 바이런 넬슨과 팻 브래들리가 그랬던 것처럼 코스에서 정확하게 무슨 일이 일어났는지 기억하는 것을 어려워한다.

선수들은 몇 홀 또는 라운드 내내 그 Zone 안으로 미끄러져 들어갔다가 다시 빠져 나온다는 식으로 말한다. 하지만 그들은 왜 그런 현상이 일어나는지 알지 못한다. 나 역시도 잘 모른다. 하지만 내 경험상 그 Zone에서 벗어나는 것은 경기 결과에 대해서 생각하는 것과 연관이 있다. 경기가 잘 풀려 선두에 올라서면, 선수는 우승해서 얻을 수 있는 혜택에 대해서 생각하기 시작한다. 혹은 어떻게 게임을 잘할 수 있었는지를 분석한 뒤, 다음날도 그렇게 잘할 수 있을 것인가를 생각하기도 한다. 선수는 이런 생각들을 하면서 차츰 Zone에서 벗어난다. 그러므로 자신이 Zone에 있을 때는 그 어떤 것도 통제하려 들지 말고, 시도도 하지 말고 그냥 그대로 내버려두고 즐겨야 한다.

만약 Zone에 계속 머무르는 것을 가능케 하고, Zone을 찾아가는 어떤 비법이 있었다면, 나는 진작 선수들에게 알려주었을 것이다. 하지만 그것은 쉽게 할 수 있는 일이 아니다. 선수 자신도 마찬가지이다. 자신이 마음먹었다고 해서 Zone에 들락날락할 수는 없다. 자신이 할 수 있는 일은 Zone으로 들어가기 위한 전제조건을 만드는 것이다. 억지로 Zone에 들어가도록 할 수는 없지만, Zone에 들어가는 확률을 높일 수 있다는 이야기이다.

골퍼는 내가 말하는 '맑고 고요한 상태'를 차선책으로 Zone에 들어갈 가능성을 높일 수 있다. 먼저 타깃을 정하고 샷을 상상한다. 그리고 마음을 비우고 의식의 뇌를 끈다. 그런 후 타깃에 무의식적으로 반응한다. 여기에서의 '맑고 고요한 상태'는 Zone과 다른 두 가지를 가지고 있다. 첫 번째는 의식적인 노력이다. Zone에 들어가기 위한 의식적인 노력은 있지만, Zone에서는 의식적인 노력이 없어진다. 두 번째, 맑고 고요한 상태에서는 Zone에 있었을 때보다 타깃에 대한 의식이 더 크다. 하지만 맑고 고요한 상태는 여전히 골프를 잘하기 위한 좋은 마음 상태이면서 실력 발휘를 잘하도록 해주는 심리상태다. 심지어 그 마음은 자신이 생각했던 것보다 약간 더 좋은 실력을 가지고 있다는 것을 깨닫도록 해줄지도 모른다.

이 상태에서 멀어지는 선수들은 의식적인 마음을 쓰고 싶은 욕구를 완전히 떨쳐버리지 못한다. 어떤 선수는 이렇게 말한다. "박사님, 저는 스윙 생각 없이는 볼을 칠 수가 없어요." 스윙 생각은 마치 목발과도 같다. 선수들이 이런 식의 경기를 한다면 결코 무의식으로 들어갈 수 없다. 하지만 많은 선수들은 골프를 하는 한 스윙 생각에서 벗어날 수 없는 평생의 습관을 가진다. 그들은 그 습관을 당장에 버릴 수 있다고 생각하지 못한다. 그래서 나는 이런 선수들과 타협을 제안한다.

만약 골퍼가 스윙 생각을 하고 싶다면 그것은 단 한 가지로 끝내야 한다. 그리고 생각을 하더라도 타깃과 연결되는 것이어야 한다. 또한 그것은 모든 샷에 적용되어야 한다. 가령 '퍼터헤드는 타깃을 향해 놓자.' '타깃 라인을 따라 똑바로 빼자.' '셔츠단추가 타깃을 향해 돌자'와 같은 생각이다.

내가 이런 타협점을 제시하더라도 문제는 이것을 지킬 수 있는 선수들이 많지 않다는 사실이다. 골퍼들은 라운드를 할 때나 연습을 할 때나 서너 가지의 스윙 생각으로 머릿속을 복잡하게 만드는 것에 익숙해져 있다. 일반적으로 골퍼들은 라운드를 시작할 때 목표와 관련한 단 하나의 스윙 생각만을 가지겠다고 다짐할 수는 있다. 그들은 만족스럽지 않은 샷이 나오기 전까지는 이런 다짐을 유지할 수 있다. 그러나 첫 미스샷에 실망하게 되면 다른 생각 하나를 추가하고 싶어진다. 그리고 그것마저 잘 되지 않으면 또 다른 생각을 찾는다. 골퍼들은 정말 빠르게 연습장에서 하는 것처럼 혼란스럽고 어수선한 심리상태로 되돌아간다. 머릿속에서는 수많은 모순된 생각들로 소용돌이친다. 골퍼들은 잘못된 방향으로 달려가고 있다.

그리고 오해하지 않았으면 하는 점이 있다. 자신이 원하는 대로 되지 않는 샷은 당연히 나오게 마련이다. 아무리 실력이 좋은 사람에게도 골프는 여전히 실수의 게임이다. 모든 퍼팅이 다 들어갈 수는 없다. 모든 어프로치 샷 역시 죄다 붙일 수 있는 것도 아니다. 불완전한 모든 샷들은 의식의 뇌를 켜는 스위치의 역할을 한다.

내가 항상 놀라는 점은 골퍼들이 게임을 잘하기 위한 방법으로 의식적인 방식의 골프를 선호한다는 것이다. 그들은 미스 샷을 연속으로 저질러도 의식의 의한 통제를 여전히 유지하려 한다. 만약 그들이 의식적인 골프가 좋지 않다는 것을 이해했다 하더라도 보통 한 번의 미스 샷에 무의식적인 노력을 포기하게 된다. 내가 그들에게 말할 수 있는 점은 새로운 습관을 들이기 위한 과정이 모든 샷을 완벽하게 쳐야만 하는 일이었다면 선수들은 결코 어떤 일에도 꾸준하게 전념하지 못한다는 것이다.

훌륭한 골퍼의 특성 중 하나는 일이 잘 풀리지 않을 때, 맑고 고요한 정신 상태를 유지하기 위한 자기만의 정신수양법을 갖고 있다는 것이다. 이들은 어떤 샷이 나오더라도 받아들일 줄 알고, 그것을 빨리 잊는다. 그리고 다음 샷에 집중할 줄 안다. 또한 이들은 좋은 경기를 할 수 있다는 가능성을 극대화시키는 어떠한 정신적 과정에 전념할 수 있는 자신을 감사하게 여긴다. 올바른 마음상태는 일관성을 높이고, 동시에 나쁜 샷은 좋아지게 만들고, 좋은 샷은 더 좋게 만든다. 그러한 마음이 완벽을 만들어주지는 않겠지만, 게임을 망치거나 몇 홀씩 연달아 나쁜 플레이가 되지 않도록 방지해줄 것이다.

내가 수많은 골퍼들을 만나면서 느끼는 것은 '최고의 골프는 가능한 한 Zone에 가까운 마음을 가져야 한다'는 사실을 많은 골퍼들이 수용하고 있다는 점이다. 그들은 그런 마음을 갖기 위해서 어떻게 해야 하는지를 알고 싶어 한다. 나는 이미 그것을 위한 몇 가지 전제조건을 알려주었다. 그리고 무엇보다도 강한 자아상을 가져야 한다. 자신을 믿고 신뢰하는 마음이 있어야 훨씬 더 쉽게 무의식으로 갈 수 있기 때문이다. 긍정적인 사고를 위해서는 자신을 훈련시켜야 한다. 골퍼는 자신의 게임을 사랑해야 한다. 특별히 쇼트 게임에 관해서는 더욱 그렇다. 골퍼는 좋은 쇼트 게임 기술을 터득하는 과정에 전념하겠다는 다짐을 하고 그 다짐을 지켜야 한다.

어느 날엔가 코스에서 볼을 칠 때 자신의 스윙을 믿는 플레이를 하고 싶다면, 자신만의 정신단련법을 개발시켜야 한다. 내가 프로들에게 가르치는 가장 중요한 원리는 '훈련한 후 믿음을 가져라'이다. 프로들은 기술 습득을 위해 수많은 시간을 보냈다. 그들의 기술은 이미 훌륭하다.

아이러니하게도 아무리 멋진 스윙을 가지고 있더라도 반드시 그 스윙에 대한 믿음이 따라오는 것은 아니다. 연습에 많은 시간을 보내면 보낼수록 그 기대 역시 함께 커진다. 그러면 스스로에게 부담이 될 수 있다. 기대와 부담은 신뢰를 어렵게 만들고, 무의식으로 가는 것을 더 어렵게 만들 수 있다. 하지만 최고의 프로들은 이런 과제 앞에서 자신의 능력을 잘 발휘한다.

최고의 프로들은 매 샷을 할 때마다 그 의미가 달라지는 법이 없고, 중요한 샷이 없다는 마음으로 경기에 임한다. 가령 연습라운드를 하든 시합에서의 마지막 홀이든 그 중요도는 똑같다는 것이다. 기대와 부담감이 큰 선수에게는 분명히 최종일 라운드에서의 어프로치 샷이 공식 연습라운드에서의 샷보다 훨씬 더 중요하다고 느낄 것이다. 우리가 지금 이야기하고자 하는 바는 그렇게 기대와 부담감을 크게 가지고 있는 선수들의 마음이 아니다. 우리는 지금 보통의 골퍼들이 가지는 마음이 어떻게 돌아가는지에 대해서 이야기하는 중이다. 그리고 우리는 최고의 선수들이 매 샷에 기울이는 노력의 강도가 어느 정도인지에 대해서 이야기하는 중이다.

0에서 10까지의 척도를 생각해보자. 0은 잠을 자는 수준이고, 10은 얼굴이 빨개지도록 이를 악물고 노력하는 수준이다. 내가 여기에 골프 선수들에게 필요한 그 노력의 강도를 표시한다면 3에서 4 사이이다. 나는 이 정도의 강도가 시합에 출전하는 선수들이 가장 적절하게 최선을 다하는 수준이라고 말하고 싶다. 이것이 내가 선수들을 관찰한 결과이다. 하지만 어떤 점수가 각자에게 가장 효과적인 수준인지는 정확히 알 수 없다. 그것은 2가 될 수도 있고 6이 될 수도 있다. 현명한 선수들은 자신만의 정신수양법이 있어야 한다는 사실을 느끼고 있다. 그 방법은 시합에서 필요한 노력의 정도와 신중함의 강도를 적절하게 유지해줄 것이다.

사실, 좋은 선수는 시합 상황보다 연습에 더욱 집중하기도 한다. 톰 카이트는 지금까지 나와 상담했던 선수들 중, 우승에 대한 의지가 가장 강한 선수였다. 톰은 시합을 하는 동안 원하는 대로 샷이 되지 않았을 때 냉정해지기 위해 스스로를 진정시켰다. 그리고 샷이 잘 되었을 때의 기분을 유지하기 위해 애썼다. 시합 도중 톰의 태도를 본다면, 그가 5언더 파를 기록하고 있는지 5오버 파를 기록하고 있는지 알아차리기가 쉽지 않다.

나는 그가 뜨거운 텍사스의 태양 아래에서 연습에 몰두하던 모습이 떠오른다. 그 당시 톰은 몇 시간의 노력에도 불구하고 자신이 원하는 대로 공을 보낼 수 없었다. 그러던 그가 골프카트로 돌아오더니 갑자기 주먹으로 카트를 세게 내려치는 것이 아닌가! 나는 그 순간 틀림없이 손이 부러졌을 거라 생각했다. 톰은 그 당시 노력에 대한 강도가 자신의 적정 수준을 훨씬 넘어서 격화되었지만, 사실 그 수준은 시합 상황이라면 톰에게 결코 용납될 수 없는 일이었다.

나에게 만약 가장 열정적인 골프선수를 꼽으라 한다면, 실력 향상을 위해 정말 진심으로 노력했던 톰 카이트를 주저하지 않고 선택할 것이다. 내가 사업가 또는 클럽 골퍼들과 이야기를 나눌 때, 간혹 연습을 잘 하지 않거나 아예 하지 않는 누군가가 이렇게 묻곤 한다. "어떻게 하면 낮은 강도로 무의식적인 플레이를 기대할 수 있을까요?" 나는 이런 말을 하는 그들을 이해할 수 없다. 이들 중 어떤 여성은 이렇게 말한다. "저에게는 아이가 셋이나 있고, 일주일 내내 일을 해야 합니다. 그리고 저는 라운드를 하기 위해 일주일에 한 번 정도 겨우 나갈 수 있어요. 연습은 꿈조차 꿀 수 없죠. 저는 어떻게 해야 하나요?"

내가 이런 골퍼들에게 조언을 해야 한다면, 라운드를 할 때 연습을 못하는 만큼 더 무의식적으로 노력하라고 이야기해주고 싶다. 이들은 게임을 단순하게 하려고 노력해야 한다. 가령 그린 주변에서는 퍼터나 하이브리드 클럽을 선택해야 한다. 그리고 어프로치 샷을 할 때는 어려운 기술을 구사하기보다는 쉽게 할 수 있는 방법을 선택해야 한다. 벙커에서도 마찬가지이다. 공이 아닌 모래를 치는 것부터 확실히 하려고 노력해야 한다. 또한 필 미켈슨 스타일의 플롭 샷(높게 띄우는 샷) 같이 화려하게 보이는 샷을 시도할 것이 아니라 실제로 자신이 보낼 수 있는 타깃을 선정하고 실수가 가장 적게 나올 수 있는 방법을 선택해야 한다. 되도록 단순한 게임을 해야 한다는 말이다.

연습을 많이 할 수 없는 골퍼들이 라운드를 잡아놓고 갑작스레 연습을 열심히 한다거나, 스윙에 신경을 너무 많이 쓴다거나 또는 의식적인 뇌를 쓰려고 한다면, 이는 자신에게 결코 이롭지 않은 일이다. 만약 기술적인 부분이 예전 같지 않다고 생각된다면, 그 무뎌진 스윙으로 게임을 해야 한다는 사실을 인정해야 한다. 그리고 결과를 받아들여야 한다. 또한 게임을 할 때는 가벼운 마음과 함께 너무 신중해지지 않도록 노력해야 한다. 타깃을 보며 그냥 샷을 하고, 무엇보다도 재미있게 해야 한다.

다음을 기억하라. 만약 자신이 그 Zone에 들어갈 수 없거나 혹은 맑고 고요한 상태의 마음을 가질 수 없다 하더라도 최대한 그 마음 상태에 가까워지도록 애쓰는 것만으로도 도움이 된다.

골퍼들이 효과적인 프리 샷 루틴을 가질 수만 있다면, 연습을 위해 많은 시간을 투자하지 못하더라도 자신의 게임을 유지할 수 있다. 다음 장에서는 이 부분에 대해서 이야기할 것이다.

루틴은 당신의 윙맨

"나는 몇 번의 심호흡을 하고 프리 샷 루틴을 시작했다.
갑작스런 소음과 소동이 있었지만, 이내 평온을 찾을 수 있었다.
나의 마음은 고요해졌다."

-애니카 소렌스탐

2011년 US 오픈은 콩그레셔널 컨트리클럽에서 개최되었다. 당시 많은 선수들은 쇼트 게임 연습장에서 어려움을 겪었다. 그 이유는 골프장 측에서 대회를 준비하면서 쇼트 게임 연습구역의 잔디를 새롭게 교체했기 때문이었다. 잔디가 뿌리내리고 정상적으로 자리를 잡을 시간이 없었던 것이다. 선수들은 클럽이 땅에 닿았을 때 잔디가 마치 폭발하는 느낌을 받았으며, 뒤땅과 톱핑을 치기 시작했다. 이는 무명 선수들의 이야기가 아니다. 전년도 우승자였던 그래엄 맥도웰 같은 선수들에 대한 것이다.

대회가 막 시작하려고 할 때 맥도웰의 쇼트 게임은 내가 봐왔던 평소의 모습과 너무나 달랐다. 그의 스윙은 주저하고 조심스러워 보였다. 그는 깔끔하게 공을 맞추지 못했다. 맥도웰은 전년도 챔피언으로서 타이틀 방어를 간절히 원했다. 우승을 하든 안 하든 사람들이 반짝 스타로 생각하는 것을 원치 않았다. 그래서 시합을 앞두고 어프로치 샷 연습으로 많은 시간을 보냈지만 결국 큰 도움이 되지는 않았다.

나는 그를 만나 이렇게 물었다. "퍼팅은 정말 잘했어. 그렇지?" "네, 제 퍼팅은 좋아요." 그는 단언하듯 말했다. 나는 다시 물었다. "자네는 좋은 루틴을 가지고 있다고 생각해?" 그가 대답했다. "네, 그렇게 생각해요." 내가 물었다. "어프로치 샷 루틴은 퍼팅 루틴에 비해 어떤 거 같아?" 맥도웰은 뜨끔하면서 대답했다. "마치 어떤 루틴도 없는 것처럼 아주 나쁜 것 같아요." 나는 이렇게 말했다. "내 얘기를 잘 들어봐. 다음에 어프로치 샷을 할 때는 타깃에 집중하면서 퍼팅 루틴처럼 시도해 봐."

맥도웰과 퍼팅 루틴에 관해 이야기를 나누면서 공감했던 것은 신체적인 요소가 아닌 정신적 요소였다. 그는 이 방식으로 연달아 다섯 번의 멋진 샷을 만들어냈다. 그리고는 "믿을 수가 없어요!"라고 외쳤다. "저는 한 달 반 동안 이런 샷을 치지 못했어요. 지난 6주 동안 어프로치 샷을 연습할 때 저는 풀 스윙 루틴을 사용했어요. 퍼팅 루틴으로 할 생각은 못했네요. 이렇게 하니까 타깃이 보이고 바로 타깃에 집중이 되는 것 같아요. 전 퍼팅할 때 '꼭 넣어야겠다'라는 생각으로 부담을 갖지는 않거든요. 타깃에 집중한다고 했지만 뭐랄까, 어프로치 샷을 할 때는 기술적인 생각만 하고, 공을 잘 터치할 수 있을지만 걱정한 것 같네요. 결국 타깃에 집중을 못한 거죠."

선수들을 돕는 일이 늘 이처럼 쉬웠으면 좋겠다. 맥도웰은 이 대회에서 2언더파로 공동 14위에 올랐다. 비록 우승을 하지는 못했지만, 스스로 바라는 정도의 결과를 만들어낼 수 있었다. 그것을 해내도록 도운 것은 바로 루틴이었다.

우리는 여기서 두 가지 교훈을 얻을 수 있다. 첫 번째는 선수들은 샷에 따라 신체적 루틴이 다를 수 있고, 선수마다 퍼팅, 어프로치, 풀 스윙 루틴이 다를 수 있다는 점이다. 두 번째 교훈은 더 중요하다. 좋은 루틴의 본질은 신체적인 부분에 있지 않고 정신적인 부분에 있다는 점이다. 맥도웰은 볼을 띄울 때 골퍼의 멘탈 게임에서 가장 기본이 되는 것을 수정했다. 퍼팅 루틴을 따름으로써 타깃에 대한 태도를 바꾼 것이다.

물론 골퍼는 루틴이 있어야 한다. 루틴은 두려움, 의심과 같이 집중을 방해하는 모든 위험에서 벗어나게 해주는 골퍼의 윙맨이다. 또한 일관성을 만들어준다. 루틴은 "너무 떨리는데 어떻게 해야 하죠?"라는 질문에 대한 답을 해준다. 대회에서 우승한 선수들은 불안과 싸우면서 첫 번째 티 박스에 올라선다. 그리고는 모든 샷에서 루틴을 따르겠다는 다짐을 한다. 그들은 이러한 다짐을 끝까지 지키면서 어렵지 않게 승리한다.

이와 반대로 자신만의 루틴이 없는 선수들도 있다. 이런 선수들은 프로 혹은 엘리트 아마추어 선수 수준의 경기에서는 성공하지 못한다. 루틴이 없는 선수들은 되는대로 막 치는 골프를 한다. 골프는 일관성의 게임이다. 그 일관성은 온전한 프리 샷 루틴에서 나온다.

골퍼 중에는 프리 샷 루틴의 실체를 잘 알지 못하는 경우가 있다. 매 샷을 하기 전 연습스윙의 횟수라고 생각하기도 한다. 하지만 그것은 잘못된 생각이다. 내가 지도한 선수 중에는 연습스윙 한 번 혹은 두 번만으로 시합에 성공하는 선수가 있다. 심지어 한 번도 하지 않는 선수도 있다. 또는 자신이 원하는 느낌이 나올 때까지 한 번, 두 번, 세 번까지 하는 선수도 있다. 횟수는 중요하지 않다. 만약 미국골프협회와 영국골프협회가 내일 당장 모여 연습스윙을 금지하는 룰을 만든다고 해도 나는 그것이 선수들의 평균스코어를 크게 올릴 것이라고는 생각하지 않는다. 오히려 스코어를 만드는데 도움이 될 수도 있다고 생각한다. 왜냐하면 그렇게 연습스윙을 하는 동안 의심이나 두려움이 더 커질 수 있기 때문이다. 오히려 연습스윙을 덜 한다면 그들의 플레이는 더 좋아질 것이다.

올바른 프리 샷 루틴의 과정에 신체적인 요소들이 없는 것은 아니다. 그립, 스탠스, 자세, 조준 그리고 볼 위치 등은 성공적인 샷을 위해 모두 필요한 요소들이다. 이러한 요소들은 어프로치 샷, 벙커 샷, 퍼팅 등 어떤 기술을 하느냐에 따라 달라질 뿐, 루틴에는 각각의 요소들을 꾸준하게 유지할 수 있는 방법을 포함해야 한다.

그러나 나는 이러한 신체적인 요소에 대해서는 말하지 않을 것이다. 클럽을 어떻게 쥐고, 어드레스를 어떻게 해야 하는지에 대한 물음에 일률적인 해답은 없다. 나는 선수들이 다양한 방법으로써 시합에서 성공하는 것을 지켜봤다. 각각의 선수는 자신만의 스타일을 만들어야 한다. 그것은 지도자와 상의하면서 만들어 가는 것이 바람직하다. 자신에게 맞는 답을 찾기 위해 혼자서 노력한다면 훨씬 더 많은 시간이 걸릴 것이다.

그 해답이 무엇이든 변함없는 사실은 신체적인 루틴을 연습해야 한다는 점이다. 좋은 선수들은 이런 연습을 할 때 각자 다른 방법들을 가지고 있다. 어떤 선수는 큰 거울 앞에서 어드레스를 점검한다. 가상의 볼 앞에 어드레스를 한 후 몸의 주요 부분이 어디에 있어야 하는지 테이프를 잘라 표시한다. 또 어떤 선수는 연습할 때 클럽 샤프트 혹은 곧은 자를 사용하여 바르게 조준했는지를 확인한다. 예를 들면 발 끝 라인과 공이 나가는 방향이 평행이 되는 것을 확인한다. 이러한 연습의 목표는 플레이할 때 어드레스의 절차에 관해서는 어떠한 생각도 하지 않는 것이다. 이 절차 역시 자신의 스윙이나 퍼팅 스트로크처럼 잠재의식의 기억에 의해 수행되어져야 하기 때문이다.

연습의 목표는 사실 이와 같지만 나와 함께 하는 거의 모든 선수들은 그립, 자세, 조준, 볼 위치 등 어드레스의 기본적인 사항을 체크하기 위해 정기적으로 자신의 눈을 훈련시킨다. 선수들은 그립을 바라보면서 원래대로 그립이 잘 잡혀있는지 확인할 수 있다. 하지만 자신의 수행능력뿐만 아니라 자세와 조준능력을 스스로 평가하기란 쉽지 않다. 시간이 지남에 따라 어느 누구에게나 이러한 기본적인 사항에 결점이 나타날 수 있다. 그것은 서서히 찾아오기 때문에 선수들이 그 변화를 스스로 감지하기란 쉽지 않다.

일부 투어 프로들은 이런 것들을 점검하기 위해 지도자들과의 정기적인 만남을 계획한다. 잭 니클라우스는 어린 시절의 스승인 잭 그라우트와 함께 기본적인 사항을 점검한 후 시즌을 시작했다. 오늘날 많은 선수들과 지도자들은 비디오카메라의 도움을 받아 점검한다. 이런 점검은 방법이 중요한 게 아니라 점검을 하겠다는 의지, 좋은 셋업 자세를 유지하겠다는 다짐이 중요하다. 이 말은 셋업 자세의 유지관리는 낮에 연습할 시간을 갖지 못하는 사람일지라도 언제든지 할 수 있다는 것이다. 하지만 이런 점검은 시합보다는 연습 때 하는 것이 좋다.

루틴의 멘탈적인 부분은 보통 어드레스하기 전에 시작된다. 어떤 샷을 해야 할 때 골퍼는 상황을 파악하고 어떤 방식으로 공을 칠 것인지 결정한다. 만약 쇼트 아이언 클럽인 8번, 9번, 웨지 중 하나를 가지고 풀 스윙한다면, 먼저 거리 계산을 위해 홀의 위치와 바람을 파악하고 라이를 체크할 것이다. 그린의 단단함도 고려할 것이다. 하지만 경험이 많은 선수라면 이런 체크는 별 다른 생각 없이도 이루어진다. 예를 들면, 예전과 지금의 상황이 똑같지는 않겠지만 어느 정도 비슷한 경험은 있을 것이다. 만약 골프를 오랫동안 쳐온 사람이라면 지금 해야 하는 샷에서 예전의 겪었던 상황을 떠올릴 수 있다. 자신의 본능은 이 상황에서 무엇이 필요한지, 어떻게 반응해야 하는지 알고 있다. 그것을 믿어야 한다. 의식의 뇌를 켰다가 끄는 것보다 비활성화로 두는 것이 더 쉽다. 궁극적인 목표는 무의식적으로 샷을 하는 것이다.

타깃을 선정할 때, 홀을 타깃으로 삼아야 하는 게 언제인지 혹은 더 안전하게 그린 중앙과 같은 곳을 타깃으로 삼아야 할 때는 언제인지 등을 대신 말해줄 수는 없다. 하지만 내가 말할 수 있는 것은 핀이 어디에 있든 웨지 샷이 편하게 되지 않는다면 PGA 투어에서 그리 오래 있지는 못할 것이라는 사실이다. 모든 샷은 다를 것이고 선수 또한 모두 다르다. 선수들은 샷을 하기 전, 자신의 게임을 객관적으로 평가하고, 샷에 수반되는 위험성에 대해서 정직하게 평가한 후 타깃을 선정해야 한다.

뿐만 아니라 나는 어느 상황에서 어떤 클럽을 사용해야 하는지 말하지 않을 것이다. 더 자세한 이야기는 나중에 다시 할 예정이다. 일반적으로 나는 선수들이 클럽과 샷을 선택할 때, 첫 눈에 느끼는 본능의 감을 따라갔으면 한다. 왜냐하면 처음에 느끼는 본능은 보통 마음의 눈에서 가장 뚜렷하고 쉽게 볼 수 있는 것이기 때문이다. 그러나 더 중요한 점은 자신 있게 칠 수 있는 클럽을 선택하고, 자신이 원하는 어프로치 샷을 선택하는 것이다. 그런 후 결정에 집중하면 된다.

일단 어떤 어프로치 샷을 할 것인지 선택한 후 클럽을 뽑게 되면, 루틴에서 가장 중요한 부분이 시작된다. 훌륭한 선수들은 이 단계에서 보통 커다란 공기방울과 같은 곳에 들어가는 것처럼 느낀다. 어떤 선수는 샷과 샷 사이에 잡담하는 것을 좋아하고, 상대 선수에게 던지는 도발적인 말을 좋아하기도 한다. 반면, 내성적인 성격으로 인해 라운드 내내 대화하는 것을 어려워하고, 골프에 관련 없는 것에 대한 생각을 좋아하는 선수도 있다. 그리고 코스 주변에 있는 동식물에 대해 관심을 가지는 선수도 있다. 자신의 취향이 어떻든 프리 샷 루틴이 시작되면 말하는 것이나 잡생각, 혹은 다른 관심거리에 정신을 두어서는 안 된다. 만약 그렇게 되면 이는 커다란 공기방울에 들어가 있는 상태가 아닌 것이다. 선수들은 15초에서 40초 동안 완전하게 자신의 샷, 자신의 타깃, 자신의 루틴에만 집중해야 한다.

이때에는 한 번 혹은 그 이상의 연습스윙을 해도 무방하다. 어떤 지도자들은 이런 연습스윙을 리허설 스윙이라고 부르기도 한다. 이렇게 부르는 데는 그럴만한 이유가 있다. 샷을 앞둔 순간, 골퍼가 어떤 동작으로 할 것인지 계획하는 것은 좋지 않다. 그것은 의식의 마음을 일으키는 것과 같다. 골퍼는 마음속에 샷을 그리고 상상한대로 공이 날아가도록 몸의 움직임을 느껴야 한다. 좋은 선수들이 타깃을 바라보면서 연습스윙을 하는 이유이다.

대부분의 훌륭한 선수들은 롱 게임 샷을 하기 전보다 쇼트 게임 샷을 하기 전에 더 많은 연습스윙을 한다. 드라이버 샷을 할 때는 스탠스, 지면의 경사, 스윙 스피드 등과 같은 대부분의 변수들이 일정한 반면, 쇼트 게임 샷을 할 때는 일정하지 않다. 따라서 쇼트 게임은 롱 게임보다 더 창의적일 수밖에 없다. 더욱이 그린 주변에서는 러프의 두께와 같은 더 많은 변수들이 있다. 아마도 연습스윙을 하는 이유가 또 있겠지만 그렇게 연습스윙을 많이 할 필요가 있는지 잘 모르겠다. 만약 어떤 선수가 그린 주변에서 꼭 더 많은 연습스윙을 해야 한다고 말한다면 내가 굳이 참견하고 싶지는 않다. 그것은 개인의 선택에 따른 문제이다. 중요한 것은 연습스윙을 할 때 타깃에 집중한 상태에서 해야 한다는 점이다. 이는 연습스윙을 하는 목적이 스윙 동작에 대해 무엇인가를 생각하기 위한 것에 있지 않다는 뜻이다.

내가 가르치는 대부분의 투어 선수들은 루틴 안에서 이 단계를 거치는 동안 공의 탄도를 느끼거나 볼이 떨어질 지점이 어디인지 혹은 홀까지의 퍼팅라인이 어떤지를 느낀다. 어떤 선수들은 탄도를 느끼지는 않지만 단순히 떨어져야 할 지점 혹은 궁극적인 목표인 홀만 보려 한다. 퍼팅에 관한 이야기를 할 때 다시 이야기하겠지만 선수들이 공의 움직임을 상상할 수 있는 다른 여러 가지 방법이 있다. 일부 아주 뛰어나고 노련한 선수들은 거의 아무것도 보지 못한 채 타깃을 선택한 후 그냥 자동조절장치가 시키는 대로 한다.

루틴의 중요한 공통요소는 타깃이다. 다른 어떤 것은 달라져도 상관없지만, 타깃을 향한 마음만은 달라져서는 안 된다. 그러나 그 마음은 사랑하는 사람과 저녁을 먹을 때처럼 부드러운 태도여야 한다. 사랑하는 사람에게 푹 빠져 있는 상태에서는 눈가에 있는 주름을 센다거나, 립스틱이 무슨 색깔인지 기억하려고 애쓰지 않는다. 타깃은 되도록 작은 것이어야 한다. 하지만 눈을 찡그릴 정도로 작은 타깃을 말하는 것은 아니다. 그렇지 않으면 불필요하게 신중한 태도가 될 것이다.

나의 이런 설명에 대부분 고개를 끄덕이면서도 가끔 이렇게 묻는 일이 있다. "타깃을 정하고 공이 원하는 곳으로 날아가는 상상을 했는데도 공이 잘 안 맞으면 어떡하죠?" 이때는 균형 있는 생각이 필요하다. 홀에 들어가는 장면을 상상하면서 타깃에 집중해야 하는 것은 맞지만, 또 한편으로는 공이 홀에 들어간다는 기대를 크게 하지 않아야 한다. 게임을 위한 최상의 멘탈을 유지하고 있는 선수들은 공이 홀인 되는 것을 상상하지만, 그 결과에 대해서는 어떻게 되든 상관하지 않는다. 점프 슛을 하는 농구 선수는 그냥 림을 보고 슛을 할 뿐이다. 그 순간 '꼭 넣어야 한다!'거나 '꼭 넣을 거야!'라는 마음을 갖지 않는다. 만약 그런 생각을 하고 슛을 한다면 간혹 림도 못 맞추는 최악의 경우가 발생할 수 있다. 농구의 이런 부분은 골프와 깊이 연관지어 생각해볼 수 있는 대목이다. 결과에 대해 기대하는 마음이 크면 클수록 긴장감이 높아지며, 긴장감은 시합에 전혀 도움이 되지 않는다.

루틴의 또 다른 중요한 요소는 어떤 흐름에 있다. 선수는 너무 서둘러서도 안 되고, 너무 시간을 끌어서도 안 된다. 좋은 루틴에는 꾸준한 리듬감이 있다. 어떠한 샷도 마찬가지지만, 퍼팅 역시 마지막으로 타깃을 보고 눈이 공으로 돌아온 후, 바로 백스윙을 시작해야 한다. 여기에는 자연스럽게 흘러가는 리듬이 있다. (타깃을 본다 → 공을 본다 → 백스윙이 간다.)

나의 친구 마티 제이콥슨이 말하기를 실제로 이 흐름은 자신감을 얻는데 도움이 된다고 한다. 마티의 루틴은 부러울 정도로 빠르다. 그는 탄도와 함께 자신이 원하는 샷을 상상한다. 마티는 타깃으로 날아가는 공을 마음속에 그린 후 연습스윙도 하지 않고 공을 친다. 그는 자신이 상상하는 샷과 그 상상을 현실로 만들어내는 몸의 움직임 사이에 직접적인 연관성을 느낀다. 이 방법은 몇 년에 걸쳐 증명되었기 때문에 그는 점점 자신감을 가지고 플레이할 수 있었다.

루틴에서 이런 흐름이 있느냐 없느냐는 곧 선수들의 마음과 연결된 문제이다. 내가 어떤 선수에게서 그런 흐름을 볼 수 있다면 선수의 마음은 맑은 상태이고 집중되어 있다는 좋은 징조이다. 만약 시간 끄는 모습이 보인다면 그것은 의식의 뇌로부터 나온 무언가에 의해 방해를 받고 있다는 증거이다. 만약 루틴을 실행하다가도 조준이 의심되는 순간이 있다면 그것은 좋은 샷이 되지 못하도록 만드는 방해이다. 갑작스레 클럽을 올바르게 잡았는지 의심이 들었다면 이 역시도 마찬가지다. 타깃을 마지막으로 본 후에 흐름을 멈추고, 기술적인 것들을 하나라도 생각했다면 이 역시 스스로를 방해한 것이다. 마치 이방인이 성문을 뚫고 쳐들어와 곤경에 처하는 것과 같다.

흐름이 있는 루틴을 완성하게 되면 좋은 선수들은 무관심한 느낌이 든다고 말한다. 마치 맥도웰이 퍼팅 미스를 하고 나서 "그래서 뭐?"라고 무심한 듯 말한 것처럼 말이다. 그들은 공이 타깃으로 가기를 바라고 타깃으로 보내기 위해 공을 친다. 사실 좋은 선수는 성공의 기회를 극대화시키기 위해 그동안 훈련하고 연습해온 루틴을 따른다.

하지만 좋은 루틴의 중요한 과정 중 하나는 일단 클럽에서 공이 떠나면, 성공이든 실패든 무슨 일이 일어나더라도 받아들이는 마음을 갖는 것이다. 내가 선수들에게 이런 마음의 상태를 설명하면 그들은 모순되는 생각을 가지게 된다. 그리고 이렇게 묻는다. "제가 타깃에 집중하고 잘 치기 위해 그렇게 열심히 노력했는데 공이 타깃으로 날아가지 않는 것을 어떻게 받아들일 수 있죠?"

선수들은 이런 의문을 가질 수 있다. 하지만 내가 다양한 선수들을 지켜온 바로는 최고의 선수는 이런 마음의 상태를 유지한다. 보통의 선수들과는 다른 마음가짐인 것이다. 그들은 샷의 결과가 어떻게 되더라도 상관하지 않는다. 세상이 무너지는 것도 아니고 사랑하는 가족이 없어지는 것도 아니다. 갑자기 병이 생기는 것도 아니다. 은행의 통장 잔고가 약간은 바뀔지 모르겠지만, 결국 그것이 얼마나 중요하겠는가? 또 어떤 선수들은 멋진 샷을 치면서 우승할 것 같은 느낌을 받는다. 그들은 단지 우승이 언제 찾아올지 모를 뿐이다. 샷 실수가 나오더라도 여전히 성공으로 가는 길이라 느낀다. 또 어떤 선수들은 논리적인 사고방식에 의해 수용의 태도를 갖는다. 그 선수들은 오로지 자신이 생각하고 실행하는 것만 조절할 수 있다는 점을 잘 알고 있다. 일단 공이 클럽 페이스를 떠나면 선수는 공을 더 이상 통제할 수 없다는 사실을 알고 있는 것이다. 그래서 무슨 일이 일어나든 결과를 수용한다는 것은 합리적인 생각이다.

선수들이 전념해야 할 것은 과정이지 샷으로 만들어진 결과가 아니다. 결과에 집중하지 않고 과정에 전념하는 마음은 좋은 루틴에서 볼 수 있는 특징 중 하나이다. 샷의 결과가 어떻든 과정에 집중을 잘 했다면 선수는 만족할 수 있는 것이다. 선수들이 그런 과정으로 어떻게 가든 수용하려는 마음은 자신의 루틴을 완성시킨다. 선수들의 태도는 '어떤 상황에 처하게 되든 나는 그것을 받아들이고 다음 샷에만 집중할 것이다'가 되어야 한다. 매 샷을 끝내고 나면 새로운 골프가 시작된다고 느껴야 한다.

가끔 어떤 선수들은 "의심과 두려움 그리고 산만함에서 벗어나 루틴에 집중하기 위해 최선을 다하지만 여전히 그런 것들이 저를 괴롭혀요"라고 말한다. 여기에 대한 나의 대답은 이렇다. 거의 모든 선수들은 라운드 중 어떤 상황이 되면 의심과 두려움으로 괴로워한다. 사실 그렇게 지나치게 걱정할 이유가 없는데도 말이다. 모든 스포츠 선수들은 자신의 마음을 괴롭히는 무언가를 가지고 있다. NASCAR(자동차경주대회)의 카레이서인 지미 존슨은 언젠가 이런 말을 했다. "경주 직전에도 운전하는 방법을 잊어버렸을까봐 두려웠어요." 하지만 지미가 운전하는 법을 잊었을 리 없다. 그것이 NASCAR에서 연속으로 5번 우승할 수 있었던 이유이다. 마이크 타이슨은 시합을 앞둔 몇 주 동안 얼마나 두려웠는지에 대해 말한 적이 있다. 타이슨은 가끔 링 위에서 살해당하는 악몽을 꾼다고 했다. 하지만 링에 일단 오르기만 하면, 적어도 전성기 시절에는 마치 신과 같은 경기력을 보였다.

루틴은 마치 자신의 방어막과 같다. 타이슨은 링 로프를 잡고 올라온 후 테이프를 붙이고, 몸을 푸는 루틴을 실행한다. 이러한 루틴은 타이슨의 태도를 바꾸어 천하무적이라는 느낌을 갖도록 했다. 경주차 안으로 들어와 시동을 걸고 출발선으로 움직이는 지미 존슨의 루틴은 마음을 평온하게 만들었다. 사람들은 얼마나 많은 골프선수들이 그와 같은 루틴을 따르고 있는지 알게 되면 너무나 놀랄 것이다. 골프선수들은 때때로 의심과 두려움을 갖지만, 일단 루틴이라는 공기방울에 들어가게 되면 대부분 게임에 몰두할 수 있게 된다.

라운드 내내 그렇게 무아지경과 같은 집중을 유지할 수 있는 날은 아주 드물 것이다. 이런 날을 제외하면 항상 그렇게 공기방울 안에서 완벽하게 루틴을 수행할 수 있는 선수는 없다. 하지만 PGA 투어에서 성공한 프로들을 보면 경기 중 90~95% 정도의 시간 동안은 올바른 마음가짐과 함께 루틴을 잘 해내는 것으로 보인다. 만약 루틴 수행에 방해를 받는다면 선수들은 보통 뒤로 물러나서 루틴을 다시 시작한다.

좋은 선수들은 어프로치 샷을 포기하고 퍼터 혹은 하이브리드 클럽을 선택하기도 한다. 왜냐하면 자신의 루틴으로도 공을 깔끔하게 칠 수 없을 것 같은 의심이 들기 때문이다. 나는 선수들이 걱정하는 마음을 가진 채 샷을 하는 것보다는 차라리 그런 선택이 훨씬 좋다고 생각한다. 이와 같은 방법은 특별히 원하는 만큼 라운드를 하지 못하고 연습을 충분히 하지 못하는 아마추어 골퍼들에게 특히 더 해당되는 이야기이다. 아마추어 골퍼들은 TV에서 프로들이 시도하는 샷이 아니더라도 편안하게 할 수 있는 샷을 선택해야 한다.

연습 시간이 부족한 아마추어 골퍼라면 대안이 없기 때문에 불편하게 느낄 때도 있다. 하지만 의심이 들더라도 그린에 있을 때는 퍼팅을 해야만 한다. 두려움이 있더라도 그린 앞에 해저드가 있을 때는 띄워서 넘기는 어프로치 샷을 해야 한다. 이런 경우 하이브리드 클럽은 사용할 수 없다. 이 상황에서 자신이 할 수 있는 일은 두려움이 있다는 사실을 인정하는 수밖에 없다. 그 두려움에 대해 솔직해야 한다. 그것만으로도 마음이 좀 진정될 것이다. 그리고 자신이 할 수 있는 만큼의 루틴을 실행한다. 부분적으로 성공한 과정이 있다면 전혀 시도하지 않는 것보다는 나을 것이다.

이런 도전은 최고의 선수들이 불안 속에서 도전하는 것과 다르지 않다. 한 번도 우승해보지 못한 선수가 우승의 꿈을 안고 마지막 홀에 올라왔을 때의 그 압박감은 마치 2달러 내기골프에서 해저드를 넘겨 어프로치 샷을 해야 하는 주말골퍼가 느끼는 것과 똑같다.

이 순간 프로들은 자신이 우승할 수 있는 마음이 준비되어 있는지 아닌지 알 수 있다. 우승하는 선수들은 시합 바로 전날의 연습 때도 행동이 달라지지 않는다. 그들은 무대 위에 있는 것이 즐겁고 마지막 조에서 플레이하는 것을 좋아한다. 왜냐하면 어떤 상황에서도 항상 자신이 해왔던 일을 해낼 수 있다는 자신감이 있기 때문이다.

보고 굴려라

"퍼팅은 우리가 생각하는 것보다 훨씬 더한 자신감의 게임이다.
골퍼는 퍼팅을 할 수 있다고 느낄 때, 비로소 퍼팅을 해야 한다.
퍼팅에 대한 의심은 골퍼를 그린 위에서 언제나 서투르게 만든다."

-해리 바든

1~2년 전, 나는 앙헬 카브레라에게 퍼팅 레슨을 할 기회가 있었다. 앙헬은 나의 친구 찰리 엡스와 함께 퍼팅 스트로크에 공을 들이고 있었다. 그 당시 앙헬은 두 번의 메이저 대회에서 우승한 경력이 있었다. 하지만 앙헬은 퍼팅 때문에 즐겁지 않았다. 그는 연습그린에서 많은 시간을 보냈지만 생각처럼 잘 되지 않았고, 퍼팅에 대한 자신감도 떨어지는 중이었다.

그는 말했다. "티박스에 올라서면 타깃을 보고 그냥 쳐요. 티박스에 서기만 하면 저는 세상의 왕이라도 되는 것처럼 느껴져요. 그런데 퍼팅 그린에 올라가면 그런 느낌이 싹 사라집니다."

많은 선수들이 이와 비슷한 문제를 토로한다. 선수들은 풀 스윙에서는 안정감과 자신감을 느끼지만 그린에만 올라가면 의심하고, 망설이고, 실수를 거듭한다. 특히 이러한 문제는 PGA 투어에서 자주 나타난다. 그곳에서는 모든 선수들이 앙헬 카브레라만큼 공을 잘 치는 것은 아니지만, 대부분 좋은 경기력을 가지고 있다. 하지만 매 경기의 우승자는 퍼팅을 가장 잘하는 선수로 가려진다. 라이더 컵이나 프레지던츠 컵과 같은 대회도 마찬가지다. 두 팀은 모두 볼을 훌륭하게 잘 치는 선수들로 구성되어 있지만 우승 트로피는 대개 퍼팅이 좋았던 팀에게 돌아간다.

동호회 수준의 아마추어 골퍼들은 퍼팅에 스트레스를 덜 받는 편이다. 아마도 그들은 다른 부분에서 더 심각한 문제가 있을 것이다. 골퍼들은 티 샷을 꾸준하게 잘 치지 못할 때, 퍼팅에 대한 걱정은 크게 하지 않는 경향이 있다. 하지만 그들은 샷이 점점 좋아질수록 퍼팅의 중요성이 더 커져간다는 것을 느낀다.

아마추어든 프로 선수든 골퍼들의 라운드당 평균 퍼팅 수는 27타 혹은 그 이상(보통의 선수라면 몇 타 더 많다)을 기록한다. 이 정도 기록은 다른 채보다 두 배 정도 되는 숫자이다. 그런 까닭에 스코어를 줄이는 가장 빠른 방법은 퍼팅기술을 향상시키는 것이다.

퍼팅기술을 향상시키기 위해서는 우선 퍼팅에 대한 올바른 마음가짐이 있어야 한다. 앙헬 카브레라의 경우, 나는 그에게 퍼팅할 때 드라이버 샷을 하는 것처럼 공을 보면 그냥 치라고 했다. 이런 방식은 앙헬을 난처하게 했다. 사람들은 앙헬처럼 어떤 샷이나 혹은 클럽에 자신감이 있을 때는 무의식적으로 하는 것을 쉽게 한다. 하지만 의심이 많아지면 무의적으로 하기가 매우 어려워진다.

나는 앙헬에게 이것을 이해시키기 위해 퍼터를 치운 다음 손에 롱 아이언을 쥐어 주었다. 그는 잠시 동안 그것을 가지고 퍼팅했고, 꽤 잘 해냈다. 그런 후 이번에는 드라이버를 줬고, 앙헬은 드라이버로도 곧잘 퍼팅했다. 그리고 다시 샌드웨지를 주었다. 그는 샌드웨지의 날을 이용해

공을 쳤다. 그리고는 2.5m 거리를 성공시켰다.

앙헬은 씩 웃으면서 말했다. "무슨 뜻인지 알 것 같아요. 웨지로 퍼팅을 하라는 말이잖아요?" 그가 농담을 했다. 나와 앙헬은 퍼터를 손에서 내려놓음으로써 퍼팅에 대한 태도가 바뀔 수 있음을 공감했다. 앙헬은 퍼터를 손에 들고 있을 때 이런 태도를 취하고 있었다. '나는 이것을 꼭 성공해야 해. 퍼팅 연습을 너무 많이 해서 등이 아파 죽겠네. 퍼터 헤드를 이런 식으로 보내야 하는데…. 똑바로 굴려야 돼! 그런데 공이 왜 이렇게 안 들어가지?' 하지만 웨지를 손에 들고 있을 때 앙헬은 어떠한 기대도 가지지 않았다. 연습스윙조차 하지 않았다. 단순히 타깃을 보고, 그냥 공을 쳤다. 실수가 나와도 별로 신경 쓰지 않았다. 웨지로 퍼팅했을 때 나온 실수에는 자신을 비난하려는 마음이 줄어든 것이다. 이런 마음을 가진 골퍼는 무의식으로 들어가는 것이 훨씬 쉬워진다.

이런 마음이 앙헬이 퍼터를 손에 들고 있을 때 내가 바랐던 것이다. 하지만 그것은 쉽지 않다. 점수를 세면서 하는 퍼팅은 부담감이 커질 수 있다. 러프 혹은 벙커에서 샷을 한 후에는 회복할 수 있는 기회가 주어진다. 그러나 1m 퍼팅을 실수하면 회복할 방법이 없다. 그냥 타수를 잃는다. PGA 투어 선수한테 이런 실수는 생계와 연결된 문제다. 그냥 동네 골프라면 단지 2달러를 잃거나 자존심이 상하는 정도로 끝나겠지만, 골퍼에게 그런 실수는 여전히 많은 것을 생각하게 만든다. 부담감이 커질수록 어떤 기대와 불안감을 떨치는 것은 더욱 어려워진다. 그런 기대와 불안은 의식적인 뇌에서 생성된다. 퍼팅에서 가장 좋은 정신적 조건은 무의식으로 빠져드는 것이다.

이런 이유 때문에 우승 퍼팅을 남겨둔 투어 프로들은 1m 퍼팅보다 3~4m 퍼팅을 남겨두는 게 차라리 더 낫다고 우스갯소리로 말하곤 한다. 3~4m 퍼팅의 기대치가 더 낮기 때문이다. 또한 이런 퍼팅은 평상시의 루틴을 따르는 것이 더 쉽고 무의식으로 빠져드는 것도 더 쉬워진다. 하지만 1m 퍼팅은 자신뿐만 아니라 모든 사람들이 성공하기를 기대하고 있기 때문에 무의식으로 들어가기가 훨씬 더 어렵다.

나는 앙헬에게 연습그린에서 그렇게 몇 시간씩 보내지 말고, 하루에 5~10분 정도의 연습이면 충분하니 남는 시간은 집에 가서 요리라도 하라고 조언했다. (앙헬은 요리하는 것을 좋아했다.) 아니면 적어도 골프에 대해 혹은 퍼팅에 대해서는 더 이상 잘할 생각은 하지 않아도 괜찮으니 코스로부터 떨어져 있는 시간이 필요하다고 했다. 보통의 프로 선수들은 연습그린에서 많은 시간을 보냄으로써 결국 스스로에게 더 많은 부담을 준다. 그들의 퍼팅실력은 향상되기는커녕 오히려 나빠진다.

물론 앙헬은 퍼팅을 어떻게 해야 하는지 이미 알고 있었다. 아마추어 골퍼 중에도 자신에게 퍼팅에 대한 부담을 주지 않기 위해 연습을 하지 않는 사람들이 있다. 게다가 그들은 기술적인 부분에서도 더 이상 나아지려는 노력을 하지 않는다. 퍼팅연습에 대한 태도에는 중간 정도의 적절한 수준이 있다.

내가 상담을 시작했을 때에 비하면, 요즘은 퍼팅에 대한 전문지식이 엄청나게 쏟아져 나오고 있다. 게다가 벨리 퍼터, 긴(Long) 퍼터 등 각종 새로운 퍼터들이 출시되었다. 그리고 퍼터에 따라 잡는 방식도 다양해졌다. 퍼팅에서 선택할 수 있는 부분이 늘어난 것이다. 우연치 않게 또 다른 중요한 한 가지는 의심도 많아졌다는 것이다.

퍼팅에 관한 많은 정보들은 골퍼들을 혼란스럽게 만든다. 예를 들면 선수들과 지도자들은 퍼터를 움직일 때 '릴리즈(Release)한다'라는 말을 쓴다. 이때 사용하는 '릴리즈'라는 단어는 모든 사람들이 똑같은 의미로 사용하는 것은 아니다. 어떤 지도자들은 퍼터를 들어 올린다는 의미로 쓰기도 하고, 또 다른 지도자들은 퍼트 라인 위로 지나간다는 의미로 쓰기도 한다. 누군가는 '릴리즈' 동작을 그냥 원래 있던 어드레스 자세로 돌아오는 것이라고 말하기도 하고, 간혹 어떤 프로들은 퍼터 헤드가 타깃라인을 따라 똑바로 움직여야 한다고 말하기도 한다. 또 다른 사람들은 퍼터헤드가 안쪽으로 갔다가 타깃라인을 따라 움직인 후 다시 안쪽으로 가야 한다고 말하기도 한다.

이런 모든 방법, 각종 퍼터 그리고 다양한 그립은 나름대로의 효과를 낼 수도 있다. 게다가 전문가들이 결코 추천하지 않는 방법마저도 효과를 낼 수 있다. 우승자 중에는 퍼트 라인을 가로질러 깎아치는 선수도 있다. 그들은 그런 방식으로 꾸준히 해왔고, 충분히 익숙해지도록 연습해왔다. 나는 이런 선수들에게 그런 방법은 좋지 않다는 말을 하지 않는다. 또는 손보다 어깨를 쓰라고 이야기하거나 퍼터를 바꾸게 한다거나 그립을 바꾸라고 조언하지 않는다.

이제 막 걸음마를 배우는 손주가 나에게 와서 퍼팅하는 법을 알려달라고 하면 나는 우선 정렬하는 방법에 대해서 알려줄 것이다. 그리고 눈을 공 위에 두라고 하거나 혹은 약간 공 안쪽에 두라고 이야기해줄 것이다. 이런 방법은 조준할 때 도움이 된다. 그런 후 공이 홀을 향해 혹은 어떤 한 지점으로 굴러가는 모습을 상상한 후 마치 그림을 그리듯 퍼팅하라고 가르쳐줄 것이다. 하지만 나는 아이에게 신체적인 방법에 있어서는 선택권을 줄 것이다. 내 경험에 의하면 눈이 공 위에 있는 골퍼들, 조준을 잘하는 골퍼들이 좋은 스트로크를 가지고 있는 경향이 있었다. 그것은 본능적으로 그렇게 되는 것이다. 만약 자신의 눈이 볼 위에 위치하고 손이 어깨 아래에 매달려 있다면 퍼터헤드를 왔다갔다 움직이기에 불편함이 없을 것이다.

선수가 어떤 퍼팅 스타일을 가지고 있든지 나에게 큰 의미는 없다. 또한 선수들이 그런 방법들을 믿든 안 믿든 상관하지 않는다. 대신 시합장에서 선수의 백에 여러 개의 퍼터가 있는 것을 보면, 내가 무언가 선수를 위해 할 일이 있다는 것을 느낀다. 퍼터와 그립 그리고 퍼팅 스타일을 자주 바꾸는 선수가 있다고 치자. 만약 이 선수가 나에게 도움을 요청한다면, 가장 먼저 해야 할 일 중 하나는 우선 방법을 하나 선택하고, 그것을 믿고 꾸준히 해보는 것이다. 내 경험에 의하면 선수들이 자신의 방법을 믿기만 한다면 퍼팅 스타일, 그립의 종류, 퍼터의 종류 등 그 어떤 것이라도 조합하여 퍼팅 실력을 늘릴 수 있다.

퍼팅의 멘탈적 측면에서는 선택의 여지없이 해야 하는 것들이 있다. 공이 홀로 들어가는 모습을 상상하고 단호하게 퍼팅하려는 자세는 반드시 필요하다. 견실하고 일관된 퍼팅 루틴을 가지고 있는 것 역시 중요하다. 선수들이 자신을 방해하는 방식에서 벗어나 무의식으로 하는 것은 절대적으로 중요하다. 사람들은 이런 부분에 관련하여 저마다 다양한 방법을 가지고 있다. 하지만 내가 경험한 바로는 퍼팅을 잘하는 선수들은 공통적으로 이런 특징을 가지고 있었다.

키건과 팻 브래들리의 퍼팅 스타일은 겉으로 보기에는 완전히 다르다. 팻이 사용하는 퍼터는 블레이드 퍼터와 말렛 퍼터의 중간 정도 되는 형태이다. 그립을 쥐는 방법은 다른 긴 클럽에서 사용하는 그립과 똑같다. 퍼터 손잡이는 손가락의 주름에 확실하게 고정되도록 한다. 그리고 두 발과 엉덩이는 타깃 라인에 평행이 되도록 한다. 이런 스타일은 편안함을 갖기 위해 그녀 스스로 개발한 형태이다.

키건은 팻의 조카이다. 키건은 팻이 LPGA 투어에서 전성기를 보내는 동안 가끔 그녀의 모습을 지켜보았다. 팻은 그 당시 6번의 메이저 대회 우승 그리고 31번의 우승 기록이 있었다. 키건은 나이가 들면서 팻과 함께 많은 라운드를 했다. 함께 하는 동안 팻은 현명했다. 자신의 퍼팅 스타일을 키건이 따라하도록 강요하지 않은 것이다. 키건 역시 현명했다. 키건은 팻의 멘탈적인 접근과 우승을 위한 의지를 본받으려 노력했고, 신체적인 부분에 관련한 것은 따라하려고 애쓰지 않았다. 마침 키건은 긴 퍼터를 사용하여 가슴에 고정시켜서 퍼팅하는 스타일이 아주 편하다는 것을 알았다. 키건과 팻은 퍼팅의 외형적 스타일이 매우 달랐지만, 공통적인 부분도 있었다. 그것은 관중들과 TV 카메라가 볼 수 없는 것이었다.

내가 팻을 지도하기 시작했을 때, 그녀는 이미 LPGA 투어에서 거의 10년 동안 선수생활을 하고 있었다. 그리고 메이저 대회를 포함해 10번의 우승이 있었다. 하지만 그녀는 더 우승하기를 바랐다. 메이저 대회에서 더 우승하기를 원했고, LPGA 명예의 전당에도 오르기를 바랐다. 팻의 드라이버 비거리는 평균 정도를 유지하고 있었고, 어프로치 샷 능력은 매우 탁월했다. 그녀가 깨닫고 있었던 부분은 더 많은 우승을 위해서는 퍼팅 실력을 향상시켜야 한다는 점이었다. 팻의 생각에는 빈틈이 없었다. 하지만 단순히 중요성을 알아차리는 것만으로 퍼팅이 좋아지는 것은 아니었다. 사실 나는 팻의 퍼팅을 지켜보면서 문제가 될 만한 것을 볼 수 있었다.

팻은 퍼팅에 대해 걱정이 많은 편이라 루틴이 매우 복잡하고 섬세했다. 우선 공 뒤에서 라인을 살피고, 반대편으로 이동해 홀 뒤에서 다시 라인을 살폈다. 그리고 중간 정도로 이동한 다음 측면에서 경사를 판단했다. 팻은 그린 경사를 분석하고 또 분석했다. 그녀는 매번 퍼팅할 때마다 정확한 경사 판단을 위해 신중한 마음을 가졌다. 이것이 최선을 다하는 행동이라고 생각한 것이다. 팻은 자신의 결단력을 약하게 만들고 있다는 사실을 알지 못했으며, 의심을 키우고 있었다.

나는 팻에게 루틴의 일부를 변화시켜보자고 제안했다. 우선 계속 반복해서 그린 경사를 분석하기 위해 노력하지 말고, 퍼트가 어떻게 꺾일 것인지에 대해 처음 본 느낌을 따라 가보자고 했다. 본능적인 느낌을 강조한 것이다. 내가 이런 말을 하는 것은 잠재의식의 뇌가 사용되게끔 유도하는 과정이다.

우리가 그린, 홀 그리고 볼을 처음 볼 때 눈은 두뇌로 정보를 전송한다. 그 뇌는 보통 잠재의식으로부터 나오는 '본능' 혹은 '직감'으로 반응한다. 그것은 우리에게 이렇게 말한다. '이봐, 난 이런 거 해봤어. 나는 공이 어떻게 갈지 알아. 그냥 자동으로 가게 내버려두면 돼 친구야. 걱정하지 마. 내가 알고 있으니까!' 팻은 의식의 뇌와 잠재의식의 뇌가 충돌하는 것을 느꼈다. 그녀는 자신의 직감을 바로 신뢰하지는 못했다. 하지만 처음에 느낀 본능을 따르는 것은 차분함과 함께 결단력을 갖는데 도움을 주었다.

이러한 현상은 팻에게만 일어난 게 아니다. 내가 톰 카이트를 처음 만났을 때, 우리는 퍼팅의 이런 측면에 대해 긴 토론을 가졌다. 그때 카이트의 어머니가 우리의 대화를 옆에서 가만히 듣더니 톰이 어릴 적에 같이 놀면서 자랐던 벤 크렌쇼가 떠오른다고 말했다. 벤은 고등학교 선수 시절, 그린을 읽을 때 절대 쪼그려 앉는 법이 없었다고 한다. 그는 그린 위를 그냥 걷기만 했고, 걸으면서 경사를 파악한 후 그대로 퍼팅을 했다. 벤은 이런 방식으로 엄청난 성공을 거두었지만, 성인이 되어서는 다른 선수들이 하는 방식으로 그린을 읽기 시작했다. 그는 여전히 퍼팅을 잘하는 선수였지만, 그가 소년이었던 시절 보여준 예술 같은 퍼팅은 할 수 없었다.

내가 선수들에게 본능적인 퍼팅을 제안할 때, 어떤 선수는 그 개념을 빠르게 받아들이는 반면, 끝내 받아들이지 못하는 선수도 있다. 받아들이지 못하는 선수들은 그들의 일상에서 '신중함'이 좋은 결과로 이끌었던 경험을 떠올린다. 그들이 어떤 누구와 비즈니스 계약을 해야 한다면 악수하는 방식이 마음에 든다고 해서 계약을 체결하지는 않을 것이다. 우선 신용보고서를 확인하고, 회사 고문들과 의논할 것이다. 그들은 가능한 많은 정보를 수집하기 위해 노력할 것이다.

이런 '신중함'은 사업에서는 통할지 모르겠지만 퍼팅에서는 적용되지 않는다. 누군가 나에게 "그럼 첫 번째로 느끼는 저의 본능적인 감이 틀리면 어떻게 하죠?"라고 묻는다면, 나는 이렇게 대답할 것이다. "그래도 결단력을 가지고 그것을 믿는 게 더 낫다." 자신의 첫 번째 느낌은 생각했던 것보다 정확할 때가 많다. 하지만 단호하지 못한 퍼트는 성공률만 떨어질 뿐이다. 팻 브래들리가 처음의 그 느낌을 따라가자는 것에 동의했을 때, 팻은 우선 퍼팅그린 위에서의 신중한 노력을 없애야 했다. 나는 그래서 마음속으로 상상하는 법을 알려주었다.

퍼팅은 매우 시각적인 기술이다. 본질적으로 퍼팅을 잘하는 선수들은 타깃을 보면서 무의식적으로 몸을 반응시킨다. 골퍼들은 팻이 수행했던 루틴처럼 공이 홀로 들어가는 상상을 통해 본능적인 반응을 강화시켜야 한다. 사실 이 부분이 프리 샷 루틴에서 가장 중요한 부분이다. 이것은 퍼팅을 잘하는 모든 선수로부터 관찰할 수 있는 불변의 진리와도 같다. 어떤 선수는 이렇게 말하기도 한다. "퍼터 헤드 위에 달린 작은 카메라를 통해 마치 영화를 찍는 것처럼 볼이 굴러가는 것을 볼 수 있어요." 그들은 퍼터가 라인을 따라 움직이는 것을 느끼면서 볼이 맞는 장면을 본다. 그런 후 공이 굴러가는 모습과 꺾이는 모습을 보고, 마침내 공이 홀로 떨어지는 것을 본다. 어떤 선수는 이런 과정을 마치 비행선에서 내려다 보듯이 지켜본다고 말하고, 또 어떤 선수는 구르는 공을 보지 않고 라인을 본다고 한다. 팻의 퍼팅이 바로 이 방식이다. 팻은 라인을 상상하고 그 라인대로 공이 굴러갈 것이라고 믿는다. 마치 마음속으로 레이저 같은 것을 상상하면서 그 레이저로 잔디 위의 라인을 태워 공이 지나가는 길을 만들어내는 것이다.

간혹 어떤 선수는 철길처럼 평행한 라인을 보면서 그 사이로 공이 굴러간다고 말하기도 한다. 또 다른 선수는 다른 색의 라인이 보이기도 하고, 잔디에 희미한 자국 같은 것이 보인다고도 한다. 반면, 라인은 전혀 보이지 않고 그냥 볼이 굴러갈 길만 보인다고 하는 선수도 있다.

나는 키건 브래들리에게 팻의 '레이저 눈'에 대해 말해주었다. 키건은 내가 말하기 전까지 그런 게 있다는 것조차 알지 못했다. 키건은 이미 팻의 플레이를 보면서 그녀가 집중하는 모습에 감명을 받은 상태였다. 그가 2011년 PGA 챔피언십에서 우승한 후, 어떤 기자로부터 팻에 대한 선수로서의 기억이 있었는지 질문을 받았다. 키건은 자신이 소년이었을 때 인상적이었던 그녀의 모습을 떠올렸다. 팻은 그때 시합 도중에 키건이 앞을 지나갈 때조차 알아보지 못했다. 집중력이 흐트러지지 않았던 것이다.

키건이 팻의 '레이저 눈'에 대한 이야기를 들었을 때 키건 역시 그녀를 따라하기 위해 애썼다. 레이저로 그린 위의 라인을 태우는 것처럼 느끼려고 한 것이다. 차이점이 있다면 팻은 마음으로부터 발산되는 레이저지만, 키건은 각각의 눈에서 나오는 레이저라고 느꼈다. 그 광선은 홀까지의 라인을 태우기 위해 한 곳으로 모였다. 키건은 2011년도에 바이런 넬슨 대회에서 첫 우승을 기록했고 그 다음으로 메이저 대회인 PGA 챔피언십에서 우승했다. 메이저 대회 첫 우승이었다. 키건은 이 두 대회에서 이런 방식으로 퍼팅했다.

키건과 팻은 또 다른 공통점을 가지고 있었다. 키건은 팻이 항상 해왔던 것을 똑같이 하려고 노력했다. 내가 '성공을 위한 퍼팅'에 대해서 말할 때 의미하는 바는 공이 홀에 들어가는 상상이 되지 않는다면 퍼팅을 하지 않는 것이다. 키건과 팻은 둘 다 그렇게 했다. 하지만 일단 공이 홀에 들어가는 상상이 되면 그들은 단순히 타깃에 반응하면서 무슨 일이 일어나든 그렇게 내버려두었다. 키건이 2011년 PGA 챔피언십 연장전 마지막 홀에서 보여준 퍼팅은 꽤 괜찮았다. 당시 키건은 투 퍼팅만 해도 우승이었다. 키건은 자신의 루틴을 실행하면서 공이 홀로 들어가는 상상을 했고, 곧이어 타깃에 반응했다. 그는 꽤 먼 거리의 퍼팅을 주저 없이 시도했으며, 공은 거의 들어갈 뻔했다.

나는 PGA 챔피언십을 8개월 앞두고 키건과 듀크 출신의 어린 아마추어 선수 브린슨 파올리니와 함께 이야기를 나눈 적이 있다. 키건은 PGA 투어를 위해 하와이로 막 떠나려던 참이었다. 키건은 나와의 상담을 원했지만, 나는 브린슨과 먼저 약속이 되어 있었다. 그래서 나는 두 사람 모두를 저녁식사에 초대했다. 우리는 먼저 식사 주문을 했고, 나는 키건에게 부탁했다. 그 부탁은 우리가 퍼팅연습을 할 때 했던 것이 무엇이었는지 브린슨에게 말해주라는 것이었다. 키건은 이렇게 말했다. "브린슨! 박사님으로부터 배운 것을 말해줄게. 그건 골프를 더 즐기는 것, 의심을 버리는 것, 타깃에 집중하는 것, 그것뿐이야."

나는 키건이 트로피를 받아들고 가족과 껴안는 모습을 보면서 미소를 지었다. 키건은 퍼팅도 자신만의 스타일이 있었지만 웃을 때도 자신만의 스타일이 있었다. 하지만 키건과 팻은 퍼팅에서 가장 중요한 것을 똑같이 하고 있었다. 그들은 두려움 없이 퍼팅을 했고 성공하기 위한 퍼팅을 했다. 다른 모든 것은 형식적인 것에 불과했다.

그러나 선수들이 아무리 그렇게 하더라도 볼이 홀로 들어가는 상상을 통해 잠재의식에 먹이를 주는 일은 꼭 해야 한다. 그런 상상을 믿는 일은 신체가 무엇을 해야 하는지 뇌에 알려주는 것과 같다. 일단 볼이 홀로 들어가는 상상을 하고 나면, 자신의 루틴에 따라 지체 없이 퍼팅을 수행해야 한다. 이러한 행위는 어떤 골퍼들에게 불안감을 가지게 하기도 한다. 그들은 묻는다. "얼마나 세게 쳐야 할지 어떻게 알 수 있을까요?" "롱퍼팅을 할 때는 방향보다 거리조절이 더 걱정돼요."

골퍼가 이런 질문을 한다는 것은 잘못된 생각이 있기 때문이다. 그것은 주어진 퍼트에 성공하기 위해서는 단 한 가지의 스피드로만 쳐야 한다는 생각이다. 사실 퍼트는 한 가지 스피드로만 성공할 수 있는 것이 아니다. 만약 이러한 원리를 이해하지 못한다면 나의 친구인 브래드 팩슨이 보여주었던 훈련 방법을 추천한다. 그는 연습그린에 올라가 약간의 경사가 있는 지점을 선택했다. 그리고는 홀에서 2m 정도 떨어진 곳에 세 개의 공을 내려놓았다. 첫 번째 공을 칠 때는 강하게 쳐서 홀에 넣었다. 두 번째 공을 칠 때는 중간 정도의 스피드로 쳤다. 공의 꺾임을 더 감안해야 했다. 그리고 마지막 세 번째 공은 간신히 들어갈 정도의 스피드로 쳤다. 이때는 공이 거의 원을 그리면서 홀의 옆 방향을 통해 들어갔다.

이것은 퍼팅의 터치감과 상상을 향상시킬 수 있는 멋진 훈련이다. 여기서 내가 이야기하고 싶은 것은 우리 뇌가 퍼팅라인을 선택할 때 이미 그 상황에 맞는 스피드를 감지하고 있다는 사실이다. 나는 이 사실을 강조하고 싶다. 자신이 꽤 오랫동안 골프를 해왔다면 이미 자신의 뇌는 스피드에 따라 얼마큼 공이 휠 것인지를 알고 있다. 그렇게 느낌대로 퍼팅을 한다면 스피드와 방향이 적절히 맞는 퍼팅을 할 수 있을 것이다.

이것이 의미하는 바는 무의식적인 플레이를 위해서는 그린을 보고, 공을 보고, 홀을 봐야 한다는 것이다. 골퍼는 원하는 퍼트를 상상해야 한다. 뇌는 이미 오르막인지 내리막인지 자동적으로 인지하고 있다. 뇌는 거리 측정을 꽤 정확하게 하고 있다. 그러므로 골퍼는 세게 칠 것인지, 약하게 칠 것인지를 마음먹을 필요가 없다. '짧으면 어떡하나?' '지나가면 어떡하나?' 하고 걱정할 필요도 없다. 그냥 뇌가 무의식적으로 알아서 하도록 해야 한다. 퍼트가 저절로 일어나도록 해야 한다는 뜻이다.

만약 아주 빠른 그린의 내리막 퍼팅을 해야 한다면, 눈물 떨어지듯 똑 떨어지게, 공이 홀까지 간신히 굴러가도록 치는 것이 바람직하다. 뇌는 이미 이것을 느끼고 있다. 내리막 경사를 보고 있는 우리 뇌는 공이 홀의 뒤턱을 치고 들어가는 상상을 하지 않는다. 마찬가지로 오르막 퍼팅을 해야 할 때도 우리 뇌는 이미 강한 퍼팅을 생각하고 있다. 뇌는 그간의 경험을 바탕으로 그것을 감지하고 있는 것이다. 퍼팅 미스는 잠재의식의 뇌가 주는 제안을 무시하도록 만든다. '지나가지마!' 혹은 '이번엔 거기서 멈춰 제발!'과 같은 생각을 하게 되면 그것은 의식의 뇌로 퍼팅을 하도록 만든다.

잠재의식의 뇌를 믿어야 한다. 잠재의식을 믿는다는 것은 어떤 확신을 갖는 것과 같다. 그것은 마치 사람들이 인생에서 거쳐야 하는 중대한 무언가를 하는 것과 같다. 누군가를 만나 결혼을 하게 된다면, 믿음과 확신 없이 영원히 한 사람과 함께 살겠노라 맹세할 수 있는가? 하지만 사람들은 그렇게 맹세한다. 이런 측면에서 골프는 어쩌면 결혼보다 더 어려울지도 모른다. 골퍼들은 수많은 퍼팅 미스를 보면서도 여전히 공이 홀에 들어갈 것이라는 믿음을 가져야 한다. 그것은 쉽지 않다. 하지만 좋은 선수들은 그것을 해낸다.

골퍼들은 공을 홀에 넣겠다는 의지를 보여주는 약간의 오해스러운 행동을 보이곤 한다. 어떤 선수는 이를 악물기도 하고, 손가락이 하얗게 변할 정도로 퍼터를 세게 잡기도 한다. 또 어떤 선수는 어떻게든 공을 홀에 넣기 위해 갑작스럽게 어떤 영감을 떠올리려고 애쓴다. 나의 관점에서 골퍼들의 그런 행동들은 퍼팅을 잘하기 위한 좋은 노력으로 보이지 않는다. 퍼팅을 잘하기 위한 좋은 노력이란 퍼팅라인에 집중하고, 라인 따라 공이 홀로 들어가는 것을 상상하며, 그렇게 들어갈 것이라는 믿음을 갖고 하는 무의식적인 퍼팅을 의미한다. 그러면 이를 악물고 할 필요도 없고, 손가락이 하얗게 될 일도 없다.

이것을 '마음속에서 성공한 퍼팅'으로 이해하는 것이 더 나을지도 모른다. 만약 마음속에서 퍼팅을 성공했다면 자신은 최선을 다한 것이다. 퍼팅을 아주 잘하는 선수들은 이런 생각으로 라운드를 한다. 그들의 목표는 마음속에서 퍼팅을 성공시키는 것이다. 사실 모든 샷에서 그렇게 한다. 그들이 이렇게만 실천한다면 실제로 얼마나 많은 퍼팅을 성공했는지는 중요하지 않다. 그저 만족해하고 행복해할 뿐이다.

나는 퍼팅에 대한 수많은 조언 중 내가 도저히 이해할 수 없는 두 가지가 있다. 그것은 '1m 타깃'과 '오르막 찬스'이다. 어떤 프로는 학생들에게 이렇게 가르친다. "롱 퍼팅을 할 때는 홀 둘레의 1m 원을 타깃으로 삼고, 그곳으로 볼을 넣으려고 해야 한다." 대체 왜 이래야 하는가? 물론 1m 안으로 공을 넣을 수 있으면 결과적으로 좋은 일이다. 하지만 1m 원을 목표로 했는데 1m를 지나치면 결과적으로 2m가 남게 된다. 반면, 홀을 목표로 했는데 1m를 지나치면 그냥 평소대로 1m 퍼팅만 남게 되는 것이다. 어느 것이 더 좋겠는가? 바스켓을 타깃으로 삼지 않고 백보드를 타깃 삼아 3점 슛을 날리는 농구선수가 어떨지 생각해보라.

마찬가지로 TV 아나운서가 선수들의 퍼팅 플레이를 보면서 "오르막 찬스"라고 말하거나 "이 퍼트는 해볼 만한 퍼팅이다"라고 말할 때가 있다. 나는 이런 말들이 이해가 가지 않는다. 일반적으로 이것은 오르막 퍼팅일 때 적용되는 꼬리표라고 생각한다. 내리막 퍼트에서 실수를 하면 주로 홀을 너무 많이 지나쳐갈 가능성에 대해 걱정하지만, 오르막 퍼트에서는 그런 실수에 대해서는 걱정하지 않기 때문이다. 아나운서가 이런 말을 하는 이유를 추측해보자면 그들은 직접 경기를 하지 않고 해설룸 안에 있기 때문이다. 막연하게 선수들이 내리막 퍼트에만 두려움을 가질 것이라고 생각하는 것이다.

만약 남은 퍼트가 '오르막 찬스'가 아니라면 그것은 성공을 시도하지 않는 의미의 '위기의 퍼팅'이 될 것이다. 굳이 왜 실수를 하려고 퍼팅을 하겠는가? 자신이 만약 오르막 경사를 좋아한다면 뒤턱을 맞고 들어가는 상상과 함께 퍼팅을 하면 된다. 반대로 내리막 경사를 좋아한다면 홀에서 똑 떨어지는 상상과 함께 퍼팅을 하면 된다. 홀이 얼마나 멀리 있든지 또는 어떤 경사가 있든지 간에 항상 홀에 떨어뜨리는 상상을 할 수 있으면 된다.

나는 이미 좋은 루틴이 갖추고 있어야 할 흐름에 대해서 설명했다. 선수들은 퍼팅라인을 선택한 후, 어드레스 시 몇 가지 신체적인 단계를 거쳐야 한다. 그리고 각자의 방식으로 조준한다. 골퍼는 이런 단계를 자신의 루틴 안에서 무의식적으로 할 수 있도록 충분한 연습을 해야 한다. 그러한 연습은 계획적이지만 효율적인 퍼팅이 되도록 도움을 준다. 지나치게 시간을 끄는 것은 의식의 뇌가 활성화되도록 만든다.

신체적인 루틴의 핵심에는 세 단계가 있다. 타깃을 본다. 공을 본다. 그리고 백스윙이 간다. 좋은 선수들은 이 과정에서의 리듬이 거의 항상 일정하다. 마지막 타깃을 보고 눈이 공으로 돌아오는 순간, 도중에 지체되는 시간은 없다. 그리고 스트로크를 시작한다. 그들은 볼 앞에서 절대 얼음이 되는 법이 없다. 보통 얼음이 되는 선수들은 자신이 본 라인에 의심을 품거나 기술적인 부분에 대한 생각을 일으키는 중이기 때문이다. 둘 중 어느 것도 퍼팅을 성공시키는데 도움이 되지 않는다. 퍼팅을 잘하는 골퍼가 루틴 안에서 유일하게 시간을 끄는 순간은 볼 뒤에서 퍼팅라인을 상상하는 때이다. 가끔은 첫 느낌에 뚜렷한 라인이 보이지 않을 때도 있다. 이때는 라인을 결정하기 위해 약간의 시간이 필요할 수 있다. 확신을 가질 수 있는 라인을 찾을 때까지 어드레스를 하지 않는 것이다. 하지만 라인을 찾으면 그들은 더 이상 시간을 끌지 않는다.

결국 퍼팅의 이러한 측면은 퍼팅이 운동선수다운 움직임, 반응하는 스포츠라는 것을 알려준다. 때때로 다른 스포츠에서 성공을 거둔 선수가 골프를 하게 되면 어렵다는 말을 한다. 왜냐하면 미식축구의 경우 쿼

터백이 앞에 뛰어가는 선수의 모습을 보고 반응하는 방식, 혹은 야구에서 타자가 날아오는 공을 보고 반응하는 방식처럼 골프에서 반응하지 못하기 때문이다. 이들도 자신의 루틴에서 좋은 흐름을 유지한다면 타깃에 반응하는 동작을 할 수 있을 것이다.

퍼팅을 할 때의 규칙적인 흐름은 골퍼의 마음을 평온하게 만든다. 마크 윌슨의 퍼팅 루틴은 타깃을 선택하고 마음속에서 라인을 그려보는 것으로 시작된다. 마크는 마치 아침 첫 조가 지나가고 난 후 이슬로 인해 만들어진 길을 보는 것처럼 라인을 상상한다. 그는 작은 타깃을 선택하고 자신이 편안함을 느끼도록 박자를 맞추어 움직인다. 그 박자는 스트로크에 리듬과 흐름을 만들어준다.

첫 번째: 타깃을 마지막으로 본 후,
두 번째: 눈이 볼로 돌아온다.
세 번째: 백스윙이 시작된다.
네 번째: 공을 친다.

이 흐름이 바로 선수들의 마음을 맑게 만들어 준다. 퍼팅 스트로크에 대한 어떠한 생각도 버릴 수 있고, 자신이 처한 상황에 대한 어떠한 생각도 잊도록 만든다.

마크는 타깃을 선정할 때 눈을 찡그리며 보지 않아도 될 만큼의 가장 작은 타깃을 선정한다. 이것은 좋은 습관이다. 예를 들면, 홀을 타깃으로 삼는 것이 아니고 홀 안쪽에 있는 작은 흠집을 찾아 그것을 보고 퍼팅하는 것이다. 많은 선수들은 모든 퍼팅에서 직선으로 치는 것을 좋아한다. 만약 상상하는 라인이 왼쪽 20cm 정도의 방향이라면 홀의 왼쪽 20cm 정도에 있는 잔디의 이파리나 색이 변질된 잔디 잎을 고른다. 그런 것들이 골퍼의 타깃이 되고 그것을 향해 퍼팅한다. 어떤 선수들은 그들이 상상하는 라인을 타깃으로 삼기도 한다. 그냥 그 라인 위에 공을 굴리는 것만 생각하는 것이다. 이런 방법들 중 자신의 퍼팅 스트로크를 무의식으로만 이끌 수 있다면 어떤 것이라도 좋다.

다른 샷에서도 마찬가지이지만 퍼팅 루틴의 마지막 단계는 볼에 어떤 일이 일어나더라도 완전하게 받아들이는 것이다. 그것은 어렵지 않다. 풀 스윙으로 친 공은 대부분 어떠한 방해 없이 잘 날아간다. 볼이 날아가는 동안 유일하게 방해를 받는 상황이라면 갑작스레 불어 닥치는 돌풍 뿐이다. 그것을 제외하면 풀 스윙으로 친 공은 대부분 골퍼가 어떤 스윙을 했느냐에 따라 그 결과가 달라진다. 하지만 그린 위에서는 다르다. 퍼터로 친 공은 땅바닥 위를 굴러가기 때문에 땅 위의 무언가에 의해 항상 영향을 받을 수 있다. 작은 돌멩이, 볼 자국, 떨어져 나간 잔디 등이 그런 것들이다. 퍼터 페이스를 떠난 공은 풀 스윙으로 친 공보다 더 많은 변수를 가지고 있다. 이 말은 퍼팅한 공을 컨트롤하는 것이 더 어렵다는 이야기이다. 따라서 논리적으로 생각해볼 때, 퍼팅한 공의 결과를 받아들이는 것은 풀 스윙을 한 것보다 더 쉬워져야 한다.

좋은 선수들은 이것을 이해하고 있다. 그들은 퍼팅한 공이 반드시 성공하지 않아도 된다는 사실을 받아들이고 있다. 마음속에서 퍼팅을 한 후, 자신의 방법대로 퍼팅을 잘했다고 생각하면 그것은 결과와 상관없이 성공한 퍼팅이다.

그러나 많은 선수들은 이와 모순되게 반응한다. 그들의 사고는 결과에 치우쳐 있기 때문에 퍼팅 실수에 화를 내곤 한다. 다른 몇몇의 스포츠에서는 그러한 분노가 도움이 될지도 모른다. 예를 들어 줄다리기를 한다면 상대팀에 분노를 표출함으로써 정말 더 열심히 줄을 당길 수 있다. 하지만 골프는 줄다리기가 아니다. 골프는 고요한 마음과 인내심을 필요로 하는 스포츠이다. 만약 미스 퍼팅에 화를 낸다면 골퍼에게 필요한 마음을 유지하기란 쉽지 않다. 아직도 결과가 중요하다는 생각에 계속 매달리고 싶은 선수들이 있다면 나는 그들에게 이렇게 이야기해주고 싶다. "좋은 과정에 집중할 때가 성공적인 결과를 얻을 수 있는 가장 좋은 방법이다."

나의 경험에 의하면 퍼팅 미스에 대한 분노는 두려움의 전조이다. 번개가 치면 반드시 천둥소리가 따라오는 것처럼 미스 퍼팅에 화를 내는 선수들은 보통 기술적인 부분을 의식하기 시작한다. 그리고 그러한 의식은 더 많은 실수를 만든다. 그리고 따라오는 것이 바로 두려움이다. 그렇게 두려움을 가진 선수들은 자신이 다짐했던 것을 라운드 중에 포기하게 된다. 그리고 연습도 해본 적이 없는 무언가로 바꾸기 시작한다. 공 위치를 바꾸기도 하고, 그립을 바꾸기도 하고, 스트로크의 방법을 바꾸기도 한다. 오른손과 왼손의 위치를 바꿔서 그립을 잡기도 하고, 집게 그립을 시도하기도 한다. 퍼팅 궤도를 똑바로 유지하다가도 이것을 포기하고 아크 형태의 궤도로 바꾸기도 한다. 아니면 그 반대일 수도 있다. 만약 룰이 허락한다면 시합 도중에 퍼터를 바꾸는 선수도 반드시 있을 것이다.

퍼터를 잘하는 선수들은 이런 것들을 결코 하지 않는다. 그들은 골퍼로서 강한 자아상을 키워왔기 때문에 어떤 결과라도 쉽게 받아들일 수 있다. 이렇게 결과를 수용하는 마음은 마음속에서 일어나는 퍼팅이 실제로 나오게끔 하는 그 날을 앞당겨 줄 것이다.

스코어를 만드는 클럽

"놀랍게도 생각했던 대로 가는 샷이
자주 나온다."

-페티 버그

2011년 하와이에서 개최된 PGA 투어 소니 오픈. 이 대회에 출전한 마크 윌슨은 뭔가 서두르는 기분이 들었다. 폭우로 인해 1라운드가 연기되었고, 미뤄진 일정으로 일요일에 36홀을 돌아야 했다. 3라운드를 끝내고 바로 4라운드를 시작해야 하는 상황이었다. 3라운드를 65타로 마친 마크는 라커에 보관해두었던 여분의 공과 치킨 샌드위치를 가지고 올 시간조차 없었다. 그는 거의 2분을 남겨두고 간신히 첫 홀 티박스에 도착했다. 마크는 마치 수업시간을 맞추기 위해 책을 들고 뛰는 고등학생 같았다. 그에게 이 수업은 마치 쇼트 게임이라는 쪽지시험으로 시작하는 것 같았다.

와이알라이 코스의 첫 번째 홀은 440m 파4였고, 뒷바람이 많이 불고 있었다. 마크는 6번 아이언으로 잘 쳤다고 생각했지만 아쉽게도 약간 짧게 떨어졌다. 아마도 공이 날아갈 때 바람이 잠시 멎었던 것 같았다.

마크는 매우 어려운 상황에 처했다. 많은 골프장이 그러하듯 최근 와이알라이 코스의 그린 주변은 더 복잡하고 어렵게 플레이하도록 리모델링되었다. 마크의 공은 함정으로 빠졌다. 공은 홀까지 3m 지점에 잘 떨어졌지만, 고작 몇cm 차이로 그만 오른쪽 벙커로 들어가 버렸다. 그는 벙커에서 무릎으로 스탠스를 취해야만 했다. 마크는 보통 110m 안쪽 거리에서의 샷 연습에 많은 시간을 투자했다. 하지만 벙커에서의 그 샷은 정말 한 번도 해보지 않은 샷이었다. 마크는 창의적인 샷이 필요했고, 그 샷을 믿어야만 했다.

마크는 루틴을 시작했다. 그는 모래가 얼마나 가벼운지를 가늠하면서 볼이 놓인 상황을 체크했다. 헤드스피드를 얼마큼 컨트롤해야 할지, 볼에 스핀이 얼마나 들어갈지를 체크했다. 그 순간 마크의 계산은 본능적이었다. 그는 일주일 동안 와이알라이에 있었기 때문에 코스의 특성을 잘 알고 있었다. 그리고 공의 궤적을 상상하기 시작했다. 공이 떠올라 홀 앞에 떨어진 후, 그대로 홀로 빨려 들어가는 상상을 했다. 마크는 60도 웨지를 잡았다. 그는 그립을 많이 내려잡으면서 스탠스를 취했다. 마크의 왼손은 고무그립 대신 스틸 샤프트를 잡아야 했다. 마크가 나중에 말하기를 "나는 정말 키가 작은 사람처럼 되려고 노력했던 것 같다." 마크는 임팩트를 확실하게 만들기 위해 애썼다. 손잡이 부분을 타깃 방향으로 기울이면서 손을 약간 앞으로 눌렀다. 모든 준비를 마친 뒤 무의식으로 빠져 들어갔다. 마크는 마지막으로 타깃을 보았고 눈이 볼로 돌아오자마자 스윙을 시작했다. 그는 자신이 마음속에 그렸던 샷을 깔끔하게 쳐냈다. 공은 계획했던 대로 홀 앞 2.5m 지점에 떨어졌다. 하지만 공은 기대했던 것보다 조금 강하게 굴러갔다. 공은 홀을 지나쳐 2m 정도에서 멈춰 섰다.

마크는 당황하지 않았다. 그는 쇼트 게임 연습을 할 때 항상 퍼트로 마무리했다. 어프로치 샷은 공을 홀에 넣기 위한 과정의 일부분이었다. 어프로치 샷은 그것 자체로 끝인 것이다. 아무리 좋은 어프로치 샷일지라도 퍼팅으로 끝내지 못하면 의미가 없다. 마크의 상황은 그런 것이었다. 첫 홀에서 서두른 느낌, 그리고 선두에 있다는 압박감이 있었지만 2m 파 퍼팅을 성공시켰다. 그는 생각한대로 잘 해냈고 안정감을 유지할 수 있었다. 마크는 결국 67타를 기록하면서 2타 차로 우승을 차지했다.

이것이 좋은 쇼트 게임의 힘이다. 쇼트 게임에 능한 선수들은 어디에서든지 파 세이브를 할 수 있음을 느끼고, 가끔 온 그린에 실패하더라도 어프로치 샷으로 버디를 만들기도 한다. 쇼트 게임을 잘한다는 것은 골프에서 엄청난 강점을 가지고 있는 것이다. 이런 선수들은 그린을 놓쳤을 때도 스트레스를 거의 받지 않고 차분함을 유지할 수 있다. 어프로치 샷이나 벙커 샷도 롱 퍼트와 다르지 않다고 생각하기 때문이다.

사실 나의 관찰에 의하면 퍼팅을 잘하는 선수들은 대부분 어프로치 샷도 잘한다. 그들의 어프로치 샷은 쇼트 퍼팅의 기회를 자주 만들어 줌으로써 홀에 넣는 퍼팅의 기회를 더 많이 갖도록 해준다. 결국 그렇게 퍼팅에서 생성된 자신감은 그린 주변에서의 플레이를 향상시킨다. 또한 모든 클럽을 다루는 데 편안한 마음을 갖도록 해준다. 그들은 공이 어디에 있든 상관하지 않고 그린으로 어프로치하는 시간을 즐긴다. 그린은 그들 자신의 무대이면서 남들과 다르다는 것을 보여줄 수 있는 장소이다.

이런 이유에서 어린이 혹은 이제 막 골프를 시작한 사람들은 퍼팅을 먼저 배우는 것이 좋다고 생각한다. 그런 후 그린 주변에서 작은 샷들을 배우고, 그 다음으로 풀 스윙을 배우는 것이다. 만약 아이들이 쇼트 게임의 가치를 일찍 깨닫는다면 쇼트 게임을 좀 더 열심히 훈련할 것이고, 쇼트 게임을 좀 더 중요하게 생각할 가능성이 높다.

지금까지는 퍼팅에 대해서 이야기했다. 이제부터는 점수를 만들어내는 클럽의 멘탈적 측면에 대해서 이야기할 것이다. 그 클럽은 그린 주변에서의 어프로치 샷부터 8번, 9번 아이언, 웨지 클럽이다.

피칭

만약 점수를 만들어내는 샷을 중요도 순으로 나열해보자면 웨지 샷이 가장 중요하다고 말하고 싶다. 아무리 뛰어난 선수라 할지라도 라운드를 하는 동안 짧은 어프로치 샷을 안 할 수는 없다. 보통의 선수라면 더 많이 해야 할 것이다. 가끔은 특별한 장애물이 없다면 대안으로서 퍼터를 사용하기도 하고, 하이브리드 클럽을 사용하여 범핑을 시도할 수도 있다. 하지만 공과 그린 사이에 러프나 해저드와 같은 장애물이 있다면 다른 대안은 선택할 수 없다.

만약 골프 실력자가 되고 싶다면 최소한 두 가지 방법으로 어프로치 샷을 할 수 있어야 한다. 벙커를 넘긴 후 홀 부근에 공을 멈춰 세워야 할 때는 중간 정도의 탄도에 약간의 백스핀이 필요하다. 이런 샷은 핀이 마운드 위에 있을 때도 시도할 수 있다. 실력자들은 마운드로 어프로치 샷을 해서 공을 세우기도 하지만, 때로는 스핀을 줄이면서 굴려서 보내기도 한다.

어프로치 샷을 할 때 최소한 두 가지 방법을 가지고 있어야 한다는 나의 말에 어떤 골퍼는 너무 많은 요구라고 생각할지도 모른다. 나는 이 부분에 대해서 논쟁하고 싶지는 않다. 하지만 초보골퍼에서 수준급의 골퍼로 거듭나고 싶다면 혹은 실력 향상을 바란다면 반드시 이러한 능력을 개발시켜야 한다.

골퍼에게 필요한 두 번째 쇼트 게임 능력은 벙커 샷이다. 벙커 샷에 대해서는 잠시 후 이야기할 것이다. 예전에는 골퍼들이 웨지를 가지고 배우는 첫 번째 기술이 칩 샷이었다. 칩핑을 가장 필수적인 기술로 생각했던 것이다. 하지만 그것은 옛날이야기가 돼버렸다. 지금은 그때보다 코스 조건이 훨씬 좋아졌기 때문이다. 지금의 페어웨이는 내가 어릴 적 뛰놀던 잔디를 닮았다. 골퍼들은 그린으로부터 2m 정도 떨어진 곳에서도 퍼팅을 시도할 수 있다. 아마도 특별히 잘 관리된 코스라면 더 먼 곳에서도 가능할 것이다. 그리고 페어웨이 우드 또는 하이브리드 클럽을 사용하여 범핑도 할 수 있다. 이런 탓에 칩 샷의 중요도는 점점 떨어져 가고 있다. 쇼트 게임에서 칩 샷의 우선순위를 매기자면 피치 샷과 벙커 샷 다음으로 세 번째 정도가 될 것이다.

로브 샷은 순위가 가장 낮다. 하지만 로브 샷이 중요하지는 않다는 이야기는 아니다. 내가 말하는 로브 샷은 스핀을 많이 주지 않고 공을 아주 높게 띄워서 거의 구르지 않게 하는 기술을 말한다. 이 샷은 급격한 탄도로 공이 솟구치기 때문에 그린에 떨어지면 거의 바로 멈춰 선다. 로브 샷은 60도 웨지가 출시된 후 유행처럼 돼버렸다. 하지만 시합을 뛰는 투어 선수들은 특별히 어려운 라이가 아니고서는 로브 샷을 잘 시도하지 않는다. 선수들은 이 기술을 다른 어프로치 샷과 함께 유용하게 쓸 수 있다. 러프와 같은 상황에서는 로브 샷이 필요하기 때문이다. 하지만 골퍼가 어려운 라이에서 로브 샷을 구사하지 못한다 하더라도 투어 선수 정도의 경기력을 보여줄 수만 있다면 동호회 수준에서는 여전히 최상급자의 대우를 받을 수 있다.

지금까지 골퍼에게 필요한 쇼트 게임과 그것의 상대적인 중요성에 대해서 이야기했다. 이 책에서는 쇼트 게임의 기술적인 부분에 대해서는 이야기하지 않을 것이다. 기술에 관해 궁금한 것이 있다면 좋은 지도자를 찾아가야 한다. 지도자와 어떻게 공감하고 어떻게 관계를 구축해 나가야 하는지에 대해서는 다시 이야기할 것이다. 또한 내가 더 이야기하고 싶은 것은 '입스'에 대한 부분이다. 이미 기술적인 부분을 터득한 골퍼가 게임에 심각한 손상을 주는 멘탈 문제에 어떻게 대처해야 하는지, 나는 그에 대해 이야기하고 싶다. 또한 신체적인 관점에서 웨지 샷들이 풀 스윙 샷보다 더 단순하다는 것을 말하고 싶다. 웨지 샷은 길이도 더 짧고 스윙 크기도 풀 스윙보다 더 작다. 그리고 움직임도 덜 복잡하다.

골프공을 치는 행위에 대해 나는 이미 이렇게 묘사했다. 스윙은 그냥 공을 던질 때처럼, 심지어 방 안에서 어떤 타깃을 향해 책을 던질 때처럼 거의 비슷한 신체적 동작을 필요로 한다. 사람들은 공 던지기를 쉽게 할 수 있다. 하지만 벙커 샷이나 어프로치 샷은 불안감으로 인해 쉽게 하지 못하는 경우가 많다. 아마도 그들은 기술적으로 더 어렵게 느꼈을

지도 모른다. 실제로는 본인 스스로가 기술적으로 어렵게 만들고 있다는 사실을 모르고 있다.

나는 골퍼들이 불안감을 가질 수밖에 없는 이유를 알고 있다. 만약 보통의 아마추어 골퍼가 티 샷을 잘 쳐놓고, 세컨드 샷에서 6m 차이로 온 그린에 실패했다면 그것은 자신이 가지고 있는 능력만큼 최선을 다 했거나 최선에 가깝게 노력한 결과이다. 이때 골퍼는 '파를 기록하면 멋지게 잘 해낸 것이고, 아무리 못해도 보기는 해야 한다'고 생각했을지도 모른다. 이런 생각이 바로 의식의 뇌를 발동시키는 것이다. 다른 한편으로는 이런 생각을 할 가능성이 매우 높다. '만약 이 어프로치 샷에서 톱핑이나 뒤땅을 치면 더블보기를 하겠지. 그러면 두 타를 그냥 까먹는 거야, 이런 샷은 어렵지 않기 때문에 진짜 그런 일이 일어나면 난 정말 창피할 거야' 정말 이렇게 생각했다면 생각한대로 될 수 있다. 구력이 좀 있는 골퍼라면 이런 생각도 할 것이다. '작년 멤버 게스트 시합에서 어프로치 톱핑을 친 적이 있지. 그 기억을 잊을 수가 없어.'

이런 예시는 어프로치 샷을 준비하는 자신의 마음과 비슷할지도 모른다. 위안을 삼을 수 있는 점은 그런 생각을 하는 골퍼가 자기 혼자가 아니라는 것이다. 내가 이미 언급했듯이 2011년 US 오픈(콩그레셔널 골프장)이 열렸을 때 꽤 많은 선수들이 어프로치 샷에서 어떤 의심과 두려움을 가졌다. 대부분의 아마추어 골퍼들은 라운드 중 어려운 상황에서의 짧은 어프로치를 좋아하지 않는다. 그래서 이들은 짧은 어프로치 샷을 해야 하는 상황을 피하는 쪽으로 계획을 세운다. 왼쪽에서 오른쪽으로 경사진 그린을 상상해보자. 만약 그린의 오른쪽 편이 잔디가 짧아서 어프로치 샷이 어렵게 느껴지는 상황이라면, 골퍼들은 그린 왼쪽 편에 벙커가 있음에도 불구하고, 벙커에 공이 빠질 각오를 하면서까지 그린의 왼편 가장자리를 겨눈다. 난 이런 선수들을 많이 보았다. 심지어는 그린으로부터 7m 정도 떨어진 곳에서 퍼팅을 시도하기도 한다.

나는 이런 결정에 이의를 제기하지 않는다. 만약 최고의 투어 선수가 시합에서 어프로치 샷에 대해 불안을 느꼈다면 아마도 그 선수 역시 어프로치 샷 대신 퍼팅을 시도했을 것이다. 7m는커녕 20m 떨어진 곳에서 퍼팅을 한다 해도 상관하지 않을 것이다. (물론 그 선수가 내가 지도하는 선수이고, 투어에서 선수생활을 계속하고 싶어 한다면, 나는 그 선수를 만나서 자신 있게 어프로치 샷을 하려면 무엇을 해야 하는지에 대해 진지한 이야기를 나눴을 것이다.) 하지만 나는 시합을 뛰는 선수들에게 다음과 같은 점을 말하고 싶다. 무슨 클럽이든 어떤 샷이든 선수 자신이 잘할 수 있다고 느끼는 것을 선택해야 한다는 것이다. 결국 시합에서 가장 중요한 점은 '어떻게 가깝게 붙일 것인가? 혹은 어떻게 홀인 시킬 것인가?'이다.

이 물음에 대한 답은 날마다 같을 수는 없다. 선수들은 자신에게 정직해야 한다. 만약 주어진 샷 앞에서 자신의 마음을 고요하게 유지할 수 없다면 그리고 자신감을 가지고 할 수 있는 다른 대안이 있다면, 그 대안을 선택해야 한다.

마찬가지로 나는 선수들에게 어떤 탄도 혹은 어떤 클럽을 선택해야 한다고 규정하지는 않는다. 그것은 지극히 개인적인 문제이다. 만약 투어 선수들과 연습라운드를 할 때 어떤 선수가 내게 "이런 상황에서는 어떻게 칠 것인가요?"라고 묻는다면 나는 항상 이렇게 대답할 것이다.

"왜 나한테 신경 써? 나는 내가 잘할 수 있는 것을 할 테니 자네는 자네가 잘할 수 있는 것을 하면 돼."

쇼트 게임의 매력 중 하나는 오로지 자신만의 게임이지 다른 누구의 게임이 아니라는 점이다. 몇몇 뛰어난 선수들은 공이 언덕이나 경사면에 부딪혀 어떻게 튕겨나갈지 상상하는 것을 좋아한다. 그들은 공을 낮게 쳐서 되도록 땅 위로 빨리 굴러가도록 만든다. 또 어떤 선수들은 홀 근처로 떨어져 한 번 튕긴 후, 바로 멈출 수 있도록 하는 높은 탄도를 즐긴다. 또 다른 선수들은 하나의 클럽으로 모든 어프로치 샷을 하기도 한다. 그들은 볼 위치를 변화시키거나 클럽페이스를 열고 닫음으로써 다양한 탄도를 만든다. 어떤 선수들은 매번 같은 스윙을 하되 상상한 탄도에 따라 다른 클럽들을 선택하기도 한다.

이처럼 각기 다른 어프로치 샷 스타일에 대한 나의 견해를 말하자면, 언젠가 중국의 지도자 덩 샤오핑이 했던 말을 인용하는 것으로 대신하겠다. "쥐를 잡기만 하면 되지 고양이 색깔이 뭐가 중요한가?" 이 말은 원래 경제 시스템에 대한 이야기이다. 하지만 골프의 쇼트 게임 기술에서 똑같이 적용될 수 있는 말이다. 쇼트 게임에서 오직 필요한 물음은 "홀에 들어갔는가? 아니면 가깝게 붙었는가?"이다.

그러나 이와 같은 일반적인 규칙에 한 가지 주의할 점이 있다. 어떤 방법의 어프로치 스타일을 선호하든지 골퍼는 쉽고, 힘들이지 않으며, 신뢰할 수 있는 그리고 무의식적으로 할 수 있는 방법으로 해야 한다는 것이다. 사실 쇼트 게임은 그 방법이 복잡하면 복잡할수록 무의식의 노력도 더 많이 필요하다. 만약 연습시간이 부족한 주말 골퍼라면 어프로치 샷을 간소화시키는 것도 생각해볼 일이다. 아마도 골퍼들은 클럽페이스의 각도만 조절하면서 하나의 셋업 자세에 하나의 공 위치 혹은 하나의 클럽에 하나의 공 위치만을 취하고 싶을지도 모른다.

배우는 단계에 있는 동안에는 다양한 기술을 익히고 시험해보는 것도 괜찮다. 하지만 시합에 들어가기 전에는 자신에게 맞다고 생각되는 방법이 무엇인지 확실하게 알아야 한다. 그리고 그것을 훈련해야 한다. 오늘날에는 전문가들이 어프로치 샷을 위한 최선의 방법이 무엇인지 다양하게 제시한다. 나는 요즘 20~30년 전에 들었던 것보다 훨씬 많이 듣고 읽는다. 어프로치 샷을 꽤 잘 해온 선수들 중에는 다른 선수가 하는 방식이 좋다는 이야기를 듣고 그 방식을 따라 하는 경우도 있다. 그렇게 이런 기술, 저런 기술을 다 시도해보다가 결국 자신이 가야 할 길을 잃고 만다. 나는 이런 선수가 더 이상 나오지 않길 바란다. 이런 선수들은 지도자와 함께 기술적인 부분에 대해서 결정하고 훈련해야 한다.

시간이 지난 어느 시점에서 만약 쇼트 게임이 잘 되지 않는다는 것을 느꼈다면 그것은 기술적인 부분의 문제가 아닐 가능성이 높다. 그것은 기술을 어떻게 수행하느냐 하는 문제에 있다. 나는 끊임없이 새로운 쇼트 게임 기술을 시도하려는 선수들과 만날 때면 가끔 이런 질문을 하곤 한다. 만약 회사를 운영하다가 좋지 않은 부서가 생기면 어떻게 할 것인가? 직원들을 해고하고 모든 사업계획을 포기하고 다시 시작할 것인가? 아니면 어느 부분에서 차질이 있었는지, 직원이 어떤 부분에서 실수를 했는지 알아볼 것인가? 선수들이 새로운 기술을 찾기보다는 자신이 가지고 있는 기술과 함께 루틴 만들기에 관심을 갖는다면 그들의 플레이는 좀 더 나아질 수 있다.

선수들에게 필요한 것은 분명한 어프로치 루틴이다. 다른 어떤 쇼트게임 샷과 마찬가지로 선수가 해야 할 첫 번째는 상황을 분석하고 타깃을 선정하는 일이다. 선수는 우선 공이 어떤 상태에 놓였는지, 홀까지의 지형은 어떠한지, 위험요소는 없는지, 공이 일단 그린에 떨어지면 어떻게 굴러갈 것인지를 살펴야 한다. 어떤 샷을 할 것인가, 타깃을 어디로 정할 것인가의 선택은 볼이 놓인 상태에 따라 달라진다. 예를 들면, 공이 그린 가까이에 있고 깔끔한 공 터치가 가능한 지역이라면, 좋은 선수는 어떤 타깃이라도 어프로치 샷을 할 수 있다. 이런 경우라면 타깃은 홀이 되어야 한다. 또한 러프에서 벙커 바로 뒤에 있는 핀으로 공략해야 하는 끔찍한 상황에 처할 수도 있다. 이때는 최고의 선수라 할지라도 그린 중앙을 타깃으로 삼아야 한다.

일단 타깃을 정했으면 마크 윌슨처럼 연습스윙을 한두 번 하면서 클럽 헤드가 긴 잔디를 잘 빠져나올 수 있을지를 느껴본다. 그리고 공과 가장 가깝게 스탠스를 취해 경사면이 샷에 얼마나 영향을 미칠 것인가를 체크한다. 선수는 진짜로 취할 스탠스에서 연습스윙 없이 바로 샷을 시작하고 싶지는 않을 것이다. 만약 그렇게 하다간 '이 경사는 내가 예상했던 것보다 훨씬 더 심하네'라는 생각이 자신의 루틴을 방해할지도 모른다.

선수가 만약 연습라운드 중이라면 볼이 놓인 상태와 타깃에 관한 계산은 시합상황과는 다를 수 있다. 예를 들어, 해질 무렵 홀로 라운드를 한다면 선수는 자신이 할 수 있는 샷인지 시험해보기 위해 이것저것 가리지 않고 시도할 수 있다. 공이 놓인 상황이 어떻든, 홀이 어디에 있든 상관없이 홀에 붙이기 위한 연습을 할 수 있다는 이야기이다. 하지만 선수가 시합 중이라면 나는 80% 룰을 제안한다.

예를 들어 파5에서 이런 상황에 처했다고 가정해보자. 세 번째 샷을 해야 하는 위치가 그린에서 40m 떨어진 곳에 있고, 그린은 연못 바로 너머에 있다. 하필이면 핀이 연못 가장자리로부터 몇 걸음 안 되는 곳에 가깝게 붙어있다. 여기서 선수가 할 수 있는 선택은 두 가지다. 하나는 연못을 바로 넘겨 짧은 버디퍼트를 남겨둘 것인가, 아니면 연못을 피해 그린 중앙 쪽을 겨냥하여 롱 버디퍼트를 남겨둘 것인가.

선수의 전략은 자신의 기술에 대한 평가에 달려있다. 만약 자신이 10번 중 9번의 샷을 성공시킬 수 있다는 자신감이 있다면 연못을 바로 넘기는 샷을 시도할 수 있다. 하지만 20% 이상 실수할 확률이 있다고 느낀다면 그린 중앙을 타깃으로 삼는 것이 좋다. 물론 선수가 어느 전략을 선택하든지 성공적인 샷을 위해서는 평온하고 맑은 마음이어야 한다. 그런 마음이 언제나 자신에게 가장 좋은 기회를 줄 것이다.

그러나 나는 여기서 분명하게 이야기한다. 좋은 선수들은 당연히 짧은 어프로치에서는 홀을 타깃으로 삼는다. 좋은 선수가 되기 위해서는 자신이 할 수 있는 수준에서 쇼트 게임 기술을 개발해야 한다.

좋은 선수들은 자신의 루틴 과정에서 항상 샷을 머릿속에 그린다. 그들이 상상하는 방식은 각기 다르다. 어떤 선수들은 탄도와 함께 공이 떨어지는 모습 그리고 홀로 굴러가는 과정까지 모든 것을 상상한다. (홀을 타깃으로 삼은 경우.) 또 다른 선수들은 탄도와 떨어지는 지점만 상상하기도 한다. 또 어떤 선수들은 공의 최종 목적지인 홀만 생각한다. 그리고 단순히 볼이 홀에 들어가리라 믿는다. 이렇게 상상에 몰입할 수만 있다면 문제될 것은 없다.

앞서 언급했듯이 좋은 선수들은 보통 다른 샷을 할 때보다 어프로치 샷 루틴에서 더 많은 연습스윙을 한다. 그러나 일단 칠 준비가 되면 그들의 루틴은 무의식의 자연스러운 흐름을 타기 시작한다. 그것은 퍼팅이나 다른 샷에서도 똑같이 볼 수 있다. 선수의 마음은 멍한 상태로 들어가고 자신이 할 수 있는 만큼의 무의식에 접근한다. 모든 기술적인 생각들, 모든 의심과 두려움은 사라진다.

때때로 선수들은 루틴에 대한 이런 설명을 듣고 이렇게 말하기도 한다. "어프로치 샷을 해야 하는 상황에서 여전히 불안한 마음과 복잡한 생각이 없어지지 않으면 어떡하나요? 자신감을 가질 수 없으면 어떡하죠?" 이렇게 선수들이 샷에 대한 자신감을 가질 수 없는 경우에는 아직까지는 높은 수준에서 시합할 준비가 되지 않았음을 의미한다. 비록 그 순간에 최선을 다하더라도 형편없는 샷이 나올 것 같더라도 자신이 할 수 있는 만큼 최선을 다해야 한다. 실수는 언제라도 나올 수 있다.

중요한 점은 그것으로부터 교훈을 얻는 것이다. 만약 시합을 하면서 어프로치 샷에 자신감이 없다는 것을 느꼈다면 선수에게는 해야 할 일이 남아있다는 것을 의미한다. 의심과 두려움으로 인해 쇼트 게임이 약해진 것이다. 선수는 그것을 개선하기 위해 노력해야 한다. 이 책에서는 그런 멘탈 과정에 대해서 계속 이야기할 것이다. 또한 무의식으로 들어가도록 하는 연습 방법과 쇼트 게임을 날카롭게 만들 수 있는 연습 게임에 대해서도 이야기할 것이다. 어떻게 하든 선수들은 결과적으로 그런 수준으로 가겠다는 각오를 다져야 한다.

퍼팅 혹은 다른 샷들과 마찬가지로 이상적인 어프로치 샷 루틴에는 분명한 리듬감이 있다. 일단 한 번 타깃을 확인했다면 샷을 상상하고 연습스윙을 한다. 그리고 볼에 어드레스를 하면서 흐름을 타야 한다. 서두르지 말고 지체해서도 안 된다. 골퍼들이 루틴을 실행하는 동안 오랜 시간 멈춰있게 되면 의식적인 동작으로 가는 경향이 있고, 긴장감도 가질 수 있다. 신중해지기도 한다. 마지막 루틴의 흐름은 '타깃을 본다 → 공을 본다 → 백스윙이 간다'이다.

마지막으로 샷의 결과가 어떻게 되든 받아들여야 한다. 나는 선수들이 연습라운드를 하든, 시합을 하든 매 샷에서 항상 낮은 수준의 중요도를 유지해야 한다고 강조해왔다. 어떤 상황에서도 중요한 순간이라고 생각하지 않아야 한다는 말이다. 선수가 이렇게만 할 수 있다면 어떤 샷이 나오더라도, 특히 자신이 원하지 않은 샷이 나오더라도 과민반응은 피할 수 있다.

키건 브래들리는 2011년 PGA 챔피언십에서 우승했을 당시, 이런 모습을 세상에 잘 보여주었다. 키건이 마지막 라운드 15번 홀에서 플레이할 때, 티 샷한 공이 강하게 튕겨 나갔다. 나는 그 공이 그린 위로 올라가 홀에 가깝게 붙을 것이라고 생각했다. 하지만 그 공은 튕겨서 끔찍한 곳으로 가버렸다. 깊고 거친 러프로 들어간 것이다. 키건이 러프에서 친 어프로치 샷은 기대했던 것보다 더 낮고 위험하게 날아갔다. 그리고 모든 사람들이 물속으로 굴러 들어가는 공을 바라보아야 했다.

다른 선수가 이런 샷을 쳤다면 아마도 그 샷으로 인해 시합을 망쳤을지도 모른다. 하지만 키건은 그 샷의 결과를 수용했다. 그리고 드롭 지점으로 간 후 마음을 비웠다. 키건은 16, 17번에서 연속 버디를 잡았고, 어려운 18번 홀에서는 멋진 샷을 보여주었다. 연장전에서의 최종 승리는 키건의 강한 멘탈을 잘 보여주었다. 15번 홀 플레이 후에 반대 상황을 생각해보자면 분명 공황상태였을 것이다. 실패한 샷 이후에는 선수들이 전념했던 자신의 어프로치 기술에 집중하지 못하는 모습을 보일 때가 있다.

그러다 보니 볼 위치를 바꾸거나 클럽 샤프트의 각도를 바꾸기도 한다. 선수들은 그동안 받아왔던 레슨이나 조언들을 떠올리면서 의식적인 마음에 집중하기 시작한다. 그리고는 스윙의 기술적인 부분을 바꾸려고 애쓴다. 하지만 효과는 없을 것이다.

만약 어프로치 샷에 실패한 후에도 맑은 정신이었다면 자신이 하고 있다고 생각했던 무언가를 하지 않았을 가능성이 있다. 이럴 때는 다른 기술을 시도하기보다는 지금까지 해왔던 기술과 루틴을 계속 유지하는 것이 좋다. 반대로 맑은 정신이 아니었다면 다음 샷에서 무의식적으로 하기 위해 최선을 다해야 한다.

벙커 샷

내가 말했듯이 나에게 상담을 받는 프로들은 잔디 위에서의 어려운 위치보다 공이 벙커에 있을 때 무의식적인 동작을 훨씬 더 잘한다. 그 이유 중 하나는 모래를 폭발시키는 샷을 할 때는 실제로 볼을 치는 것이 아니기 때문이다. 아마추어 골퍼들은 TV중계를 통해 믿기 어려운 장면을 보게 된다. 경기를 하는 프로 선수들이 그린 주변으로 튀는 공을 향해 "벙커로 들어가라!"라고 말하는 것이다. 대부분의 아마추어 골퍼들에게 벙커는 함정이고 무서운 곳이다. 그들이 믿기 힘들어 하는 점은 프로들이 긴 러프 혹은 잘 다듬어진 경사면에서 어프로치하는 것보다 모래에서 치는 샷을 더 선호한다는 사실이다.

아마추어 골퍼들이 벙커에서 프로들과 같은 자신감을 갖고 싶다면 우선 벙커 샷이 어떤 방법으로 이루어지는지를 이해해야 한다. 가령 클럽이 공을 접촉하지 않고 공 아래로 미끄러져 나가면서 모래를 폭발시키고, 그 폭발에 의해서 공이 떠오르는 과정은 골프를 많이 쳐온 사람이라면 능히 알 수 있는 내용이다. 그러나 많은 아마추어 골퍼들은 벙커 샷을 여전히 두려워한다. 그들은 모래와 함께 공을 바로 때릴 것 같은 두려움으로 몸이 경직된다.

그런 아마추어 골퍼 대부분은 기술적인 문제를 함께 가지고 있다. 클럽페이스를 열어놓지 않았을 수도 있고, 클럽헤드가 올바른 길로 빠져나가지 않았을 수도 있다. 혹은 준비자세가 잘못되어 있어서 샷을 할 때 모래를 치는 위치가 틀릴 수도 있다. 만약 벙커 샷에서 하나 또는 그 이상의 기술적인 문제가 의심된다면 지도자를 찾아가 교정해야 할 것이다.

벙커 플레이에는 정교함의 정도가 있다. 내가 핸디캡이 높은 골퍼들을 만날 때면, 벙커 샷에서 겁을 먹는 것을 볼 수 있다. 나는 우선 그들에게 러프에서 띄우는 어프로치 샷을 시킨다. 만약 이것을 곧잘 해내면 다음으로 벙커에 데리고 간다. 그리고 공을 치기 전에 확실하게 모래를 쳐야 한다고 알려주면서, 러프에서 쳤던 샷과 같은 방식으로 시도해보라고 한다. 거의 대부분의 골퍼들은 최소한 탈출은 할 수 있겠다고 하면서 자신감을 갖는다. 그들이 항상 홀에 가깝게 붙일 수는 없겠지만 벙커에서의 두려움이 점점 사라지게 할 수는 있다. 혹시나 그냥 탈출하는 것으로 만족할 수 없다거나 파 세이브로 마무리할 수 있도록 벙커 샷을 더 향상시키고 싶다면 좋은 선생님을 만나서 벙커 플레이에 대한 레슨을 받아야 한다.

일단 꾸준하게 모래를 칠 수 있는 벙커 샷 기술을 습득하고, 클럽을 올바르게 사용할 줄 안다면 이제 좋은 루틴을 위해 노력해야 한다. 벙커 샷 루틴은 벙커 밖에서 시작되는 것만 빼면 어프로치 샷 루틴과 거의 똑같다. 우선 벙커에 들어오기 전에 샷을 상상한다. 그리고 타깃을 선택하고 연습스윙을 한다. 이제 상상했던 그 샷과 리허설했던 스윙에 집중한다.

예를 들어, 자신이 플로리다에 있는 베이힐 클럽 앤 로지 18번 홀 그린 뒤의 벙커 부근에 있다고 가정해보자. 공은 벙커 뒤쪽에 있다. 이 골프장은 3월마다 PGA 투어인 아놀드 파머 인비테이셔널 대회가 열리는 곳이다. 그린은 벙커에서부터 기울어져 있고 그린 너머에는 연못이 있다. 대회 마지막 날에는 항상 연못에 가까운 쪽에 홀을 뚫어 놓는다. 멘탈이 약한 선수들은 공이 연못으로 날아갈 수 있다는 두려움 때문에 몸이 긴장되기도 한다. 또는 너무 긴장한 탓에 모래를 많이 쳐서 벙커탈출에 실패하는 경우도 있다. 멘탈이 좋은 선수는 홀에 들어가는 상상을 하겠지만, 길게 치면 연못으로 들어갈 수도 있다는 사실도 인지하고 있다. 그래서 선수는 홀 바로 위에서 떨어지는 높은 탄도의 벙커 샷을 상상하는 것이 아니라 스핀 없이 홀 앞쪽 5m 정도에 떨어뜨린 후 홀까지 굴러가는 공을 상상한다. 선수는 마음에서 그런 상상이 확고할 때 벙커 샷을 시도한다.

가끔은 벙커 샷 루틴을 하다가 멈춘 후 다시 시작할 때도 있다. 처음 간 골프장이기 때문에 모래의 상태에 따라 일관성 있는 벙커 샷을 하지 못할 수도 있다. 이처럼 선수가 샷을 하기 직전에 뭔가 의심이 든다면 샷을 멈추고 벙커에서 나온 후, 처음부터 루틴 과정을 다시 시작해야 한다. 선수는 모래의 성질에 따라 바운스 각도가 다른 클럽으로 바꿀 수도 있다. 부드러운 모래에서는 더 큰 바운스, 거친 모래는 작은 바운스를 선택할 수 있다.

하지만 일단 모든 것이 준비되었다면 벙커 샷 루틴은 정확하게 다른 샷에서의 루틴과 똑같다. 타깃을 보고, 시선이 공으로 돌아오면 어떠한 의식적인 생각 없이 스윙을 시작한다. 패드릭 해링턴은 벙커 샷을 연습할 때 가장 중요하게 생각하는 것이 바로 이 루틴이라고 말했다. 해링턴은 타깃에 집중하면서 스트로크가 무의식적으로 일어나도록 노력한다. 지난 2년 동안 해링턴은 최고의 벙커 플레이어 중 한 명이 되었다.

쇼트 아이언을 사용한 어프로치 샷

쇼트 아이언을 사용한 어프로치 샷의 길이는 골퍼의 기술 수준에 따라 크게 달라질 수 있지만 중요도는 달라지지 않는다. 쇼트 아이언 어프로치 샷의 성공은 어떤 선수에게든 점수를 만드는데 중요하다. 특히 프로들에게 쇼트 아이언(8번, 9번 아이언)은 그린을 공략할 때뿐만 아니라 홀에 근접시키기 위한 어프로치 샷을 할 때 필수적이다. 반면 핸디캡이 높은 골퍼들, 특히 나이가 많은 골퍼일수록 파4에서 투 온하는 것이 힘들기 때문에 세 번째 샷으로 40~60m 정도의 어프로치 샷을 많이 하게 된다. 만약 그들이 그런 어프로치 샷을 능숙하게 구사한다면 그들은 7, 80대 타수를 칠 수 있다. 하지만 능숙하지 못하면 100타를 깨는 것도 힘겹다.

내가 지도하는 투어 프로들은 쇼트 아이언 클럽의 기술을 연마하는데 많은 시간을 투자한다. 오늘날 많은 선수들은 공이 공중에서 정확하게 얼마나 날아가는지 측정하고, 그것에 따라 즉각적으로 피드백을 주는 장비를 사용한다. 프로들은 같은 9번 아이언을 치더라도 평범하게 쳤을 때, 강하게 쳤을 때, 약하게 쳤을 때 각각 비거리가 얼마나 차이 나는지 알고 싶어 한다. 이때 장비가 선수들에게 답해준다. 어떤 프로들은 캐디를 이용하기도 한다. 캐디를 연습 티로부터 어느 정도 떨어뜨려 서 있도록 하고 거리를 체크하도록 요구하는 것이다.

하지만 대부분의 아마추어 골퍼들은 장비에 돈을 투자하는 것도 쉽지 않고 캐디도 없다. 사실, 그렇게까지 할 필요도 없다. 골퍼들은 공이 떨어지는 지점에 수건을 둔 후 거리 측정기를 이용하여 공이 얼마나 날아갔는지 확인할 수 있다. 오클라호마주에 위치한 어느 대학은 미국 최고의 골프 프로그램을 가지고 있다. 여기 선수들은 연습할 때 그다지 많은 공을 치지 않는다. 연습장에는 볼을 수거하는 트랙터도 없다. 선수들은 개인 공을 사용하고, 연습이 끝난 후에는 자기 공을 스스로 줍는다. 이 작업을 통해 선수들은 각각의 클럽이 얼마나 나가는지 바로 알 수 있다.

선수들이 쇼트 아이언을 사용하여 홀을 직접 타깃으로 삼으려면 충분한 자신감이 있어야 한다. 선수는 이러한 자신감을 위해서 클럽마다 공이 날아가는 비거리를 정확하게 알고 있어야 한다. 프로들이 8번 아이언으로 150m를 치든 로브 웨지로 50m를 치든 중요한 것은 정확성이다. 이것은 실력 있는 선수들의 훈련과정에서 가장 중요한 부분 중 하나이다.

선수들은 가끔 어중간한 거리에서는 어떻게 해야 하냐고 묻는다. 예를 들어 그린 가까이에서는 좋은 플레이를 할 수 있지만, 30~80m 사이에서 해야 하는 어중간한 하프스윙에서는 힘이 들어가고, 의식적인 스윙이 된다는 것이다. 하지만 이보다 더 먼 거리에서 풀 스윙을 하게 되면 다시 괜찮아지고 자신감을 되찾는다고 한다. 나는 이런 선수들에게 짧은 파4나 긴 파5에서는 자신이 좋아하는 거리를 남겨두는 것이 좋다고 말해주곤 한다. 여기에 한 가지 덧붙이자면 대학선수들이 자신의 팀을 도와 승리하기를 원한다면 이런 어중간한 크기의 샷을 잘 해야 한다. 선수들은 이 연습을 가장 우선순위 중 하나로 두고 훈련해야 한다.

레이 업을 할 때의 타깃 선정은 핀 위치에 따라 달라질 수 있다. 그린 뒤쪽에 핀이 꽂혀진 파5를 가정해보자. 골퍼들은 러프인줄 알면서도 공을 그린 가까이로 레이 업하고 싶을지도 모른다. 왜냐하면 공에 스핀이 들어가지 않아 홀까지 굴러갈 수도 있기 때문이다. 반대로 핀이 앞쪽에 꽂혀있다면 풀 스윙 거리를 남기고 싶을 수도 있다. 그러면 최대 백스핀이 필요한 샷을 해야 할 것이다. 보통의 선수들은 중간 거리에서 무엇을 쳐야할 지를 묻곤 한다. 만약 자신의 9번 아이언이 110m 그리고 8번 아이언이 120m 날아간다면 115m일 때는 무엇을 칠 것인가? 9번 아이언을 강하게 치는 것이 좋은가? 아니면 8번 아이언을 가볍게 치는 것이 좋은가? 나의 답은 둘 다 아니다. 두 가지 모두 스윙의 리듬과 자연스러움에 영향을 줄 수 있는 의식적인 생각이 있기 때문이다. 보통의 선수라면 그린의 중앙으로 보낼 수 있는 클럽을 선택하는 것이 좋다. 타깃을 정하고 무의식적으로 스윙해야 하는 것이다.

쇼트 아이언 샷의 루틴은 어프로치 샷 루틴과 거의 똑같다. 선수는 타깃을 정하고, 공이 날아가는 것을 상상하면서 공 앞으로 다가간다. 그리고 타깃에 무의식적으로 반응한다. 클럽을 선택할 때는 첫 번째 느낀 본능을 따라야 한다. 만약 어려운 어프로치 샷을 많이 해야 하는 코스에서 플레이를 한다면 루틴은 자신의 협력자가 되어줄 것이다. 많은 선수들이 다음과 같이 말할 때 좋은 경기를 보여준다. '좋아! 난 공이 어떻게 날아갈지 봤고 어디로 날아갈지 느낄 수 있어. 공이 어디로 가든 상관하지 않을 거야. 나는 공이 어디로 가는 받아들이겠어. 잘해서 점수를 만들어보자. 이제 나는 어떻게 해야 하는지 알고 있으니 그냥 루틴만 실행하는 거야.' 반면 선수들이 '가까이 붙여야 해.' 또는 '완벽하게 해야 해!'라는 생각만 한다면 좋은 경기를 하지 못한다.

이 책을 읽는 사람들 중에는 여기까지 읽고도 여전히 다음과 같은 생각을 할지도 모른다. '좋아요, 박사님. 저의 나쁜 생각이 '그렇게 노력할 거야!'라고 바뀌었으면 좋겠어요. 하지만 여전히 망치는 샷밖에 생각이 안 나요. 무의식적으로 스윙을 시도해보겠지만 움찔거리면서 뒤땅이나 톱핑을 칠 것 같아요. 저의 쇼트 게임은 완전히 만신창이가 돼버렸고, 골프를 그만둘지도 몰라요. 어떻게 해야 하나요?'

그렇다면 이 책을 계속 읽기 바란다.

쇼트 게임 슬럼프에서 벗어나기

“자신감으로써 패배의식을 깨뜨리자.”

-빈스 롬바르디

한참 골프를 즐기다 보면 종종 쇼트 게임이 망가진 선수들을 만나게 된다. 이 선수들은 티 샷이나 아이언 샷은 잘 치지만 그린을 놓치기만 하면 힘들어 한다. 심지어 턱이 있는 벙커 또는 그린에서 무려 15m 정도 떨어진 러프에서 퍼터를 잡기도 한다. 그들은 어프로치 샷이나 벙커 샷을 꼭 해야 하는 순간이 오면 당황스러운 표정을 짓는다. 그런 표정은 마치 프리 샷 루틴의 첫 번째 단계인 것처럼 보인다. 그들의 표정을 보고 있자면 어떤 샷이 나올지 굳이 선수의 마음을 읽을 필요가 없을 정도다. 티 박스에서의 여유로운 모습은 사라진지 오래고, 샷은 예상대로 형편없다. 가끔은 톱핑을 쳐서 공이 그린을 미끄러지듯 가로지른다. 그리고는 반대편의 험난한 곳으로 들어간다. 혹은 뒤땅을 쳐서 코앞에 떨어뜨리기도 한다.

내가 선수들을 지도할 때도 이렇게 심각한 수준까지는 보기 힘들었지만, 정말 많은 선수들이 그린 주위에서 두려워하는 것을 볼 수 있다. 특히 시합 중에는 더더욱 그렇다.

핀이 앞쪽으로 가깝게 있고 공도 그린에 가깝게 있을 때, 선수들은 작은 칩 샷을 하기 위해 스탠스 오른쪽에 공을 둔다. 그리고 5m 정도 지나가버리게 쳐버린다. 왜냐하면 최소한 깔끔한 임팩트를 만들어야 한다는 생각이 있기 때문이다. 선수들은 타깃에 집중하기보다는 의심과 두려움에서 벗어나고 싶어 한다. 그것은 불안감을 느낄 때 그들이 할 수 있는 최선의 방법이다.

이런 선수들은 프로든 아마추어든, 풀 스윙만큼이나 쇼트 게임도 잘 했던 때가 있었을 것이다. 하지만 선수에게 뭔가 일어난 것이다. 왜인지 모르게 많은 선수들이 '어프로치 입스'에 걸린 것 같다고 말하기를 좋아 한다.

나는 쇼트 게임이 엉망인 선수들을 많이 보아왔다. 하지만 '입스'는 신체적인 부분의 문제는 아니다. 나는 아직도 입스가 신체적인 문제라고 여길 만한 설득력 있는 과학적 증거를 보지 못했다. 어떤 기관에서는 이것을 신경계통의 문제라고 주장하기도 한다. 하지만 그런 기관들은 의학적인 문제를 다루면서 사업을 하는 곳이기 때문에 그렇게 주장하는 것이 놀랍지는 않다.

만약 어떤 선수가 실제로 어떤 병에 의한 떨림을 가지고 있다고 하자. 그 상태에서 경기를 하고 있다면 정말 입스가 신체적인 문제라고 믿을 것이다. 그리고 나는 그 선수를 높이 평가할 것이다. 하지만 내가 보아온 입스의 사례 또는 입스에 걸렸다고 생각하는 선수들의 99%는 어떤 병도 갖고 있지 않았다. 사실 그런 선수들의 문제점이 쇼트 퍼팅에 있을지는 몰라도 롱 퍼팅에 있었던 것은 아니다. 또한 연습할 때는 그렇게 공을 잘 띄웠지만 시합에서는 어려워한다. 만약 이런 선수들이 진짜로 의학적인 조건에 의해 입스에 걸린 것이었다면 롱 퍼팅에서도 어려움을 겪어야 했고, 연습할 때에도 볼을 띄우지 못했어야 한다.

또 어떤 선수는 그립을 바꾸고, 롱 퍼터로 바꿈으로써 입스를 순식간에 치유했다고 말한다. 이러한 사실 역시 입스가 어떤 병에 의한 문제가 아니었다는 것을 나타낸다. 만약 그들이 신체적인 문제를 가지고 있었다면 입스는 어떤 퍼터를 사용해도 나타나야 한다. 게다가 퍼팅 입스는 어프로치 입스하고는 약간 다르다. 어프로치 입스는 정신적인 문제와 기술적인 문제, 두 가지가 조합되어 있는 경우가 있다. 하지만 여전히 나는 신경계통의 문제로 인한 어프로치 입스를 본 적이 없다.

내 경험에 의하면 쇼트 게임에서의 입스는 멘탈과 기술의 문제를 동시에 만들 수 있는 충격적인 한 샷 때문에 시작되는 경우가 많다. 대표적인 예시로 빠른 루틴을 가지고 있는 내 친구 마티 제이콥슨의 경우를 들 수 있다. 마티는 수년간 플레이를 잘 해왔다. 그는 장타자는 아니었지만 약간의 드로우 볼로 또박또박 치는 스타일이었다. 그는 어렸을 때부터 한 자리 숫자의 핸디캡을 유지해왔으며, 항상 경쟁하는 것을 좋아했다.

마티는 몇 년 전 노스캐롤라이나에 있는 엘크 리버에서 멤버 게스트 시합을 치렀다. 게임은 파트너끼리 교대로 치는 방식이었으며, 이 방식은 파트너 간에 긴장감을 유발시킬 수 있는 것이었다. 특히 멤버 게스트 팀에 초대를 받은 아마추어는 더 많은 부담을 느끼곤 했다. 왜냐하면 게스트는 자신을 초대해준 멤버를 좋아하기도 하고, 또한 그 멤버가 실망하는 것을 원치 않기 때문이다. 마티는 세 번째 연장전 홀에서 칩 샷을 해야 상황에 맞닥뜨렸다. 마티는 원래 자신이 원하는 샷을 상상하는 것에 아주 능숙했지만, 그 순간 마음에서 일어나는 소용돌이를 어찌할 수가 없었다. 부정적인 생각이 마구 불어 닥친 것이다. 필드에 있는 사람들은 카트를 타고 연장전을 치르는 선수들을 따라다니고 있었다. 공이 놓인 상태는 쉽지 않았다. 긴장된 상황이었다. 이때 마티는 그만 톱핑을 쳐버렸고, 공은 그린을 넘어갔다.

이 칩 샷은 마티의 쇼트 게임이 고난으로 들어가는 계기가 되었다. 그의 쇼트 게임은 점점 나빠지기 시작했다. 그렇게 중요한 상황에서의 미스 샷은 오랫동안 문제를 일으킬 수 있다. 그 당시 마티는 어떤 감정 속에서 칩 샷을 했다. 이렇게 감정과 함께한 실수의 기억은 머릿속을 파고든다. 사실 그 칩 샷은 자신을 위한 것이 아니고 친구를 위한 것이었다. 이런 상황에서의 실수는 선수들에게 나쁜 영향을 미친다. 그 영향은 선수들의 마음을 복잡하게 하고, 원하는 샷을 상상하지 못하게 하며, 무의식으로 경기하지 못하도록 만든다.

마티는 샷을 하기 전에 상상하는 것을 항상 잘 해왔었지만 이후로 한동안 좋은 결과들을 상상할 수 없었다. 그는 이후로 어처구니없는 뒤땅과 톱핑을 치기 시작했다. 마티의 뇌리에는 '감속하지마'와 같은 의식적인 조언들이 샷을 하기 전에 넘쳐났다. 그의 루틴은 샷을 빨리 끝내려는 마음 때문에 급해졌다. 마티가 특별히 극복하기 어려워했던 것은 어려운 라이에서의 10~15m 칩 샷이었다.

이런 곤경에 처한 선수들은 가장 먼저 플레이가 신중해진다. 그리고 과정보다는 결과만 생각하는 멘탈을 갖는다. 이들은 생각하는 방식에서 문제를 찾기보다는 쇼트 게임 자체에 문제가 있다고 여긴다. 결국 기술적인 문제로 이어지는 것이다. 두려움은 드라이버와 같은 풀 스윙을 할 때처럼 부드럽고 우아한 움직임을 못하도록 만든다. 임팩트의 일관성을 떨어뜨리는 것이다. 선수는 보통 뒤땅을 치거나 혹은 그 뒤땅을 피하기 위해서 손을 과도하게 사용한다. 그 결과 공의 머리를 쳐버린다. 설령 좋은 임팩트가 나와도 거리를 잘 맞추지 못한다. 그들은 도대체 왜 그런 것인가? 공에 어드레스를 취할 때 타깃은 이미 마음으로부터 떠나있다. 공을 잘 맞출 수 있을지 오직 그것만이 걱정이다. 만약 이런 문제가 계속된다면 선수는 개선을 위해 우선 무엇을 해야 할지 고민해야 한다. 풀지 못할 일은 없다.

첫 번째 단계는 정직하게 자신을 평가하는 것이다. 가령, '문제가 단지 멘탈에만 있는 것인가 혹은 멘탈과 기술이 조합되어 있는 것인가, 이렇게 쇼트 게임이 싫어지고 두려워지기까지 두 부분에서 서로 문제를 주고받아 왔던 것인가?'

이런 질문에 답을 얻을 수 있는 하나의 지표가 있다. 연습그린에서는 아무 이상 없이 잘하다가도 시합이나 라운드만 나가면 다른 사람이 되는 것이다. 만약 그 문제가 시합 때만 일어난다면 그것은 주로 마음의 문제라는 것을 암시한다. 나는 쇼트 게임 문제로 나를 찾아오는 대다수의 프로 선수들이 그렇다는 것을 알게 되었다. 나는 가끔 아마추어 골퍼들과 있을 때 이런 모습을 보곤 한다. 연습스윙을 할 때만큼은 잔디를 싹싹 잘 쓸어내는 그런 우아한 스윙을 보이다가도, 실전에만 들어가면 형편없고 불안정한 스윙을 만든다. 프로든 아마추어든 좋은 쇼트 게임 능력을 가지고 있는 골퍼들은 정신적으로 자신만의 방식을 가지고 있다. 이제 이 문제를 '시나리오 1'이라고 부르자.

한편 이런 골퍼들도 있다. 쇼트 게임 연습장에서 공을 한가득 가지고 연습하는 동안 실수만 연거푸 하는 것이다. 그들은 연습스윙조차 잘하지 못한다. 이 경우에는 멘탈과 기술에서의 문제점이 결합된 것을 암시한다. 이 문제는 '시나리오 2'라고 부르자.

자신의 경우가 '시나리오 1'인지 '시나리오 2'인지 알아보는 방법이 있다. 이 방법은 내가 가끔 골퍼들과 하는 게임이다. 우선 널빤지와 연습공을 준비한다. 그리고 상대방에게 널빤지 위로 공을 한 개씩 흘려보내도록 한다. 그러면 자신은 널빤지 앞에서 웨지를 들고 어드레스를 취한 뒤 내려오는 공을 멋지게 쳐내는 것이다. 놀랍게도 대부분의 골퍼들은 이런 상황에서 꽤 좋은 샷을 즉각적으로 쳐낸다. 움직이는 볼에 반응하기 때문이다. 이 말은 공을 어떻게 칠 것인지에 대해 걱정할 시간이 없다는 이야기이다. 그들은 또한 샷의 결과에 대해 어떠한 기대도 갖지 않겠지만 미스 샷이 나온다 할지라도 그에 따른 책임도 없다. 이런 요인들은 골퍼에게 유리하게 작용한다.

이렇게 공을 치는 순간 맑은 정신을 유지할 수 있다면, 그것은 쇼트 게임 능력에 있어서 기술적인 문제가 없음을 증명해주는 것이다. 이것은 '시나리오 1'이다.

다른 한 가지는 공을 치는 순간 완전하게 맑은 정신을 유지할 수는 있지만, 공을 잘 쳐내지 못하는 경우이다. 이때는 멘탈 문제와 기술적인 문제의 조합을 나타내는 '시나리오 2'를 가리킨다. 이 책이 비록 쇼트 게임의 멘탈적인 측면에 관한 것이지만 자신의 쇼트 게임 문제가 '시나리오 2'라고 생각된다면, 오직 생각만을 바꾼다고 해서 문제해결이 되지는 않을 것이다.

만약 기본적인 기술적 결함이 자신의 쇼트 게임에 영향을 미쳐왔다면 우선 그것을 개선해야 한다. 그리고 향상을 위해 레슨을 받아야 한다. 골퍼는 배움에 있어서 인내심을 가져야 한다. 즉각적인 성공을 기대할 수 없다. 하지만 좋은 지도자를 만난다면 그 과정은 단축될 수 있다.

대부분의 프로골퍼들은 쇼트 게임 레슨이 필요하다는 것에 공감한다. 하지만 모든 지도자들이 쇼트 게임을 위한 좋은 선생님이 되는 것은 아니다. 어떤 지도자는 풀 스윙을 가르칠 때 훨씬 더 편안함을 갖는다. 지도자를 선정하기 전에 주변사람들에게 물어보라. 그 지도자로부터 쇼트 게임 레슨을 받아본 선수들을 찾는 것이다. 특히 자신과 같은 문제로 레슨을 받았던 선수라면 더욱 좋다. 그리고 지도자는 가르치고자 하는 열의가 있었는지, 레슨이 효과적이었는지 확인해본다.

레슨을 받기 전에 지도자에게 자신의 고민을 털어놓고 쇼트 게임에 대해서 어떻게 가르칠 것인지 물어보라. 여기에 판단할 수 있는 몇 가지 사항이 있다. 지도자는 정말 코칭에 대한 열정이 있는가? 그리고 유연한 사고를 가지고 있는가? 이 말의 의미는 '쇼트 게임에 대해 제자들이 쉽게 이해할 수 있는 하나의 방법을 가지고 있는가?' 혹은 '같은 개념을 설명하기 위한 다른 여러 가지의 방법을 시도할 수 있는 그런 지도자인가?'이다. 왜냐하면 골퍼들은 다양한 방법을 통해 배울 수 있기 때문이다. 예를 들어 어떤 지도자는 제자들에게 체중을 왼발에 두라고 말한다. 이 자세는 많은 골퍼들이 실행하고 있는 것이다. 하지만 어떤 선수는 체중을 왼발에 유지하려는 생각 때문에 몸이 경직되면서 균형을 잃을 수도 있다. 좋은 지도자는 이런 제자들에게 다른 접근을 시도할 수 있다. 예를 들어 셔츠 단추를 타깃 라인 쪽으로 향하라고 말할 수도 있다. 이것은 왼발에 체중을 유지하는 것과는 매우 다른 느낌이 될 수 있다. 사실, 레슨을 위한 이 두 가지 접근법은 다른 사람이 보았을 때는 크게 달라 보이지 않는다. 두 방법 모두 필요한 곳에 체중이 실리도록 만들기 때문이다. 하지만 하나의 방법은 특정 개인에게 효과를 내기도 하지만 또 그렇지 않을 때도 있다. 좋은 지도자는 목적지를 위해 다양한 길이 있다는 것을 인지하고 있다.

효과적인 배움은 자기 자신이 어떻게 하느냐에 달려 있다. 자신이 만약 고등학교 혹은 대학선수였다면 코치는 학교가 선택한 사람이지 스스로 선택한 사람은 아니다. 여기에는 몇 가지 장점이 있다. 선수는 코치가 가르쳐 준 것을 모두 따르고 그것을 수행하기 위해 최선을 다한다. 여기에는 선택의 여지가 없기 때문에 코치를 따르는 것은 훨씬 더 쉽다. 하지만 프로가 된 지금은 레슨을 받기 위해 돈을 지불하고, 지도자를 선택할 수 있다. 지도자를 선택할 수 있는 폭은 넓다. 한편으로 선수는 지도자의 열정 있는 가르침에 감사해야 한다. 선생과 제자 사이에 이런 태도를 유지한다면 교육의 질은 향상될 것이다. 지도자 역시 인간일 뿐이다. 만약 배우는 사람이 가르치는 사람의 말을 잘 따르고 열심히 한다면, 가르치는 사람 역시 더 열심히 가르칠 가능성이 높다.

반면에 지도자가 선수에게 소홀히 한다면 어떤 결정을 해야 한다. 지도자를 바꾸는 일이 쉬운 일은 아니지만 때때로 필요한 일이기도 하다. 지도자 중에는 선수가 어떻게 생각하든 선수가 생각하기에 올바르지 않다고 생각하는 방법을 제시하기도 한다. 아마도 그런 지도자들은 선수 개인의 학습 스타일에 맞지 않는 방법으로 자신의 생각을 고집할 수 있다. 만약 배우는 사람이 생각하기에 지도자가 레슨을 열심히 잘 해주었고 또한 자신도 시키는 대로 열심히 따랐지만 여전히 향상되는 것이 없다면, 때로는 서로 헤어지는 것이 가장 좋은 방법이다.

선수가 좋은 선생님을 찾았고 기술적인 문제를 고치는 중이라고 가정해보자. 올바른 기술을 배우는 것은 약간의 시간이 걸리고 연습이 필요하다. 나의 친구 밥 크리스티나는 운동기능학습 전문가다. 그가 말하기를 무의식적으로 숙련된 스윙이 나오도록 하기 위해서는 신경망을 개발시켜야 한다. 그리고 이 일을 하는 동안 개인에게 얼마나 많은 시간이 필요하고 얼마나 많은 연습이 필요한지를 정확하게 예측한다는 것은 매우 어려운 일이다. 특히 시합에서의 부담감 속에서는 더욱 그렇다고 한다. 신경망의 개발은 분명하게 즉각적으로 일어나는 일이 아닌 것이다.

그러나 이 과정에 있는 선수들은 어떤 심리적 확신이 필요하다. 지금 자신은 실력이 향상될 수 있는 믿을 만한 기술을 연습하고 있다. 이런 굳은 다짐이 필요하다. 가령 이런 생각을 해야 한다. '좋아, 이 훈련은 내 남은 인생을 위해 내가 원하는 샷을 만들어 줄 수 있는 방법이다.' 그것이 벙커 샷이든 어프로치 샷이든 자신의 문제가 무엇이든 이런 마음가짐이 필요하다.

'시나리오 2'에서는 자신의 기술적인 문제를 다루었다. 기술적인 문제를 어느 정도 해결했다면 그 다음으로 쇼트 게임에 대한 생각을 다루어야 한다. 이제 대략 '시나리오 1'에 해당되는 문제를 가지고 있는 선수들과 같은 위치에 온 것이다. 어느 경우든 선수는 새로운 태도를 건설해야 한다.

내가 여기서 '건설'이라는 말을 쓰는 이유는 어떤 과정을 만들어가는 것이기 때문이다. 멘탈 문제를 푸는 과정은 마치 조명스위치를 켜듯 한 순간에 이루어지는 것이 아니다. 이 과정은 기술 문제를 푸는 것보다 더 오랜 시간이 필요하다.

우선 과거를 잊기 위해 의식적인 노력으로 시작해야 한다. 특히 어프로치 샷에서 실수했던 기억을 지워야 한다. 때로는 선수들이 이 말에 대해 '현실적이지 않은 일'이라고 말한다. 왜냐하면 과거에 일어난 실수는 진짜 있었던 일이고, 그것은 자신의 역사 중 일부라는 것이다.

나는 농구선수와 같은 다른 스포츠 선수들로부터 똑같은 이야기를 많이 듣는다. 농구선수들이 이런 이야기를 할 때, 나는 간단한 대답을 해준다. 우선 선수들을 자리에 앉혀놓고 마이클 조던이 시카고 불스와 경기한 게임 중 하나를 시청하도록 한다. 조던의 전성기 시절의 영상이다. 나는 선수들에게 조던이 실수하는 것을 기록하게끔 한다. 실패한 슛, 조던이 전담수비한 상대 선수의 득점, 공격권 상실 등 조던의 실수 목록은 한두 페이지에 꽤 빠르게 채워진다.

그리고 나는 묻는다. 마이클 조던은 많은 실수를 저질렀음에도 불구하고 게임이 위기에 닥쳤을 때 여전히 공이 자신에게 오기를 바랐다. 그가 여전히 최고로 자신감 있는 선수라는 사실은 '현실적이지 않은 일'인가? 당연히 조던은 최고의 선수이다. 그는 실수를 잊고 좋은 슛에 대한 기억을 선택했다. 이런 과정에 도움이 될 만한 방법이 있다. 그것은 골프 TV를 볼 때 시청하는 방식을 바꾸는 것이다. 우선 자신이 좋아하는 선수가 불완전하게 치는 모든 샷을 노트에 기록한다. 그리고 그 선수가 이떻게 빈응하고 어떻게 행동하는지 주목하라. 대부분의 사람들은 자신의 나쁜 샷을 기억하는 것에 아주 능숙하고 또한 다른 선수들의 좋은 샷을 기억하는 것에 아주 능숙하다. 반대가 되어야 한다. 자신의 나쁜 샷은 잊고 다른 선수들의 나쁜 샷을 기억하라. 그리고 다른 선수들이 나쁜 샷을 하고도 게임을 어떻게 이끌어 가는지 관심을 가지고 지켜보라.

좋은 샷에 대한 기억을 강화시켜야 한다. 어떤 선수들은 글을 쓰면서 그 기억을 강화시킨다. 그 작업의 일환으로 일기 쓰기를 추천한다. 만약 웨지 샷에 문제가 있다면 연습장에서 친 샷일지라도 자신이 쳤던 좋은 샷을 묘사할 수 있는 문구나 문장들을 기록해본다. 습관이 된다면 더욱 좋다. 매 라운드 후에 이렇게 기록해보자. 그린 미스를 한 후 파 세이브에 성공한 순간에 대해서 간략하게 써보는 것이다. 이런 활동은 자신이 간직하는 기억들을 되새기고 강화시키는 데 도움을 준다.

만약 글쓰기와 같은 것이 아니라면 좋은 기억을 위한 시각적인 방법을 이용할 수도 있다. 그것은 친구에게 가장 좋았던 샷들 위주로 동영상 촬영을 부탁하는 것이다. 그렇게 찍은 영상은 한데 모아 저장해두었다가 자주 돌려본다. 투어 프로들에게는 약간 다른 방법도 있다. 프로들은 다른 누군가를 시켜서 TV중계를 통해 자신의 최고 샷을 녹화하도록 한다. 그러면 집에 와서 자신만의 하이라이트 쇼를 볼 수 있다.

이러한 활동은 자신이 생각하기에 어색한 느낌을 갖거나 자기중심적인 인상을 가질 수도 있다. 내가 답해줄 수 있는 것은 이 방법은 효과가 있다는 점이다. 만약 이런 방법을 원치 않는다면 매 라운드가 끝나거나 하루 훈련이 끝나면 조용한 시간을 갖도록 하라. 그리고 자신이 만들었던 좋은 쇼트 게임 샷들을 회상해본다. 그러면서 기억을 조절하는 것이다.

선수라면 자신의 성공적인 샷들에 대해 누군가한테 이야기를 하는 것도 좋다. 만약 그동안 쇼트 게임에 좀 서툴렀다면 오랫동안 나쁜 생각과 기억들을 가지고 왔을 것이다. 아마도 선수는 자신을 질책해왔을 가능성이 높다. 실수하기 전부터 나쁜 기억들을 수없이 떠올렸을 것이다. 그랬다면 그동안 많은 미스 샷들을 되새겨왔다고 할 수 있다. 내가 쇼트 게임에 문제가 있는 선수와 상담할 때 하는 일 중 하나는 듣는 사람의 역할을 하는 것이다. 나는 선수들에게 자신의 플레이 중 가장 잘한 것들을 자랑하도록 한다. 자신이 쳐냈던 좋은 샷들에 대해서 상기하도록 만드는 것이다. 지도자 역시 선수를 위해 이러한 역할을 할 수 있다. 사실 그렇게 해야 한다. 자신의 동반자가 라운드를 끝내고 그날의 좋았던 샷들에 대해 차분히 들어주려고 하지는 않을 것이다. 하지만 선수는 그런 역할을 할 수 있는 사람을 찾아야 한다.

마음속에서 상상하는 일은 선수의 노력에서 중요한 부분이다. 사실 골퍼에게 상상하는 일은 골프 전반에 걸쳐 중요하다. 지난 과거에 벙커에서 또는 다른 어떤 어려운 상황에서 좋은 어프로치를 한 후 파 세이브에 성공했던 기억들이 있을 것이다. 이런 장면을 다시금 되새기는 습관을 가져야 한다. 마음속에서 상상하기 위한 시간을 매일 가져야 한다. 아마도 잠들기 전 저녁시간쯤이 좋을 것이다.

만약 선수가 '좋아, 로텔라 박사님이 상상하라니까 한 번 해본다'와 같은 태도를 취한다면 효과를 보지 못할 것이다. 이는 단거리 선수가 훌륭한 선수가 되기 위해 매일 조깅만 하는 것과 같다. 어쩌면 이보다 더 도움이 안 될 수도 있다. 선수는 감정적으로 충만해야 한다. 그런 상상을 하는 순간에는 실제로 일어나는 일처럼 느껴야 한다. 웨지로 모래를 때릴 때의 감각처럼 웨지로 치는 그 촉감을 느껴보도록 하라. 그렇게 몰입해서 느낌을 가질 수 있다면 마음은 이미 훈련이 되고 있는 중이다.

이 시점에서 선수가 쇼트 게임에 대한 샷을 고쳐야 한다면 자신을 힘들게 했던 쇼트 게임에 대한 기술을 이해하고 개선을 시작하면 된다. 더 중요한 일은 향상을 위한 좋은 계획을 세우고 그것을 실천하는 것이다. 그러면 자신에 대한 인식을 바꾸기 위한 노력은 시작된 것이나 마찬가지이다. 입스 문제로 힘들어 했던 선수에서 쇼트 게임을 잘하는 선수로 바뀌고 있는 것이다.

우선 프리 샷 루틴을 점검해야 한다. 나는 이미 좋은 루틴은 어떤 것인지, 특히 루틴의 멘탈적인 측면에서 설명해왔다. 연습에서부터 견실한 루틴을 만들었다면, 이제 코스로 나가 실행에 옮겨야 한다. 코스에서 쇼트 게임을 해야 하는 상황이 닥치면 마음을 진정시키기 위해 노력하면서 루틴을 실행하라. 루틴은 자신을 도울 것이다. 연습그린에서 하든 골프코스 밖에서 하든, 샷을 할 때는 낮은 강도의 노력을 유지해야 한다. 이 말은 너무 신중해지지 않도록 하라는 것이다.

그리고 꾸준히 노력해야 한다. 나는 망가진 쇼트 게임을 회복시키기 위한 즉각적인 치료법은 알지 못한다. 그럼에도 회복하기 위해 노력하는 선수들을 돕는 일은 한 번도 실패한 적이 없다. 일반적으로 쇼트 게임을 회복하기 위한 진행과정에는 단계가 있다. 처음에는 편안하고 좋은 상황에 공이 있을 때, 다섯 번(5점 만점)의 샷 중에서 한 번(1점)의 좋은 샷을 칠 것이다. 그런 다음 2점 혹은 3점을 얻을 것이고, 그 다음 4점을 얻을 것이다. 그리고 마침내 5점 만점에 다섯 번 모두 성공시키는 샷을 칠 것이다. 선수는 이런 과정을 통해 성공의 샷을 만들고, 그것을 되새긴다. 그리고 자신감 회복에 도움이 되는 훈련과 함께 좋은 자극을 받는다. 선수는 자신의 게임에 대해 이야기할 때 다른 형태로 대화할 수 있다. 누군가 게임이 잘 되느냐를 묻는다면 선수는 '좋아지고 있어!' 혹은 '아주 좋아!'라고 말할 수 있다.

이 무렵 선수는 자신의 감각을 재발견한다. 어프로치 샷을 연습하는 와중에 선수가 좋은 임팩트를 한 번 느끼기 시작하면 선수는 공의 탄도와 방향을 조절할 수 있는 능력을 깨우치기 시작한다. 선수는 공을 타깃 가까이 붙이다가 이제는 거의 타깃을 맞추는 수준이 된다.

이제 쇼트 게임에 대해서 뭔가 알아가기 시작한 선수는 공의 위치를 다양하게 바꾸면서 연습을 한다. 쉽고 편한 위치 대신에 러프나 잔디가 없는 곳에서도 연습을 해본다. 그리고 오르막, 내리막에서도 해보고, 옆 경사에서도 해본다. 그런 후 선수는 약간의 긴장감이 있는 상태에서도 잘할 수 있는지 자신을 테스트해볼 수도 있다. 친구와 연습그린 주위에서 게임을 하는 것이다. 이런 과정을 거친 후에는 라운드를 나가서도 잘할 수 있어야 한다. 그러면 곧 친구들과 함께 하는 내기골프에 도전할 수 있을 것이다. 그리고 마침내 시합을 준비한다. 선수는 이제 자신의 실력을 자랑하고 싶어 한다. 그린을 놓쳤을 때 선수는 '이제 흥미로운 일이 시작 된다'고 생각한다.

지금까지 꾸준하게 진행되어오는 과정을 묘사했지만 이런 방식으로 성공하지 못할 수도 있다. 이 말은 퇴보할 수도 있다는 이야기이다. 선수는 조금 알았다고 자만심을 가질 수 있다. 그러면 미스 샷이 나올 때, 선수의 반응은 당황이냐 수용이냐를 결정해야 한다. 만약 수용을 택했다면 완벽한 사람은 없다는 것을 이해하면서 신체적인 측면과 정신적인 측면의 기본으로 돌아갈 수 있다.

선수는 쇼트 게임 실수에 대해 투어 선수들의 방식을 따라할 수도 있다. 투어 선수들 중에는 실수에 대해 영리하게 반응하는 경우가 있다. 이들은 경기가 끝난 후 쇼트 게임에 대한 실수가 마음속에서 떠나지 않으면 숙소로 바로 돌아가지 않는다. 스코어 카드를 제출한 후 쇼트 게임 연습장으로 향하는 것이다. 그리고 실수했을 때와 비슷한 상황을 설정하여 나쁜 샷에 대한 기억 대신 좋은 샷에 대한 기억이 머릿속에 가득 찰 때까지 연습한다. 투어 선수들은 쇼트 게임에서 혼란이 오도록 내버려두지 않는다. 문제가 생기면 그것을 알아차리고 고치려 하기 때문이다. 어떤 선수든 이와 같은 방식을 따라할 수 있다. 문제를 고칠 때까지 집으로 돌아가지 않도록 하라.

요즘에 와서는 웨지 샷으로 힘들어 하는 선수들에 비해 퍼팅 문제로 힘들어 하는 선수들의 숫자가 줄어들고 있는 추세에 있다. 몇 년 전에 나는 불안한 퍼팅 스트로크를 가진 선수들을 많이 보았다. 거의 대부분 기술적인 측면의 문제가 아니고 정신적인 측면에서의 문제였다. 입스에 걸렸다고 말하는 선수들 대부분은 퍼팅 스트로크에서의 문제점을 견디지 못하는 완벽주의였다. 이런 선수들은 퍼터헤드가 움직이는 형태에 매우 의식적인 생각을 가지고 있다. 또한 롱 게임에서는 충분히 잘 해왔지만 문제가 있다면 그것은 오로지 퍼팅이라고 생각한다. 조금 약해진 퍼팅에 너무 큰 압박을 가했던 것이다.

아마추어 골퍼들 중에는 쇼트퍼팅을 실수할 때, 사람들이 어떻게 생각할지를 걱정하고 불안해하는 모습을 보이기도 한다. 이런 골퍼들은 '꼭 넣어야 한다'고 다짐한 퍼팅을 놓칠 때마다 자신을 비난하곤 한다. 만약 이런 실수가 시합과 같은 중요한 순간에 나온다면 자신을 책망하는 마음이 점점 커진다. 시간이 흐르면서 그들은 미스 퍼팅에 대해 점점 더 많은 생각을 하기 시작한다. 그러던 어느 날, 쇼트 퍼트를 하다가 움찔하는 경험을 하는 것이다.

퍼팅 입스라고 불리는 것은 어쩌면 정신적으로 심한 공격을 받아온 결과로써 만들어진 방어기제일 수도 있다. 만약 완벽주의자인 자신이 1m 퍼팅을 놓쳤을 때, 어떤 병을 탓하지 않는다면 자신을 비난하는 사람은 오로지 자신밖에 없다. 관절염에 있는 사람이 조깅을 못하는 것은 병이 문제이지 사람의 문제가 아니다. 어떤 이유에서 미스 퍼트를 유발시킨다면 그것은 자신의 책임이 아니다. 이 말은 입스에 걸렸다 할지라도 자신을 비난해서는 안 된다는 이야기이다.

해리 바든, 샘 스니드, 벤 호건과 같은 선수들도 선수생활 말미에는 입스로 인해 어려움을 겪었다. 그들이 만약 오늘날에 경기를 뛰었다면 퍼팅에 대한 고통은 받지 않았을지도 모른다. 지금의 선수들은 퍼팅에서 불안감이 오기 시작하면 다양한 대안들을 가질 수 있다. 이들은 롱 퍼터, 밸리 퍼터, 투볼 퍼터 등등, 다양한 퍼터들을 선택할 수 있다. 그립을 쥐는 방법도 다양하다. 왼손이 낮은 그립, 집게 그립 등등. 이 모든 것들은 손과 손목을 고정시켜주고, 평범한 퍼터와 전통적인 그립을 사용했을 때 느꼈던 안 좋은 느낌을 방지하도록 디자인되었다.

선수가 맑은 정신으로 타깃에 집중하고 반응할 수만 있다면, 나는 선수들이 어떻게 퍼터를 움직이는지 혹은 무슨 퍼터를 쓰는지에 대해서 전혀 신경 쓰지 않는다. 만약 선수가 이런 대안의 방법 중 하나를 선택해서 문제를 치유했다면 나는 기뻐할 것이다. 나는 퍼터의 길이가 이로운 효과를 준다고는 생각하지 않는다. 아마도 그것은 새로운 도구를 통해 얻을 수 있는 어떤 마음, 어떤 자신감 같은 것에 의해 생성되는 효과라고 생각한다. 입스를 한바탕 겪고 극복했던 선수들은 퍼터와 그립을 바꾸면서 선수생활을 연장한다. 무엇이든 효과가 있다면 나는 대환영이다.

만약 이것저것 시도해도 여전히 입스에서 벗어나지 못했다면, 그리고 입스 치료를 위해 이 책을 찾았다면 입스를 불러일으킨 자신의 태도와 싸워야 한다.

첫 번째 단계는 자신 혹은 다른 누구의 퍼팅이라도 1m든 2m든 어떤 범위 안에 있는 퍼팅으로 '무조건 넣어야 한다'는 생각을 버려야 한다. 그 누구도 전부 다 넣을 수는 없다. 골퍼들은 라인을 잘못 읽어서 혹은 그린이 울퉁불퉁해서 미스 퍼트를 할 수 있다. 혹은 퍼팅을 할 때 마음을 다른 곳에 두고 하기 때문에 미스 퍼팅을 할 수도 있다. 아무리 뛰어난 선수라도 인간이기에 언제라도 실수할 수 있다. 인간은 완벽한 존재가 아니기 때문이다.

수용하는 마음은 퍼팅을 포함해서 모든 샷에 있어야 할 루틴의 한 부분이다. 이것을 이해한 선수들은 그린 위를 구르는 공에 무슨 일이 일어나든 상관하지 않는다. 퍼팅에 실수한 선수들은 다음과 같은 실수를 저지른다. 홀인이 되면 다음 홀 티 샷에 대해서 생각하기 시작한다. 그리고 이제 플레이할 수 있는 홀이 몇 개 남지 않았기 때문에 스코어를 합산해본다. 이런 생각은 게임에 도움이 되지 않는다. 기억하라. 라운드 시작 전에 연습 퍼팅을 하든 18번 홀 그린에서 우승 퍼팅을 하든 똑같이 낮은 수준의 중요도를 유지해야 한다.

선수들은 퍼팅 루틴에 대해서 전체적으로 생각할 수 있어야 한다. 어려운 경사에서의 퍼팅을 앞두고 성공한 퍼팅을 상상하는가 아니면 실패할 것을 걱정하는가? 어드레스를 하고 루틴의 마지막 단계에서 고요한 마음을 가질 수 있는가? 아니면 자신이 원하는 스트로크를 하기 위해 무의식으로 들어가도록 하고 있는가? 공을 자신의 의지대로 굴릴 수 있는가? 스트로크가 자연스럽도록 할 수 있는가? 이 물음에 대한 목표는 마음 안에서 모든 퍼팅을 성공하기 위한 루틴을 만드는 것이다. 그런 후 일단 공 앞에 서면 타깃에 무심하게 반응한다. 마지막으로 퍼트에 실패하더라도 수용하는 마음을 갖는다. 퍼트에 성공하기 위한 중요한 조건 중 하나는 공이 들어가는 확신이 설 때까지 퍼팅을 하지 않겠다는 다짐이다. 또 다른 중요한 조건은 퍼팅 결과에 관심을 갖기보다는 과정에 더욱 관심을 가지겠다는 결심이다. 신체적으로나 정신적으로 퍼팅 루틴을 실행할 수 있다면 홀인이 되는지에 안 되는지에 상관없이 그 퍼팅은 성공한 것이다. 홀에 들어가고 안 들어가고는 선수 자신이 조절할 수 있는 영역이 아니다. 선수가 조절할 수 있는 영역은 오직 과정뿐이다.

그린 주위에서의 웨지 샷에 문제가 있는 선수들이 좋은 기억과 자아상을 위해 노력해야 하는 것처럼 퍼팅에 문제가 있는 선수들도 똑같은 노력을 해야 한다. 모든 샷에서 마찬가지이지만 성공했던 샷에 대한 일기 쓰기, 동영상 다시보기, 이미지 트레이닝 등이 과정에 집중하도록 도와줄 것이다. 자신감을 강화시켜 줄 수 있는 성공적인 퍼팅을 다시 떠올려라. 실패한 퍼트에 대해서는 마치 기억상실증을 가진 사람처럼 되어라. 스스로를 격려할 수 있는 사람이 되어야 한다. 다른 사람들이 퍼팅이 좀 어떠냐고 물어보면 "잘 되고 있어"라고 말해야 한다.

어떤 측면에서 보면, 퍼팅 슬럼프에서 벗어나는 것은 웨지 슬럼프에서 벗어나는 것보다 쉽다. 퍼트에 대한 정신적 측면을 강화시키기 위한 간단한 방법이 있다. 모든 공을 성공시킬 수 있을 만큼의 거리에 공 몇 개를 두는 것이다. 그리고 공이 홀로 굴러들어가는 기억을 만든다. 이것은 벙커 샷과 어프로치 샷에서는 쉽게 할 수 없다. 퍼트의 이점을 이용하는 것이다.

공이 홀로 들어가는 것을 보면서 기쁨을 느끼고 만족감을 가짐으로써 좋은 기억을 강화시킨다. 선수는 '바보야 이것도 못 넣어!'라고 하기보다는 '또 한 개 떨어졌어! 아주 좋아.' 같은 태도를 가져야 한다. 많은 퍼트 연습을 통해 루틴 연습을 반복한다. 성공을 상상하는 방법, 무의식적으로 퍼트하는 방법을 훈련한다. 이 순간 연습그린 위에서 퍼팅연습을 하고 있지만 마치 시합에서 하는 것처럼 퍼팅을 해야 한다. 간절히 우승하고 싶은 대회의 18번 그린 위에 있는 자신을 떠올리는 것이다. 그리고 긴장감과 압박감을 느끼면서 퍼팅을 시도한다. 때로는 아이들이 노는 것처럼 중얼거리기도 한다. 마치 TV 아나운서가 해설하는 것처럼 말이다. "자, 이제 US 챔피언십 우승을 위해 1m 퍼팅만을 남겨두고 있습니다."

어프로치와 마찬가지로 퍼팅 슬럼프에서 벗어나기도 당장에 되는 것은 아니다. 시간이 필요한 일이다. 각각의 사례가 다르기 때문에 얼마큼의 시간이 필요할지는 단정 지을 수 없다. 입스는 기술적인 문제가 아니라 심리적인 문제다. 입스 탈출은 이러한 인식과 함께 어떻게 훈련하고, 퍼팅에 대한 자신의 태도를 바꾸기 위해 얼마나 노력하느냐에 달려있다.

당신의 목표는 걱정이 사라지고 자신감을 갖는 것이다. 이미 그런 사람처럼 연기하라. 그린 위를 거닐 때 웃어야 한다. 이제 자신의 멋진 퍼팅 능력을 보여줄 시간이다. 행복한 시간이 온 것이다. 그 순간을 즐겨라.

지금은 이런 느낌으로 퍼팅을 못하더라도 예전에는 이런 방식의 퍼팅을 했을지도 모른다. 하지만 나는 선수들이 그런 느낌을 되찾을 것이라 생각하고, 게임으로부터 더 많은 재미를 가질 수 있음을 확신한다.

나의 친구 마티 제이콥슨이 그런 경우이다. 마티의 쇼트 게임이 틀어졌을 때 나는 마티와 많은 이야기를 나누었다. 그러나 중요했던 것은 마티 스스로가 한 일이다. 그는 새로운 기억과 성공한 샷에 대한 기억들을 만들어 갔다. 마티는 기술적인 부분에도 노력했다. 마티의 상상력은 점점 더 강력해졌다. 그는 멋진 어프로치 샷을 하는 자신의 모습을 다시 보기 시작했다. 동시에 그는 이따금씩 나오는 나쁜 웨지 샷에 너 이상 감정 소모를 하지 않았다. 마티는 미스 샷 하나에 큰 의미를 두지 않았다. 마티는 루틴만 잘 실행한다면 그 결과는 대체로 좋아질 것이라는 믿음을 새롭게 가졌다.

4월의 어느 날, 마티가 나에게 전화를 했다. 그는 플로리다에서 시니어 협회가 주최하는 대회에 참가하고 있었다. 나는 그 당시 마스터스가 열리는 곳에 있었다. 마티는 친구와 함께 포볼 매치 경기를 치르고 있었고, 연장전까지 올라간 상태였다. 연장전 5번째 홀은 파3였다. 마티가 티 샷한 공은 그린을 벗어나 어려운 위치에 떨어졌다. 이때 마티는 자신이 하고자 하는 샷을 상상하기 시작했다. 그리고 루틴을 실행하면서 어프로치 샷을 했다. 공은 홀에서 1m 정도 되는 지점에 멈춰 섰다. 마침내 퍼팅을 성공시키고 마티의 팀은 매치에서 승리했다.

"이봐! 자네가 마스터스에 있는 거 알아." 마티는 전화에 대고 말했다. "그런데 더 중요한 일이 있다네." 그는 우승으로 이끌었던 마지막 칩 샷에 대해서 계속 말을 이어갔다. 나는 그저 웃었다. 나는 내가 어디 있든지 상관없이 그런 전화를 받는 것에 행복을 느낀다.

끈기와 인내

"골프를 마스터할 수 있는 모든 비결은
프로 선수뿐만 아니라 초보자에게도 적용된다.
그 비결은 미스 샷을 대수롭지 않게 넘길 수 있는
정신적 측면을 포함한다.
안 좋은 기억은 버리고, 인내심을 갖고,
조만간 정상에 오를 자신의 모습을 가슴에 품어라."
-아놀드 파머

선수들과 독자들은 종종 다음과 같은 질문을 한다. "박사님, 저는 퍼팅, 어프로치 샷 혹은 골프의 어떤 측면에서든 박사님이 말씀하시는 것을 믿어요. 그리고 그렇게 하려고 노력하고 있어요. 저는 매일 연습하면서 무의식적으로 하려고 최선을 다하고 있어요. 하지만 성적의 변화는 없어요. 코스에서도 쇼트 게임에 어떤 차이점도 느낄 수 없어요. 왜 이렇게 나아지지 않는 거죠? 대체 언제쯤 좋아질까요?"

이 질문에 나는 항상 "모른다"라고 대답한다. 그리고 덧붙이기를 "하지만 꾸준히 한다면 좋아질 거야. 한 달이 걸릴 수도 있고, 6개월이 걸릴 수도 있고, 1년이 걸릴 수도 있어. 하지만 오랜 시간 지속하다 보면 좋은 결과를 얻을 수 있을 거야. 이 과정은 마치 자전거 타기 혹은 헬스를 하는 것과 같아. 매일 자전거를 타고, 헬스를 한다고 생각해봐. 매일 자전거를 타면 결과적으로 지구력이 향상될 거야. 헬스도 마찬가지겠지. 매일 중량을 높여가다 보면 결국 근력이 좋아질 거야. 이런 과정은 어렵지 않아. 하지만 알아야 할 점은 이건 누가 먼저 결과에 도달하느냐 하는 시합이 아니라는 거야. 이 과정은 누가 더 오래 견디고, 누가 더 오래 버틸 수 있느냐 하는 게임이야. 그것은 많은 인내와 끈기가 필요한 일이야. 스코어를 낮출 수 있는 다른 방법은 없어."

인내심은 골프에 있어서 가장 과소평가된 덕목이면서도 아마도 가장 가르치기 어려운 덕목이다. 아마추어 선수나 프로 선수나 미래의 큰 꿈이 있다면 끈기를 발휘할 수 있을 것이다. 하지만 꿈이 사라지면 끈기도 함께 사라진다. 골프선수가 성공하기 위해서는 실력 향상을 위한 도전을 즐기고, 긴 여행을 즐겨야 한다. 선수는 도전하는 자신에게 자긍심을 가져야 한다. 그 여행의 기간이 길어진다고 해서 좌절하기보다는 마지막 도착지에 갔을 때 얼마나 좋을지를 마음속에 그려야 한다. 그리고 그곳에 도착했을 때는 두 번째 도전을 받아들여야 한다. 그 도전은 발전을 계속 유지하기 위해 열심히 노력하는 과정이다. 곧 선수는 왜 골프가 재미있는지, 왜 골프를 사랑할 수 있는지를 이해하게 된다.

골프에서의 인내심은 두 가지가 있다. 하나는 목표를 향해 나아갈 때 필요한 긴 시간의 인내심을 말하고, 다른 하나는 경기 중 원하지 않은 상황에 닥쳤을 때 대처해야 하는 짧은 시간의 인내심을 말한다.

가끔 어떤 연구실에서 선수들이 얼마나 긴 시간 동안 인내해야 하는지를 분석한 수치를 발표한다. 연구자들은 어떤 실험을 마치고 난 후 정해진 숫자의 법칙을 이야기한다. 가령 새로운 기술을 습득하려면 1만 번의 반복이 필요하다거나 혹은 1만 시간이 필요하다고 하는 것이다. 혹은 다른 숫자를 제시하기도 한다. 하지만 이러한 법칙이 과연 맞는 것인가? 그 법칙이 골퍼의 실력 향상에 필요한 시간을 정확하게 예측하는 것인가? 그것을 확인할 수 있는 증거는 어디에도 없다. 실력이 향상될 수 있는 조건은 무수히 많다. 선수의 태도와 훈련하는 방식 그리고 지도자의 능력에 달려 있다.

좋은 지도자는 분명하게 다양한 방법을 통해 인내의 과정을 단축시킬 수 있다. 또한 제자들을 믿고, 용기를 북돋아준다. 지도자의 이런 태도는 제자로 하여금 동기와 자신감을 갖도록 한다. 훌륭한 지도자는 배우는 사람의 학습 스타일에 맞춘 티칭 전략을 고민한다. 또한 성과를 더 빠르게 낼 수 있는 훈련계획을 세우고, 선수들이 새로운 기술을 더 빠르게 익힐 수 있도록 효율적인 방법을 제공한다. 또한 그들은 선수가 올바르게 하고 있는지 또는 무엇을 변화시켜야 하는지에 대해 정확하고 효과적인 피드백을 제공한다.

밥 존스와 타이거 우즈가 20대부터 세계 골프를 지배할 수 있었던 이유는 이처럼 어린 시절부터 훌륭한 가르침을 받았기 때문이다. 반면 거의 독학으로 골프를 했던 벤 호건은 30~40대가 되어서야 우승할 수 있었다. 하지만 호건 역시 자신을 믿고 인내할 줄 알았다. 호건은 성공하기 위해서는 그렇게 해야 한다는 것을 스스로 깨달을 만큼 머리가 좋았다. 결국 호건은 목적지에 도달했다. 인내심을 갖지 않았다면 그는 성공하지 못했을 것이다.

많은 선수들은 호건이 했던 만큼 오랜 시간 노력하지 못하기 때문에 호건의 끈기에 대한 중요성을 이해하지 못한다. 이들이 연습할 때면 마치 분노를 일으키고 짜증내기 위해 연습하는 것처럼 보이기도 한다. 아마도 실력이 늘지 않는다고 좌절하면서 화만 낼 것이다. 또한 그들은 연습 때는 좋아 보이는 것 같아도 코스에만 나가면 잘 되지 않는다. 그리고 또 분노한다. 그러면서 골프를 포기하기도 한다.

자신이 훈련하고 노력하는 것은 화내고 짜증내기 위해서 하는 것이 아니다. 이런 사고방식은 게임에 도움이 되지 않는다. "나는 정말 열심히 노력했고 보상받을 자격이 있다." 선수들이 이런 말을 할 때 나는 이렇게 대답한다. "아, 그래서 너는 어느 정도 연습만 하면 우승할 수 있을 것이라고 악마와 타협을 했다는 거구나." 당연히 그렇게 연습만 많이 한다고 성공하는 것은 아니다.

선수가 쇼트 게임에 더 관심을 가지고 노력만 한다면 게임이 나아질 가능성은 더 높아진다. 선수가 현명하고 끈질기게 연습해서 결과적으로 게임이 향상되지 않은 경우는 없다. 하지만 골프에서 보장된 것은 없다. 얼마나 빨리 실력 향상이 될 것인지에 대한 확실한 기약도 없다. 그러나 부지런히 연습하고 인내하기 위해 애쓰는 선수들은 그렇지 않은 선수들보다 더 이성적으로 행동한다.

어떤 아마추어 골퍼들은 직업, 가족, 아이들 그리고 책임감 등에 관련하여 자신의 삶에서 수많은 일들을 겪는다. 그들은 연습할 시간도 많지 않고 어쩌다 한 번 코스에 나갈 수 있다. 자신이 만약 이런 상황에 있다면 우선 자신의 게임이 어디쯤 와있는지 정직하게 받아들여야 한다. 그리고 마음속에서 80% 룰에 따라 타깃 선택을 해야 한다. 매 샷을 하기 전, 마음을 비우기 위해 두 배로 노력해야 한다. 특히 쇼트 게임을 할 때는 더욱 그래야 한다. 그리고 공을 무의식적으로 때리기 위해 최선을 다해야 한다. 그중에서도 가장 중요한 것은 결과를 받아들이는 마음이다. 수용하는 마음은 반드시 루틴의 일부라고 생각해야 한다. 수용은 인내심을 갖기 위한 필수적인 마음이다.

연습을 거의 하지 않음에도 불구하고 조급한 마음을 갖고 화를 내는 골퍼들도 있다. 기술적인 생각으로 마음이 어수선한 골퍼들은 샷 실수가 나올 때면 신경질을 내면서 속상해한다. 이런 사람들은 자신에게 좀 더 관대해지는 법을 배워야 한다. 실수 후 어깨를 으쓱하면서 미소 짓는 법을 배워야 한다. 자신의 삶에서 배우자, 가장, 부모 등의 역할에 충실하면서 동시에 골프 역시 당장 잘할 수 없다는 사실을 받아들여야 한다. 그러면 자신에게 좀 더 너그러워질 수 있다.

오랜 시간 인내를 통해 성공했던 좋은 사례가 있다. 나의 친구 게리 버크헤드의 경우이다. 게리는 금융업에서 일을 매우 잘해왔고, 그 일을 통해 전성기를 누렸다. 그는 가끔 코스에 나갔고, 보통 80대 스코어를 기록했다. 이 정도만 칠 수 있어도 게리에겐 충분했다. 게리는 하루에 12~14시간 동안 일을 했기 때문이다.

그는 60세에 은퇴하면서 미국 시니어 아마추어 대회에 참가하기로 결심했다. 하지만 게리의 골프실력을 생각해본다면 그 결심은 약간은 무모한 듯 보였다. 게리는 매우 체계적으로 목표를 향해 나아갔다. 그는 아침 일찍 일어나 트레이너와 함께 운동을 했다. 그리고 쇼트 게임에 집중하면서 하루에 5~10시간 정도 골프 연습을 했다. 레슨도 받았다. 게리는 노력하는 사람이었다.

그러나 내가 게리에 대해서 가장 감탄했던 것은 인내와 끈기였다. 이후로 게리는 10년 동안 노력했지만 결국 자신의 목표에 도달할 수 없었다. 그래도 그는 여전히 시니어 아마추어 대회에 참가하기 위해 노력하는 중이다. 게리의 다짐은 결코 약해지지 않았다. 그의 공 치는 능력은 좋아졌고 일관성이 붙었다. 쇼트 게임도 매우 능숙해졌으며, 요즘은 싱글 핸디캡을 유지하고 있다. 그가 앞으로도 시니어 아마추어 대회에 참가할지는 확실하지 않지만, 나와 함께하는 선수들이 인내와 끈기를 배웠으면 좋겠다. 대부분의 아마추어 골퍼들은 실력 향상을 위해 노력한다고 해도 게리의 방식대로 하지는 못할 것이다. 게리와 같은 성공을 즐기지도 못했을 것이다.

게리는 이미 보상을 받았다. 그는 자신이 세운 목표에 도달했든 안 했든 자신이 최선을 다했다는 것에 만족했다. 그는 자신의 잠재력이 무엇이었는지 알게 되었다. 게리는 냉정하고 차분하며, 침착한 태도를 계속 유지할 수 있을 것이다. 그리고 골프의 꿈을 위한 자신의 방식에 대해 자부심을 가지게 될 것이다. 많은 아마추어 골퍼들은 이런 마음을 갖지 못한다. 대부분은 그렇게 참고 견디는 것을 잘하지 못하기 때문이다.

프로의 세계에서 인내심은 더욱 중요한 문제이다. 프로들은 아마추어 골퍼들과 달리 연습에 많은 시간을 보낸다. 그들은 최선을 다해 일생을 바쳐왔다. 그렇지만 성적이 나오지 않으면 생계에 지장이 생기고 프로로서 명성에도 흠이 난다. 결과가 나오지 않을 때 프로들은 조급해질 수 있다. 경기가 잘될 때는 스타가 되어 사람들에게 인정을 받겠지만, 경기가 잘 되지 않을 때는 아무도 자신에게 관심을 갖지 않는 것처럼 느껴질 수 있다. 에이전트와 스폰서들은 사소한 일로 문제를 삼기도 한다. 갤러리들은 점차 보이지 않기 시작하고 언론도 더 이상 자신에게 다가오지 않는다. 선수는 당황스러워지기 시작한다.

나는 좌절과 조급함이 프로에게 긍정적인 힘이 되었다는 이야기를 거의 듣지 못했다. 만약 그러한 조급함이 선수의 해야 할 일을 재촉했다면 도움이 되었을 수도 있다. 하지만 나는 프로들의 조급한 마음이 게임을 더 악화시켜온 경우를 훨씬 더 많이 봤다. 라운드 도중의 조급한 마음은 의식의 뇌를 켜고, 미스 샷이 나오도록 몸을 위축시킨다. 결국 공은 원하는 대로 가지 않는다. 조급한 마음은 적절한 게임계획을 세우지 못하도록 만들고, 현명하게 코스를 공략하지 못하도록 만든다. 버디를 기다리기보다는 버디에 대한 욕심으로 잘못된 결정만 내리게 된다. 골퍼들이 귀담아들어야 하는 가장 좋은 조언 중 하나는 '전략은 보수적으로, 샷은 자신 있게'라는 말이다. 이 말은 충분하게 자신감을 가질 수 있는 방법을 선택한 후 과감하게 스윙하라는 뜻을 담고 있다. 만약 자신 없는 방법을 선택했다면 의심과 함께 샷을 할 수밖에 없다. 결국 조급한 마음으로 실수를 불러일으킨다.

조급증은 시합이 끝난 후에도 선수에게 안 좋은 영향을 미친다. 다급해진 선수는 지도자를 찾게 된다. 모든 사람들이 선수에게 조언하려 들고 선수는 그런 조언을 외면하지 못한다. 선수는 그것도 모자라 여기저기 지도자를 찾아다니면서 온갖 방법을 시도한다. 하지만 선수는 기본적인 자세에도 믿음을 갖지 못하고, 몸에 배인 편안한 감을 찾지 못한다. 지도자는 꼭 필요한 부분을 조언해주지만, 선수는 그 방법이 너무 오래 걸리는 방법이라고 생각한다. 선수는 존재하지도 않는 즉각적인 해결책을 원하고, 곧 갈 길을 잃는다.

골프에서 필요한 인내심은 가끔 더 미묘할 때가 있다. 어떤 선수가 US 아마추어 챔피언십에서 우승한다면 선수가 받을 수 있는 상금은 없다. 하지만 우승한 선수는 다음 해 세 개의 메이저 대회에 초청된다. 그 대회는 마스터스, US 오픈, 브리티시 오픈이다. 피터 유라인은 2010년 자신의 생일에 US 아마추어 챔피언십에서 우승을 차지했다. 피터가 우승 후 첫 번째로 생각한 것이 바로 메이저 대회에 초대되는 것이었다. 그는 메이저 대회에 참가했을 때의 짜릿함을 정확하게 예상했다. 적어도 피터는 그런 대회에서 필요로 하는 인내심을 완전하게 예측하지는 못했다.

피터는 걸음마를 배우기 전부터 플라스틱으로 된 골프채를 휘두르기 시작했다. 그리고 미국 주니어 골퍼 1위, 세계 아마추어 골퍼 1위가 되었다. 그는 세계 최고의 골퍼가 되겠다는 목표를 세웠고, 우선 세 개의 메이저 대회에서 좋은 성적을 거두기를 원했다. 피터는 2010년 10월에 오거스타에서 첫 번째 기회를 가졌다. 그는 메이저 대회에서 좋은 태도를 보였다. 피터는 자신에게 말했다. 'US 아마추어 대회 열렸던 챔버스 베이 골프장은 길고 어려운 코스였다. 나는 이 대회에 우승자다!'

피터는 오클라호마주의 카스텐 크리크에 플레이했던 코스를 떠올렸다. 그 코스는 극도로 부담스러웠다. 피터는 메이저 대회에서 플레이할 코스가 자신에게는 그렇게 어렵지 않을 것이고, 걱정할 필요가 없다고 말했다. 그는 메이저 대회에서 경기하든 어디서 하든, 여전히 골프채로 그냥 공을 칠 뿐이라고 생각했다. 피터는 경기에 대한 모든 것을 대수롭지 않게 여겼다. 그리고 경험과 도전을 즐기자고 다짐했다.

이 모든 생각은 적절했고 피터에게 큰 도움이 되었다. 그러나 여전히 인내심에 대해서 배워야 할 점들이 있었다. 피터는 2번, 3번 홀에서 버디를 기록하며 마스터스에서 좋은 출발을 보였고, 후반전을 이븐파로 출발했다. 하지만 10번 홀에서의 어프로치 샷이 그린을 넘기는 바람에 파 세이브를 할 수 없었다. 피터는 이때부터 조급한 마음을 가지기 시작했다. 그는 훗날 이렇게 회상했다. "내 자신에게 짜증을 내면서부터 편안한 마음을 갖지 못했어요." 피터는 2라운드까지 5오버파를 기록하며 예선탈락을 했다.

피터는 좌절감이 자신에게 도움이 안 될 것이라는 사실을 깨달았지만, 어린 선수가 그런 깨달음에 따라 행동하는 것은 쉽지 않았다. 메이저 대회에서 모든 아마추어 선수들은 몇 가지의 목표를 가지고 있다. 피터는 예선통과를 원했고 최고의 아마추어 선수가 되길 바랐다. 그는 콩그레셔널에 개최되는 US 오픈에서는 자신의 목표가 이루어지길 소망했다.

하지만 US 오픈에 출전한 피터는 매 라운드 초반에 실수를 범하고 말았다. 1라운드 첫 번째 홀에서는 더블보기를 기록했고, 2라운드 첫 번째 홀인 10번 홀에서는 보기로 출발했다. 그가 나중에 말하기를 "매일 어려운 상황에 처한 것 같았고 성급한 플레이를 했어요"라고 했다. 2라운드 후반, 예선 컷이 4오버파가 될 것으로 예상했지만, 피터는 7오버파를 기록 중이었다. 피터는 5번 홀에서 버디를 잡고 6번 홀 파5에 올라왔다. 그는 여전히 예상 컷 점수보다 2점이 높았다. 피터는 버디 기회를 잡아야 한다고 생각했다. 그의 마음은 결과에 너무 많이 몰입되었다. 결국 스스로를 어려운 상황으로 계속 몰아갔다.

피터는 6번 홀에서 두 번의 좋은 샷을 쳤지만 운이 따르지 않았다. 버디가 필요하다고 생각한 피터는 투 온을 시도했고, 공은 그린 앞 해저드를 넘어갔지만 아쉽게도 벙커로 들어가버렸다. 하지만 피터는 멋지게 벙커 샷을 해냈다. 나 역시 그 상황을 지켜보고 있었다. 나는 벙커 샷으로 솟구쳐 오른 공이 적어도 버디 퍼트가 될 것이라고 생각했다. 하지만 공은 그린에 가장 어려운 곳에 떨어졌고, 속도가 붙더니 해저드로 빠져버렸다. 피터는 보기로 그 홀을 잘 마쳤지만 인내심을 잃고 말았다. 공교롭게도 남은 홀 중 두 홀에서 보기를 기록하고, 또 다시 컷 통과에 실패했다.

이런 경험은 어린 선수에게 배움의 과정이다. 피터는 마스터스와 US 오픈에서 얻은 교훈을 브리티시 오픈에 적용했다. 하지만 또 다시 불안한 출발을 했다. 초반 세 홀에서 두 개의 보기를 기록한 것이다. 그래도 피터는 흔들리지 않았고 자신을 압박하지 않았다. 역경 속에서도 꾸준하게 자신의 마음을 유지했다. 그는 후반전에서 버디 몇 개를 추가하여 71타를 기록했다. 피터는 다음날도 잘 해냈고, 드디어 컷 통과에 성공했다. 그 결과 전년도 우승자 루이스 우스투이젠을 포함하여 많은 기성프로들을 제치고 공동 48위로 경기를 마쳤다. 그것은 대단한 성과였다.

피터는 나중에 이렇게 말했다. "최고의 경기에서 경쟁하고, 컷을 통과하기 위해서는 완벽해질 필요가 없다는 것을 배웠어요." 그리고 이런 말도 했다. "3라운드 아침에는 바람이 심하게 불었는데도 멋진 샷을 쳤어요. 하지만 운이 좋지 않을 수 있다는 것을 알았죠. 반대로 샷이 좋지 않아도 운이 따를 수 있겠지만요."

피터는 침착함을 유지했고, 현재에 더 집중했다. 이런 까닭에 더 좋은 스코어를 기록할 수 있었다. 피터는 예상치 못했던 샷과 잘 안 됐던 샷을 언급하면서 이렇게 말했다. "이제 그런 샷들이 저에게 영향을 미치도록 내버려 둘 수 없어요. 가장 중요하게 배운 점은 인내심이었어요." 피터는 결과에 대한 생각을 버리고 과정에 집중하기로 한 다짐을 지켜냈다. 그는 다른 선수들과 경쟁한 것이 아니고 자신과의 싸움을 한 것이다. 피터는 골프라는 게임을 이해하는 과정에서 엄청난 발걸음을 내딛었다.

만약 피터가 여기서 깨달은 점을 잊지 않고 계속 훈련을 이어갈 수 있다면, 프로로서 많은 메이저 대회에 참가할 수 있을 것이다. 그리고 경기 중에 무슨 일이 일어나든지 인내하겠다는 다짐을 지켜나간다면 언젠가 우승도 할 수 있을 것이다. 그러나 이것은 어린 선수에게는 아직 어려운 도전이다. 왜냐하면 실력 있는 선수라 할지라도 젊은 프로들의 본성은 자신의 성과에 좀처럼 만족하지 못하는 경향이 있기 때문이다. 설사 만족을 하더라도 오래가지 못한다. 어떤 측면에서 선수가 노력하고자 하는 태도와 동기를 가질 수 있다면 만족하지 못하는 경향은 좋게 작용하기도 한다. 하지만 불만족이 커져 조급한 마음으로 흘러간다면 선수는 피해를 입을 것이다.

내가 키건 브래들리와 처음 만난 시기는 그가 2부 투어에 진출한 첫 해였다. 시즌 중반쯤 되었을 때이다. 나는 수년간 키건의 이모 팻으로부터 키건에 대해 많은 것을 들었다. 그녀는 키건이 재능도 뛰어나고 아주 좋은 아이라고 했다. 내가 키건을 만났을 때, 팻이 말한 모든 것이 사실임을 확인할 수 있었다.

나는 키건을 데리고 샬로츠빌에 있는 파밍턴 컨트리 클럽으로 갔다. 그리고 나의 친구인 돈 로버슨, 지미 카셀라와 함께 라운드를 했다. 이 당시 키건은 거의 이름이 알려지지 않았을 때였다. 그는 뉴잉글랜드에서 주니어 선수생활을 했고, 뉴욕시에 있는 세인트 존스 대학으로 진학해 이곳에서 선수생활을 이어갔다. 그는 비교적 좋은 성적을 유지해왔지만 매사추세츠 고등학교 선수권대회 또는 빅 이스트에서의 성공은 큰 주목을 받지는 못했다.

키건은 몇 년 동안 회비를 지불하면서 후터스 투어(미니투어)에 참가했다. 그는 2부 투어에도 진출하기 위해 노력했지만, 나를 만났을 때는 이미 예선탈락을 몇 번 한 상태였다. 상금도 많이 벌어들이지 못했다. 고전을 거듭한 키건은 2010년 2부 투어 상금랭킹 14위에 올랐고, 마침내 2011년 PGA 투어 자격을 획득했다.

키건은 그날 파밍턴에서 63타를 쳤다. 코스레코드와 동일한 기록이었다. 친구 지미 카셀라는 감탄하며 키건에게 말했다. "키건, 여기서 켄리지 인비테이셔널이라는 대회를 매년 개최하면 자네가 우승할 수 있을 것 같네." 그의 말에 나는 웃지 않을 수 없었다. 켄리지는 훌륭한 대회지만 아마추어를 위한 대회였다. 그날 아침 파밍턴 코스에서 보았던 키건의 재능은 1부 투어에서도 통할 수 있을 것만 같았다. 사실 이후에 키건이 PGA 투어에서 우승하고 난 후, 나는 지미에게 전화했다. "자네 말이 옳았네. 키건은 켄리지 인비테이셔널에서 우승했을 거야."

키건은 어떤 측면에서 이모 팻을 닮았다. 물론 눈언저리가 닮기도 했다. 키건은 팻처럼 성실했다. 하지만 팻은 열정이 컸고, 의욕이 넘쳤다. 그녀가 시합을 뛸 때, 특히 선수생활 초기에는 하루 일과가 연습과 라운드로만 채워졌다. 사실 난 키건이 연습하는 것을 더 즐길 줄 알았다.

키건은 팻처럼 가르치기가 수월한 선수였다. 키건은 물어보고 듣는 것을 좋아했다. 그가 나에게 왔을 때도 그랬고, 스윙 코치인 심 맥린에게 갔을 때도 그랬다. 키건은 지도자가 조언해주는 것을 마음으로 받아들였다. 그는 바이런 넬슨 대회를 앞두고 내게 전화해서 도그랙 홀인 마지막 파4에서의 티 샷이 걱정된다고 했다. 페어웨이는 좌측에 있는 워터 해저드로 쪽으로 기울어져 있었고, 우측 편에는 나무들이 지키고 서 있었다. 드라이버 샷은 바람이 불어오는 쪽으로 쳐야 했다.

나는 키건에게 그 홀에서 어떤 클럽을 사용해야 하는지는 중요하지 않다고 말해주었다. 그렇지만 샷을 할 때는 절대적으로 두려움이 없어야 하고, 결단력이 있어야 하며, 무의식적이어야 한다고 조언해주었다. 선수가 이렇게만 잘 따라준다면 나머지 다른 부분에서도 좋은 결과를 얻을 수 있을 것이다. 키건은 시합을 하는 동안 조언해준 대로 실천했다. 그는 3~4라운드 18번 홀에서 각각 파를 기록했고, 연장전에서도 라이언 파머를 이겼다.

키건은 신인답게 투어 초반 두 대회에서는 이렇다 할 성적을 내지 못했다. 그는 우선 컷 통과를 원했다. 그리고 처음으로 컷 통과에 성공한 대회가 하와이 소니 오픈이었다. 키건은 마지막 홀에서 버디를 기록하면서 컷을 통과할 수 있었다. 하지만 비 때문에 대회가 단축되었다. 그 바람에 컷을 통과한 모든 선수들이 마지막 두 라운드를 플레이할 수 없었다. 내게 전화를 걸어온 키건은 마지막 두 라운드를 플레이하지 못한 것과 더 잘하지 못한 것에 대한 실망의 마음을 내비쳤다. 나는 키건의 전화가 반가웠지만 그에게 인내심에 대해 다시 한 번 알려줄 필요가 있어 보였다.

나는 이렇게 말해주었다. "마지막 홀에서 버디를 잡고 컷을 통과했다는 사실에 집중했으면 좋겠어. 그래도 시합 비용은 벌었잖아. 이것만으로도 잘한 거야. 이 대회로 인해 계속 자책하고 스스로를 조급하게 만들 필요는 없어. 경기 중에 좋았던 샷을 떠올리려고 노력해야 해. 그리고 긍정적인 마음과 인내심을 가질 수 있는 이유를 계속 찾아야 해."

키건은 여태껏 모든 면에서 노력해왔듯이 인내와 끈기를 가지기 위해 노력했다. 하지만 그것은 쉽지 않았다. 키건은 바이런 넬슨 대회에서 우승을 차지했지만, 그럼에도 불구하고 조급한 마음은 수그러들지 않았고 오히려 더 강해졌다. 키건은 출전하고 싶은 메이저 대회와 세계랭킹 50위 안에 들면 초청받을 수 있는 대회를 생각하기 시작했다. 그리고 프레지던츠 컵과 라이더 컵도 생각했다.

나는 애틀랜타에서 개최되는 PGA 챔피언십을 앞두고 키건과 이야기를 나누었다. 그는 이전 주에 출전했던 대회에 대해서 이야기했다. 그 대회는 파이어스톤 골프장에서 열린 브릿지 스톤 초청대회였다. 키건은 자신의 경기에 실망하고 있었다. 키건은 67, 65타를 기록하면서 공동선두로 출발했다. 3라운드에서도 68타를 쳤지만 선두와 2타 차로 벌어졌다. 최종일 후반 9홀에 들어선 키건은 보기 4개, 더블보기 1개와 함께 74타를 쳤다. 그리고 공동 15위로 추락했다.

"저는 우승할 기회가 있었지만 정말 바보 같은 짓을 했어요." 그가 말했다. "제가 너무 앞서간 것 같아요. 50위 안에 들어가서 마스터스, US 오픈, 브리티시 오픈에 참가하는 것을 생각했어요. 제 자신에게 부담을 많이 준 것 같아요." 키건은 이모 팻이 가르쳐준 것을 따르지 못했다며 나에게 말했다. "저는 결과가 아닌 과정에 더 집중해야 했어요."

그 말은 나에게 매우 반가운 것이었다. 키건은 경험으로부터 뭔가 중요한 교훈을 배운 것이다. 그것은 자신의 실수를 솔직하게 인정하고, 실수를 드러내는 것을 두려워하지 않고 있음을 의미한다. 코스에서 좋은 멘탈을 가지고 있는 선수들은 오로지 자신이 조절할 수 있는 것에만 집중한다. 그들은 샷 하나하나를 성공시키기 위해 자신이 해야 할 일을 점검하면서 루틴에 충실한다. 미래에 대한 부정적인 생각은 마음을 어지럽힐 뿐이다.

어린 선수가 키건처럼 잘 해나갈 때, 나의 중요한 일 중 하나는 선수가 현실을 직시하도록 만드는 것이다. 그리고 좋은 멘탈을 유지하도록 안내하는 것이다. 키건이 플레이한 방식에는 내가 만족할 만한 좋은 내용들이 많이 있었다.

나는 키건에게 말했다. "팻은 서른한 살 때, 나에게 심리코칭을 받기 시작했어. 키건이 지금 25살이니까 이모보다 훨씬 앞선 거야. 나는 자네가 이미 한 번의 우승을 했고, 또 그렇게 우승할 수 있는 멘탈을 가지고 있다는 사실이 아주 마음에 들어. 자네가 좋은 경기를 하고도 그렇게 모든 것을 얻지 못했다고 해서 부정적인 생각에만 빠져 있으면 안 돼. 자네가 레드 삭스와 셀틱스의 영원한 팬이듯이, 스스로도 자신을 영원한 팬으로서 바라볼 수 있어야 해. 그 팀들이 경기에서 조금 부족한 모습을 보이더라도 자네는 여전히 좋은 경기내용을 찾으려고 할 것이고, 다음 게임에 대해서 자신감을 가지려고 할 거야. 이것을 스스로에게 똑같이 적용해봐."

키건은 어머니, 누나 그리고 애틀랜타에서 자신을 지켜보고 있는 조카 때문에 더 큰 부담을 느낀다고 말했다. 그는 그들을 실망시키고 싶지 않아 했다.

나는 이렇게 말해주었다. "자네가 무엇을 하든, 자네는 가족들에게 영웅이 될 것이고, 가족들은 여전히 자네를 사랑할 거야. 그리고 자랑스럽게 생각할 거야. 가족은 이런 생각을 버리지 않아. 이 점을 잊지 않도록 하게. 게다가 조카는 이제 한 살밖에 안 됐잖아. 내가 약속하지. 조카는 골프에 대해서 아무것도 몰라. 단지 삼촌이랑 놀기만을 바랄 뿐이야. 그러니 시합을 하면서 그런 부담감은 갖지 않아도 돼."

키건과 나는 시합 중에 어떤 일이 일어나더라도 무심하게 반응하고 대수롭지 않게 생각하는 것에 대해 많은 이야기를 나누었다. 감정적인 반응과 과잉 반응은 인내심의 적이다. 만약 선수가 차분함을 유지하고 침착해지기 위해 노력한다면 인내심은 점점 더 강해질 것이다. 난 좋은 샷을 즐길 줄 아는 선수들이 좋다. 샷을 즐긴다는 것은 자신감을 강화시키는데 도움이 된다. 나는 미스 샷을 치고도 아무렇지도 않은 듯 그냥 어깨만 으쓱하고 지나가는 선수들을 좋아한다.

키건은 내가 한 말을 잘 이해했다. 하지만 여전히 인내심을 테스트하는 상황이 찾아왔다. 키건이 인내심을 가장 잘 발휘했던 상황은 마지막 라운드에서의 15번 홀이었다. 이 홀은 200m 파3로써 굉장히 어려운 홀이었다. 키건은 이 홀에서 공을 물에 빠뜨리고 말았다. 그리고 트리플 보기를 기록했다. 그는 경기가 끝난 후 티 샷을 아주 잘 쳤다고 생각했는데 공이 코스에서 가장 끔찍한 러프로 들어갔다고 말했다. 그럼에도 그는 이 불운에 내수롭지 않게 잘 대처했다. 그리고 곧 해야 할 어프로치 샷을 마음속에 그렸다. 하지만 메이저 대회에서 종종 볼 수 있듯이, 그린은 매우 딱딱했고 공은 굴러서 물로 들어가버렸다.

이때 키건은 인내심을 잃을 수 있었다. 아마도 많은 시청자들이 이번 시합은 제이슨 듀프너의 것이라고 생각했을 것이다. 하지만 키건은 마음을 진정시키고 드롭을 했다. 그리고 좋은 웨지 샷을 보여주었다. 이후 키건은 또 다른 인내심의 시험대에 올랐다. 더블보기 퍼팅마저 실패한 것이다. 키건은 넣을 수 있는 퍼트라고 생각했지만, 공은 예상보다 조금 더 꺾였다.

그의 마음은 4~5초 정도 방황했다. 시합을 망쳤다고 생각했다. 키건이 초인적인 사람이 아니라면 이런 생각을 피할 수는 없다. 멘탈이 좋다해서 시합 중에 떠오르는 부정적인 생각을 모두 차단할 수는 없다. 만약 차단할 수 있느냐 없느냐로 테스트를 한다면 거의 모든 골퍼들은 실패했을 것이다. 좋은 멘탈은 일단 산란해진 마음을 되찾을 수 있느냐에 달려 있다.

키건은 이 홀에서 인내심 유지에 도움이 되는 어떤 일을 겪었다. 그것은 그와 함께 플레이했던 스콧 버플랭크로부터 비롯되었다. 키건이 더블보기 퍼트를 놓쳤을 때, 아무 생각 없이 몇 걸음 걸어나갔다. 그 순간 키건은 상대방의 퍼트 라인을 밟았을 것이라 생각하고 바로 멈춰 섰다. 상대 선수인 스콧은 아직 우승 가능성이 있었다. 이런 상황을 고려할 때, 키건의 에티켓 위반은 스콧의 심기를 건드릴 수 있었다.

당황한 키건은 스콧에게 조심스럽게 다가가서 사과했다. "퍼팅라인을 밟았다면 정말 미안해요." 스콧은 퉁명스럽게 혹은 험한 말을 할 수도 있었다. 못마땅한 표정을 지을 수도 있었지만 그는 아무 말도 하지 않았다. 만약 스콧이 기분 나쁜 표현을 했다면 키건의 평정심이 돌아오는 것은 훨씬 어려운 일이 되었을지도 모른다. 하지만 스콧은 재빨리 미소 지으며 말했다. "아니야, 괜찮아." 키건은 스콧의 스포츠맨십에 감명을 받았다. 나 역시 마찬가지였다.

키건은 자신의 게임으로 돌아올 수 있었다. 이제 최우선 과제는 이 홀에서 트리플 보기로 마무리하는 것이었다. 그 다음은 마음을 진정시키고 16번 티 샷을 해야 했다. 키건이 나중에 말하기를, 시합을 하는 동안 가끔은 내가 자신의 어깨에 앉아 있는 것처럼 느낀다고 했다. 이 말은 팻 역시 선수생활 동안 나에게 했던 말이다.

키건은 이렇게 말했다. "박사님께서 이렇게 말씀해주셨잖아요. 제가 만약 언제라도 결과에 대해 생각한다거나, 실수 후에 벗어나기 위해 그런 것들을 생각하기 시작했다면 웃으면서 이렇게 말하라고 하셨어요. '이런 바보야 괜찮아, 자 이제 다음 샷을 치러 가자!' 그리고 저는 즉시 다음 샷을 생각했고, 다시 좋은 샷을 칠 수 있다는 생각이 들기 시작했어요. 그리고 박사님! 그 티 샷이 이번 시합에서 가장 좋은 샷이었어요."

키건은 나머지 세 홀을 플레이했다. 이 마지막 세 홀에서 보여준 키건의 플레이는 골프선수가 어떻게 참고 인내해야 하는지 또는 멋진 플레이를 위해 전념한다는 것이 무엇인지에 대해 보여줄 수 있는 최고의 예시이다.

키건이 멀리 정확하게 쳐낸 16번 홀 티 샷은 버디를 이끌었다. 그리고 17번 홀에서는 긴 퍼트를 성공시켜 또 하나의 버디를 추가했다. 키건과 그의 캐디 스티브 '펩시' 헤일은 18번 홀에 도착했다. 애틀랜타 애슬레틱 클럽의 18번 홀은 브리티시 오픈이 열리는 카누스티의 18번 홀을 제외하면, 내가 보아온 메이저 대회의 18번 홀 중 가장 어려운 홀이다. 코스 길이는 440m이고, 티 샷은 호수와 줄지어 자리 잡은 깊은 벙커들 사이로 쳐야 한다. 이 홀은 정확도와 비거리가 모두 필요한 홀이다. 세컨드 샷 역시 그린에 도달하기 위해 물을 건너야 했다.

키건은 스티브에게 몇 번으로 쳐야 하냐고 물었다. 나는 스티브의 대답이 마음에 들었다. "이번 시합 내내 잘해온 것처럼 넌 2번 아이언으로 통쾌하게 잘 쳐낼 거야." 스티브는 이 대답으로 유능한 캐디의 반열에 올랐다. 스티브는 계획대로 가자고 키건에게 상기시켰다. 그리고 지난 라운드에서 같은 홀에 쳤던 성공적인 샷을 떠올리도록 했다. 스티브는 키건에게 자신감을 불어넣어 주었고, 키건은 잘 해냈다. 그는 18번 홀에서도 거의 버디를 할 뻔했다. 그렇게 파로 마무리하면서 연장전에 들어갔다. 연장전은 세 홀로 진행되었다.

연장전에 들어선 키건은 16번 홀에서 버디를 잡아내면서 점수를 많이 앞서갔다. 그러나 승패를 결정지을 수 있었던 것은 역경에 처했을 때 발휘했던 키건의 인내와 끈기였다. 나는 이점을 확신한다. 많은 사람들이 기억하지 못하겠지만, 키건은 3라운드 첫 번째 홀에서 더블보기를 기록했다. 이런 상황이라면 대부분의 어린 선수들은 인내심을 잃고 힘든 경기를 했을 것이다. 키건이 브릿지 스톤 대회에서 힘들어 했던 것처럼 말이다. 최종일 15번 홀에서의 트리플 보기 이후도 마찬가지다. 다른 선수 같았으면 자포자기했을 것이다. 그러나 키건은 인내심을 가지고 잘 참아냈다.

키건은 나중에 이렇게 말했다. "내가 아무 것도 신경 안 쓰고 모든 일을 대수롭지 않게 넘어간다면 난 완벽해질 필요가 없다는 것을 배운 것이다."

현재에 집중하기

"다른 사람의 점수가 어떨지 생각해보는 것은
전혀 불필요한 일이다.
더 나쁜 일은 자신의 점수를 설정해 놓고
그것을 위해 플레이하는 것이다."
-보비 존스

키건 브래들리는 25세의 나이로 PGA 챔피언십에서 우승했다. 어린 나이에도 그 상황에서 우승할 수 있었던 이유는 남다른 인내심과 성숙함 그리고 현명함을 보여주었기 때문이다. 키건은 골프에서 가장 가치 있는 멘탈 기술 중 하나를 용케 잘 해냈다. 현재에 집중한 것이다.

내가 키건이 '현재에 집중했다'라고 말하는 것은 지나간 과거에 대해서 생각하지 않았음을 의미한다. 그것은 15번 홀에서 겪었던 티 샷, 그리고 불운했던 칩 샷이다. 키건은 미래에 대해서도 생각하지 않았다. 그 미래는 시합이 어떻게 끝날지, 사람들이 자신에 대해서 어떻게 생각할지, 또는 자기 자신에 대해서 어떤 생각을 할 것인지였다. 키건은 마음을 잘 다스렸고, 오로지 현재에 필요한 일에만 집중했다. 그 일은 다음 샷에 집중하는 것이었다. 그는 다음 홀인 16번에서 좋은 티 샷을 보여주었다. 18번 홀 각각의 샷에서도 집중을 잘했고, 연장전도 잘 해냈다. 키건은 샷을 할 때마다 완전한 집중 속에서 하나하나 경기를 잘 풀어나갔다.

내 생각으로는 제이슨 듀프너가 15번 홀을 끝내고 키건에게 앞서 있던 상황을 유지했더라면 그가 우승했을 것이다. 하지만 결국 챔피언은 키건에게 돌아왔다. 키건이 챔피언이 될 수 있었던 이유는 자신이 할 수 있는 모든 일을 잘 조절했기 때문이다. 키건은 골프의 특성을 잘 보여주었다. 때로는 선수가 하고 싶은 샷을 모두 잘 해내고 매 샷에 집중을 잘 했더라도 다른 선수가 자신보다 한두 타 더 좋은 성적을 기록할 수 있다. 이럴 때 자신이 할 수 있는 일이라고는 모자를 벗고 미소지으며 악수하는 것 외에는 아무 것도 없다. 그리고 그날의 우승자는 키건이었던 것이다. 만약 선수가 샷을 할 때마다 자신이 할 수 있는 것을 모두 잘 통제하고 현재에 집중하는 것을 잘 해낸다면 언제나 우승할 수 있는 준비가 된 것이다.

언젠가 패드릭 해링턴이 마스터스에 출전해서 컷 통과에 실패한 적이 있다. 그날 저녁 패드릭은 이야기를 나누기 위해 나를 찾아왔다. 컷 통과에 실패한 다른 선수라면 시합 중에 무엇이 잘못되었는지 토로하기를 원했을 수도 있다. 하지만 패드릭은 달랐다. 그의 공은 엉뚱한 곳으로 튀기도 했고, 돌아 나오는 퍼팅이 여럿 있었다. 그러나 패드릭은 그 시합으로부터 얻은 것이 있었다. 그는 나에게 이렇게 말했다. "저는 이제 메이저 대회에서 우승할 수 있을 것 같아요. 제 마음과 감정을 어떻게 조절해야 하는지 알 것 같거든요. 저는 오늘 매 샷에서 원하는 대로 할 수 있었어요. 저는 이제 할 수 있을 것 같아요." 나는 "아주 좋아! 멋져!" 하고 말해주었다.

그 후 얼마 지나지 않아 패드릭은 한 번도 아니고 무려 세 번의 메이저 대회에서 우승을 차지했다. 패드릭은 자신이 예언자임을 증명했다. 우승한 대회는 두 번의 브리티시 오픈과 PGA 챔피언십이었다. 패드릭이 마스터스에서 컷 통과에 실패했을 때의 경험은 세 번의 우승을 위한 토대가 되었다. 그는 자신이 우승할 수 있다는 것을 느끼고 있었다. 왜냐하면 마음과 감정을 다스린다는 것이 무엇인지 알았고, 샷을 할 때 현재에 집중한다는 것이 무엇인지 알았기 때문이다.

프로들이 경기할 때, 특히 마지막 몇 홀을 남긴 상황에서 리더보드를 봐도 되는지 혹은 보지 말아야 하는지에 대해 내게 묻는다면 나는 이렇게 대답할 것이다. "뭐야? 리더보드 보는 게 겁나는 거야?"

평범한 아마추어 골퍼들이 플레이할 때는 코스에 리더보드 따위는 없을 것이다. 하지만 형태는 다르지만 같은 문제가 존재한다. 골퍼들이 라운드를 하는 동안 자신의 스코어를 기록하는 것은 프로들이 스코어보드를 보는 것과 같은 작용을 한다. 매치경기에서도 홀 승패에 대한 결과를 알고 있다고 해서 플레이 방식이 달라질 필요는 없다.

골프나 다른 스포츠에서 개인의 목표는 각각의 경기 수준에 따라 달라진다. 내가 생각하는 훌륭한 골퍼들은 게임을 하면서 자신의 마음과 감정을 잘 다스리면서 현재에 집중할 줄 안다. 그들은 그렇게 자신만의 작은 세계에 빠지는 것이다. 가장 높은 수준의 경기에서는 이런 선수들이 메이저 대회에서 우승한다. 아마추어 수준에서의 경기라면 클럽 챔피언전에서 우승할 수 있을 것이다. 또는 멤버 게스트 대회에서 훌륭한 파트너가 되어줄 수도 있다. 또 어떤 골퍼는 처음으로 100타를 깼다고 흥분할 것이다. 골퍼의 성공은 이렇게 수준에 따라 달라진다.

이것이 바로 프로 선수들이 경기 중 리더보드를 보지 않아야 하는 이유이다. 아마추어 골퍼들 역시 스코어에 관심을 끄고 한 샷 한 샷에만 집중해야 한다. 게임의 종류가 매치 플레이라도 방식은 똑같다. 2UP이 되었든 3DOWN이 되었든 매치 상황을 매홀 알고 있을 필요가 없다. 이런 방식이 바로 현재에 집중하면서 자신이 원하는 성과를 얻는 방법이다. 당연한 말이지만 현재에 집중하는 것은 다음 샷을 제외한 어떠한 생각도 못하게 만든다. 그로 인해 샷의 성공 가능성을 최대로 높여준다. 선수들은 왜 리더보드를 보면서 집중을 흩트리려고 하는가? 다른 선수들이 어떻게 치고 있는지 혹은 매치의 상황이 어떻게 되고 있는지가 그렇게 궁금한 일인가?

선수는 자신이 최선을 다하기만 하면 충분히 우승할 수 있다는 사실을 믿어야 한다. 그만큼 확고한 생각을 가지고 있어야 한다. 선수는 자신과의 싸움에서 이기는 것만이 자신이 할 수 있는 일의 전부라고 생각해야 한다.

이 원리는 많은 스포츠에 그대로 적용된다. 나의 친구 존 칼리파리는 최근의 대학농구 시즌에서 켄터키 대학 팀을 맡았다. 하지만 이 팀은 경험이 많지 않았고 대부분 어린 선수들로 구성되어 있었다. 그럼에도 이 팀은 시즌 초반 조급해하지 않았다. 칼은 선수들에게 스코어보드를 보지 말고, 승패에도 신경 쓰지 말고, 오로지 훈련했던 공격과 수비에만 집중하라고 지시했다. "스코어보드는 내가 볼 것이고, 조정과 변화가 필요할 때는 내가 결정할 테니 너희들은 게임에만 집중해!" 이런 방식으로 지도를 받은 칼의 팀은 최종 4강까지 진출했다. 우승팀인 코네티컷과 마주칠 때까지 단 한 경기도 패하지 않았다.

앨라배마 대학의 닉 사반과 같은 위대한 풋볼 지도자 역시 이러한 과정을 강조한다. 이렇게 유능한 지도자들은 선수들이 매 순간, 과정의 집중에 최선을 다한다면 결과는 알아서 따라올 것이라고 말한다.

이 책의 첫 장에서 트레버 임멜만이 경기할 때 스코어보드를 보지 않기 위해 노력한다는 이야기를 했다. 트레버는 이렇게 말했다. "내가 프로로 전향했을 때 깨달은 점이 있다. 그것은 경기 중 리더보드를 자주 쳐다보면서 상황에 따라 전략을 수정한다는 것이었다. 그러다 보니 너무 수비적으로 한다거나 너무 공격적으로 바뀌어갔다. 그래서 나는 스코어보드를 보지 않기로 결심했다. 스코어보드를 보지 않기 위해서는 자신감이 필요하고 어떤 정신수양이 필요하다는 것을 느꼈다. 내가 믿어야 할 것은 내가 할 수 있는 플레이만 한다면 우승할 수 있는 충분한 실력을 가지고 있다는 점이었다."

트레버 임멜만은 오거스타 내셔널에서 경기를 할 때, 게임에 대한 어떤 계획을 가지고 있었다. 트레버는 좋은 성적을 위한 최상의 준비가 되었다고 생각했다. 선수들은 경기마다 계획이 있어야 한다. 그 계획에는 타깃을 선정할 때 80% 룰과 같은 게임운영 원칙이 포함되어 있어야 하고, 라운드 중 나올 수 있는 쇼트 게임을 위한 전략이 포함되어 있어야 한다.

그렇다면 선수가 그런 계획을 가지고 있었고, 그 계획이 좋은 성적을 위해 설계되었다는 것을 알고 있었다면, 리더보드의 상황에 따라, 혹은 매치 상황에 따라 그 계획을 포기해야만 하는 것인가? 최상의 게임을 위해 계획한 것을 포기하고 그보다 못한 게임 전략을 선택하는 것은 도대체 무슨 상황인가?

내가 이 문제에 대해서 이야기할 때 선수들은 항상 이런 질문을 한다. "하지만 제가 한 타 뒤져 있는 상황에서 그린 앞에 해저드가 있는 파5라면 어떻게 해야 하나요. 투 온을 시도할지 말지 결정하기 전에 경기 상황을 알아야 하지 않나요?"

그러면 나는 이런 예를 들어준다. "마지막 파5에서 버디가 필요한 상황이라면, 버디를 기록하기 위한 방법은 여러 가지가 있다. 1라운드에서는 위험을 감수하면서까지 용감하게 투 온을 시도하지는 않는다. 왜냐하면 자신이 원하는 결과를 낼 수 있는 가장 좋은 전략이 아님을 알고 있기 때문이다. 선수는 리더보드를 무시하고 자신의 원래 게임 계획을 따르는 것이 좋다. 좋아하는 거리를 남긴 후 어프로치를 하고, 퍼트로써 마무리하는 것이 버디를 잡기 위한 손쉬운 방법이다. 쇼트 게임의 중요성을 다시금 생각해봐야 하는 순간이다. 훌륭한 선수들이 쇼트 게임 훈련에 열심인 이유가 여기에 있다." 여전히 나는 리더보드를 보면서 자신의 게임 계획을 잊어버리는 선수들을 많이 보고 있다. 그들은 충동적이고 감정적인 생각 때문에 비참한 결과를 맞이한다.

현재에 집중하는 정신기술은 쇼트 게임에 두 배로 적용된다. 선수가 좋은 계획을 가지고 좋은 멘탈을 유지하고 있다면, 선수는 이미 모든 퍼트의 성공을 위한 준비가 끝난 것이다. 전부는 아니더라도 대부분의 어프로치 샷과 벙커 샷에서 성공할 수 있을 것이다. 과연 스코어 혹은 매치의 상황을 확인하는 것이 더 좋은 플레이를 위해 도움이 되는 것인가?

게다가 경기상황이나 매치상황에 따라 전략이 바뀐다는 것은 보통 상대 선수가 어떻게 플레이할 것이라는 예상을 포함하고 있다. 자신이 16홀 티 박스에 2DOWN으로 올라올 수도 있다. 그러면 게임에서 승리하기 위해서는 나머지 세 홀에서 두 개 이상의 버디를 잡아내야 한다는 생각을 할지도 모른다. 하지만 이런 생각은 나의 경험으로 볼 때, 상대 선수가 실수 없이 잘했을 경우에 해당된다. 나는 마지막 몇 홀에서 상대 선수가 집중을 못하고 연거푸 보기를 하는 동안 자신의 경기를 잘 해온 선수가 승리하는 경기를 더 많이 보아왔다.

골프에 전설과 같은 이야기들은 상반되는 내용들로 꽉 채워져 있다. 이런 이야기 속에 영웅들은 항상 리더보드를 확인한다. 그리고 바지를 매만지며 어떤 영감을 위해 애인이나 어머니의 애틋한 눈을 한 번 쳐다본다. 그런 다음 창공에 영원히 걸려있을 것만 같은 기적의 샷을 쳐낸다. 간신히 위기에서 벗어난 선수는 관중들을 감동시킨다.

어떤 선수들은 특정한 상황에서 기량을 발휘하기도 한다. 데이비스 러브는 1994년 마스터스 직전, 벤 크렌쇼와의 경기에 대해서 말한 적이 있다. 벤은 사방으로 공을 쳐대며 경기가 잘 풀리지 않았다. 전혀 실력 발휘를 못한 것이다. 그때 벤이 존경하는 스승인 하비 페닉이 세상을 떠났다. 벤은 장례식에 참석했고, 다시 경기에 참가하기 위해 오거스타로 날아왔다. 그리고 마스터스에서 우승을 차지했다. 데이비스는 벤의 예전 실력으로 보았을 때 우승을 거두리라 예상할 수 없었다. 하지만 스승을 잃은 슬픔은 왠지 모르게 벤이 경기에 최선을 다하는 데 도움이 되었다. 그 슬픔은 경기에 방해가 될 수도 있었지만, 벤에게는 게임을 위한 특별한 무기가 되었던 것이다. 그렇다고 이런 경우가 현재에 집중하는 것이 모든 선수들에게 최선의 전략이라는 원리를 부정하는 것은 아니다.

어린 시절 신동으로 불렸던 골프의 벤 크렌쇼 혹은 테니스의 존 메켄로와 같은 선수들은 때때로 성의 없는 플레이를 보이곤 했다. 메켄로는 심판과 논쟁을 벌이기도 했고, 실력이 한 수 낮은 선수들과 추가세트까지 가면서 대회 초반에는 그렇게 썩 좋은 플레이를 보여주지 않았다. 그런 그가 결승전에 진출하면 어떤 특별한 성의를 보여주었다. 뛰어난 선수들은 마치 신동끼리 펼치는 결승전처럼 마지막 순간에 어떤 자극이 필요했을지도 모른다. 그것은 집중을 위해 또는 무의식적인 수행을 위해 또는 최선의 노력을 다하기 위한 것일 수도 있다. 그러나 우리 대부분은 그런 종류의 자극은 필요하지 않다. 단지 경기에 참여한다는 사실만으로도 충분한 자극이 되기 때문이다. 다시 말하지만 게임 중에 리더보드를 볼 필요는 없다.

아마추어 골퍼들은 매주 토요일 아침 친구들과 만나 작게나마 내기하는 것을 좋아한다. 내기는 흥미를 유발시키고 도전적인 게임을 하도록 만든다. 그리고 게임에 집중하기 위한 확실한 방법이기도 하다.

하지만 내 경험상 클럽의 실력자들은 매치 상황을 의식하거나 다른 동반자를 의식하는 것으로써 집중을 깨트리지 않는다. 동반자들이 성적과 매치에 대한 이야기를 하고 있는 경우라면, 그들은 상황을 짐작하고 있을 수도 있다. 하지만 실력자들은 매치 상황이 자신들에게 어떤 의미가 되지 않도록 노력한다. 그들의 목표는 여전히 모든 샷에 대한 중요도를 똑같이 유지하면서 자신이 세운 게임 계획을 실행하는 것이다. 또한 그들은 그린 온이 되었든 되지 않았든 침착하게 어프로치 혹은 퍼팅을 시도한다.

골퍼들은 평범한 매치 플레이로부터 게임을 위한 효과적인 태도를 배울 수 있다. 나는 많은 골퍼들이 상대 선수보다 더 좋은 성적을 얻기 위해 게임에 최선을 다하는 모습을 본다. 나는 여기에서 부정행위를 하는 사람에 대해서 이야기하는 것도 아니고, 좋은 성적을 얻기 위해 불합리하게 룰을 어기는 사람들에 대해서 이야기하는 것도 아니다. 그저 보통의 골퍼들에 대해서 이야기하는 중이다. 포볼 매치 게임에서는 게임의 어떤 조건들이 골퍼를 더 편안하게 해주는 면이 있다. 그래서 골퍼는 더 좋은 경기를 할 수 있다. 그들은 완벽해질 필요가 없음을 느낀다. 왜냐하면 자신이 실수하더라도 파트너가 구제해줄 수 있기 때문이다. 따라서 미스 샷에 대한 부담은 확연히 줄어든다. 그들이 만약 스트로크 플레이 방식의 대회에 참가한다면 훨씬 안 좋은 경기를 하게 될 것이다. 경기를 마치고 나면 자신의 이름 옆에 표시된 합계점수가 점점 올라가는 모습을 보아야 하기 때문이다.

중요한 점은 어떤 마음의 상태가 최상의 경기를 할 수 있느냐이다. 대부분의 선수들은 게임에 집중하고 즐거움을 가지면서도 실수에 대한 걱정을 하지 않고 고요하고 여유 있는 마음의 상태를 유지할 때 최상의 경기를 할 수 있다. 그렇다면 왜 일반적인 선수들은 리더보드를 보면서 혹은 매치의 상황을 예의주시하면서 부담감을 높이려 하는가?

여기에 대한 절대적인 규칙은 없다. 선수들이 경기상황을 알려고 하는 태도를 가진다 해서 반드시 나쁜 경기가 될 거라고는 말할 수 없다. 만약 최근에 여러 차례 우승한 프로 선수가 리더보드를 보고 4홀을 남기고 한 타 차 리드하고 있다는 사실을 확인했다 하더라도 이 선수의 감정에는 큰 영향이 없을 것이다. 오히려 반응이 괜찮을 가능성이 높다. 나 역시 이런 경험을 해보았고, 어떻게 이런 과정이 되는지 알고 있다. 이 선수는 현재에 집중할 것이다.

하지만 우승을 많이 해보지 못한 선수라면 또는 최근에 우승 경험이 없는 선수라면 어떻게 반응할 것 같은가? 클럽 챔피언전에서 한 번도 우승을 못 해봤고, 최근에 우승 경험이 없는 아마추어 골퍼도 마찬가지이다. 현재에 집중할 수 있을 것 같은가? 아니면 승패에 대한 생각으로 정신이 혼란스러울 것 같은가?

나는 이 질문에 대답할 수 없다. 하지만 나는 내가 정말 무엇을 해야 할지 알고 있다.

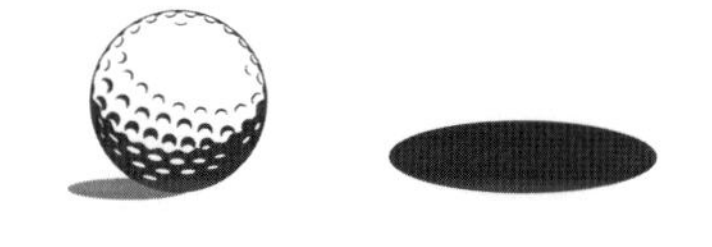

쇼트 게임 연습하기

"팀에 단순히 최고의 선수들이 있는 것은 중요하지 않다.
중요한 점은 선수들이 목표에 도달하기 위해 애쓰고
노력하는 태도를 갖는 것, 불운과 역경에도 잘 견뎌내는 것이다."
-닉 사반

나는 이 책의 후반부에 와서야 쇼트 게임 연습에 관한 나의 생각들을 쓰고 있다. 그렇다고 해서 연습이 중요하지 않다는 것은 아니다. 내가 알고 있는 훌륭한 프로 선수들은 거의 매일 몇 시간씩 연습한다. 그들 중 가장 현명한 선수들은 대부분의 시간을 쇼트 게임 연습에 투자한다.

하지만 모든 사람들이 골프에 그렇게 시간투자를 할 수 있는 것은 아니다. 나는 이 점을 알고 있기 때문에 지금까지 기다려왔다. 많은 사람들은 일주일에 한 번 코스에 나가는 것조차 힘들어 한다. 그들은 일과 가족을 위해 헌신해야 하기 때문에 골프연습을 뒤로 할 수밖에 없다. 혹은 살고 있는 곳이 도시이기 때문에 골프장에 자주 갈 수 없기도 하다. 이런 삶이 현대의 생활이다.

만약 연습을 전혀 할 수 없는 상황이라면 연습을 안 한 것에 대한 결과는 반드시 나타날 것이다. 골퍼는 이 사실을 받아들여야 한다. 골프 스윙은 복잡한 기술을 요구한다. 만약 연습을 게을리하거나 유지관리를 하지 않는다면 기술은 빠르게 쇠퇴할 것이다. 이미 샷에 능숙한 프로 선수들이 연습장에서 많은 시간을 보내는 이유도 유지관리가 필요하기 때문이다. 골퍼들은 처음에는 기술 습득이 되어 있지 않기 때문에 특별히 유지할 것이 없다. 이때는 코스에서 완벽한 플레이를 할 수 없다는 것이 당연하게 받아들여진다. 연습을 하지 않는 골퍼가 미스 샷을 했을 때 화를 내지 않는 것도 당연하다. 이런 골퍼들은 라운드할 때 너무 열심히 노력한다거나 너무 신경 쓰는 플레이를 하지 않아야 한다.

대신 샷을 할 때마다 최소한 견실하고 단순한 루틴을 실행한다는 다짐이 있어야 한다. 예를 들어 어프로치 샷을 한다면 원하는 샷을 상상하는 과정이 루틴 안에 확실히 있어야 한다. 그런 후 도움이 된다면 한두 번의 연습스윙을 통해 자신이 원하는 샷을 느껴보도록 한다. 그리고 톱핑과 같은 실수를 걱정하지 말고 스윙이 시작되도록 내버려둔다. 또한 어떤 일이 일어나더라도 받아들이고 다음 샷에서 이 과정을 반복한다. 이러한 루틴은 골프장으로 운전하고 가는 동안 차 안에서도 할 수 있는 정신적인 훈련이다.

거의 대부분의 골퍼들은 코스에 나갈 수 없다거나 혹은 연습장에도 가지 못한다면 연습을 할 수 없다고 생각한다. 하지만 그렇지 않다. 좋은 연습은 밤 시간에 집에서도 할 수 있다. 저녁에 아이들이 잠자리에 든 후 15분에서 30분 동안 시간을 낼 수 있다면, 쇼트 게임을 위해 할 수 있는 일이 있다. 심지어 골프공 없이도 할 수 있다. 사실 공은 이런 종류의 연습에서는 도움이 되지 않는다.

퍼팅에서 예를 들어보자. 바닥에 거울을 놓는다. 유성 펜 혹은 마커로 거울 위에 점을 하나 찍는다. 그 점은 공의 가운데를 표시한다. 그리고 퍼터를 쥔 후 마치 그 점에 볼이 있는 것처럼 퍼팅 스탠스를 취한다. 그 다음 그 점과 비교하여 자신의 눈 위치를 확인한다. 눈은 바로 점 위에 위치하거나 약간 안쪽에 있도록 해야 한다. 만약 그렇게 되지 않는다면 그렇게 위치할 때까지 움직여서 맞추도록 한다. 자신의 눈이 무의식적으로 항상 볼 위에 위치할 수 있을 때까지 퍼팅 스탠스를 연습한다. 이제 좋은 퍼팅 루틴을 만들기 위한 과정에서 가장 중요한 신체적인 부분을 터득할 수 있을 것이다.

공이 없는 실내 공간도 퍼팅 스트로크 훈련을 위한 좋은 장소가 될 수 있다. 골퍼는 보조도구를 이용하여 스트로크 연습을 할 수 있다. 내가 생각하기에 이와 같은 실내공간은 선수들이 '올바른' 퍼팅 스트로크를 만들기 위해 연습할 수 있는 유일한 공간이다. 나는 선수들이 실제 그린에서 보조도구를 사용하여 연습하는 것을 좋아하지 않는다. 왜냐하면 그린 위에서는 선수들이 스트로크의 궤도를 위해 훈련할 것이 아니라 타깃에 집중하는 훈련을 해야 하기 때문이다. 만약 스트로크 궤도에 대한 연습을 하고 싶다면, 나는 선수들에게 집에서 공 없이 하는 연습을 하라고 권한다. 그렇게 하면 괜찮다.

다음은 벽에 걸려있는 거울을 사용하여 어프로치 연습을 하는 방법이다. 앞서 말한 바 있듯이 루틴을 수행할 때는 가능한 한 의식적인 뇌를 사용하지 않는 것이 중요하다. 동시에 선수들은 샷을 위한 준비자세, 즉 그립, 스탠스, 자세를 취할 때 꼼꼼하게 체크하고 싶어 한다. 이를 위해 테이프를 사용하는 방법이 있다. 거울 앞에서 어드레스를 취한 후 거울에 보이는 대로 어깨와 무릎 그리고 눈의 위치를 표시한다. 그리고 표시한 대로 자세 잡는 연습을 한다. 실내에서는 자세가 본능적으로 취해질 때까지 얼마든지 의식적으로 해도 좋다. 하지만 코스로 나갈 때만큼은 무의식적으로 해야 한다.

골퍼가 운 좋게도 야외에서 쇼트 게임을 연습할 수 있는 기회가 생긴다면 그 시간을 어떻게 보내는 것이 좋겠는가? 모두에게 적용될 수 있는 단 한 가지의 답은 없다. 골퍼의 연습은 게임 수준에 달려있기 때문이다.

만약 자신이 초보자이거나 혹은 자신의 결점을 진지하게 고치는 중이라면 밥 크리스티나가 말하는 '기능 훈련'에 더 많은 시간을 투자해야 할지도 모른다. 우리도 역시 훈련 모드 안에서 그것을 '볼을 치는 것'이라고 부를 수 있다.

기능 훈련 혹은 훈련 모드에서 골퍼는 적절한 움직임을 조절하기 위해 신경망을 개발시킨다. 의식의 뇌는 이 과정의 일부이다. 골퍼가 쇠퇴하고 있는 어떤 기술에 애쓰는 중이라고 가정해보자. 이때 기초적인 어프로치 샷을 배우거나 혹은 발전 단계를 향상시키려면 공 한 바구니를 쳐야 할지도 모르고 같은 샷을 계속 반복해서 쳐야 할지도 모른다.

내가 말해왔듯이, 동작을 익히기 위해 반복해야 하는 마법의 숫자 따위는 없다. 그것은 개인차에 따라 또는 어떻게 연습하느냐에 따라 달라진다. 좋은 지도자는 학생이 연습하는 것을 지켜보면서 그 과정을 단축시키기 위한 피드백을 줄 수 있다. 골퍼는 결코 잘못된 동작을 연습하고 싶어 하지 않는다.

밥 크리스티나와 가브리엘 울프의 연구에서는 학생과 지도자가 '외부 단서'를 이용한다면 골프 학습이 더 빨라질 수 있음을 시사하고 있다. 내부 단서는 어떤 동작을 마음에서 몸으로 수행하기 위한 지시이다. 골퍼의 집중은 스윙 기술 그리고 어떻게 동작을 하는가에 있다. 예를 들어 골퍼는 어프로치 샷을 할 때 클럽의 밑바닥이 잔디에 닿기 전에 공을 치라고 몸에 지시할지도 모른다. 외부의 단서로써 마음 밖의 어떤 것이 동작에 영향을 미치는 것이나. 집중의 초점은 어떤 움직임에서 환경의 어떤 것에 의해 영향을 받으면서 다른 움직임으로 이동한다. 예를 들면, 밥이 학생에게 어프로치 샷을 가르칠 때, 공 뒤에 수건을 두도록 한다. 클럽헤드(첫 번째 외부 단서)의 움직임은 다운스윙 시 그 수건(두 번째 외부 단서)에 의해 영향을 받는다. 만약 학생이 제대로 하지 않으면 클럽헤드는 수건을 칠 것이고, 볼은 날아가지 않을 것이다.

밥은 3단계 훈련과정에서 학생들이 외부 단서를 사용하도록 한다. 밥은 이런 방식을 좋아한다. 예를 들어, 첫 번째 단계는 공 없이 수건만 가지고 연습 스윙을 한다. 이때는 느린 동작으로 해도 좋다. 두 번째 단계에서는 공을 놓고 치는데, 수건을 사용하여 적절한 접근 각도에 대한 이미지를 강화시킨다. 그리고 세 번째 단계에서는 수건을 치우거나 혹은 옆으로 옮겨 놓는다. 그리고 수건이 있다는 느낌으로 자신이 했던 스윙을 상상하면서 공을 쳐본다. 그런 후 어프로치 샷이 꾸준히 능숙하게 될 때까지 과정을 반복한다.

지도자들이 오랫동안 학생들에게 처방해준 많은 훈련 방법들은 외부 단서의 원리를 사용한 것들이다. 그런 방식은 학습을 촉진시킨다. 여기에는 많은 방법들이 있다. 예를 들면 골퍼는 연습벙커에서 공 앞뒤로 평행한 선을 그린다. 그리고 그 선 사이에 있는 모래를 제거하도록 노력한다. 또한 실 한 가닥을 칩 샷 라인에 수직방향이 되도록 땅에서 30cm 높이로 설치한 후 공이 실 아래로 가도록 칩 샷을 시도한다. 이것은 공을 낮게 칠 수 있도록 도움을 준다. 물론 이렇게 외부 단서를 사용한 훈련방법이 누구에게나 적합한 방법이라고 말할 수는 없다. 이런 방법은 몇 가지 예시일 뿐이다.

지도자는 학생을 위해 훈련방법과 외부 단서를 처방하는 사람이어야 한다. 기억하라. 그 처방의 목적은 학생으로 하여금 자신이 하고 있는 동작에 대한 믿음을 더 빠르게 갖도록 하기 위함이다. 그 신뢰 모드는 실제 코스에서 필요한 방식이다. 골퍼는 의식적인 생각 없이 타깃에 반응해야 한다. 대회를 준비하는 선수의 모든 연습은 신뢰모드에서 이루어져야 한다.

신뢰 모드에서의 연습만큼이나 중요한 것은 물리적이고 환경적인 측면에서 코스에 효과적으로 적용될 수 있는 방식의 연습을 할 수 있느냐이다. 나는 이 부분에 대해 하나씩 이야기할 것이다. 골프코스에서의 물리적인 환경은 일반적인 연습장과 유사하지 않다. 연습장에 잔디타석이 있을지라도 잔디타석은 매트에서와 같이 거의 평평한 장소일 것이다. 일반적인 연습장은 넓게 펼쳐진 공간으로 만들어져 있기 때문에 골퍼들이 정확한 타깃을 정하고 샷을 하지는 않는다. 단순히 연습 타석에서서 공만 칠뿐이다. 하지만 코스에서는 이와 다르다. 어프로치 샷을 할 때, 연습장에서처럼 평평하고 획일적이지 않다.

그래서 연습할 때는 코스 조건을 가정해서 할 수 있는 방식을 찾는 것이 중요하다. 연습은 그냥 목표 없이 공을 치는 것보다 전방에 보이는 타깃들을 사용하면서 그곳으로 공을 보내려고 노력해야 한다. 골퍼는 그 밖의 다양한 상황을 가정하여 어프로치 샷과 벙커 샷을 연습해야 하고 타깃에 따라 다양한 스탠스에서도 샷을 시도해봐야 한다. 또한 장애물을 넘기는 연습도 해야 한다.

다행스럽게도 새로 건설되는 골프클럽들은 대부분 이러한 문제를 해결할 수 있는 쇼트 게임 연습장을 설계하고 있다. 골퍼가 이런 시설에서 연습할 수만 있다면 더 없이 좋을 것이다. 연습할 때는 오르막 라이, 내리막 라이, 옆 라이 등 반드시 다양한 상황에서 연습해야 한다. 맨땅이나 딱딱한 곳, 젖은 땅, 러프에서도 연습하고, 잔디가 듬성듬성 있는 곳에서도 연습하라. 벙커를 넘겨서 백스핀과 함께 멈춰서는 어프로치 샷, 오르막 타깃으로 구르는 어프로치 샷을 연습하라. 한 타깃에 성공하면 같은 타깃으로 두 번 치지 않는다.

이런 연습이 좋기는 하지만, 그래도 최고의 연습은 코스에서 하는 것이다. 사실 코스에서의 연습은 코스 관리자들이 좋아하지는 않는다. 그들은 코스 관리를 위해 힘들게 일하고 있다. 나는 관리자들의 마음을 이해한다. 골퍼들이 연습할 때 코스를 아끼는 마음이 없다면 더 이상의 연습은 불가능하게 될 것이다. 그래서 코스에서는 다음과 같은 에티켓을 지켜야 한다. '같은 지역에서는 두 번의 샷을 하지 않는다', '자신이 만든 뗏장은 조심스럽게 원위치로 갖다 놓거나 모래를 채워 넣는다', '벙커에서는 발자국을 고르고 나온다.'

나는 선수들이 해질 무렵 혹은 코스가 붐비지 않을 때 코스 안에서 연습하기를 바란다. 2~3개 정도 여분의 공을 가지고 몇 개의 홀을 플레이하기 위해 코스로 나가는 것이다. 우선 티에서 그린까지는 하나의 볼로 친 후, 그린에 도달하게 되면 과거에 실수했던 장소에 공을 내려놓는다. 깊은 벙커 안이 될 수도 있고, 그린에서 10m 못 미친 오르막 위치가 될 수도 있다. 또한 내리막 위치에 있는 러프가 될 수도 있다. 홀을 향해 각각의 공을 쳐보도록 한다. 그리고 퍼팅으로 마무리를 한다. 다음 홀에서는 상황을 바꿔서 공의 위치를 달리한다. 이번엔 그린으로부터 5~20m 떨어진 곳에 공을 둔다. 그 정도 위치는 실제 라운드를 하는 동안 대부분의 골퍼들이 접하게 되는 어프로치 샷의 범위이다.

이와 같은 물리적 환경에서의 연습은 자신의 쇼트 게임이 궁극적으로 개선될 수 있는 가장 좋은 방법이다. 코스에서는 같은 샷을 두 번 연달아 치지 않는다. 그리고 연습하는 모든 어프로치 샷은 새로운 위치에서 또는 새로운 스탠스를 취할 수 있는 곳에서 해야 한다. 이런 방법들은 다양한 요인들을 시뮬레이션하기 위한 가장 좋은 방법이다. 이런 방식의 연습으로 향상된 기술들은 경기에 가장 쉽게 적용될 것이다.

경기에서의 멘탈 상황을 가정한 연습을 할 수 있다면 연습하고 있는 기술들을 더욱 효과적으로 향상시킬 수 있다. 이를 위한 가장 좋은 방법은 경쟁과 함께 하는 연습이다. 물론 이런 연습을 혼자서도 할 수 있겠지만 파트너와 함께 하는 연습이라면 더욱 좋다. 이미 고인이 된 폴 런얀은 골프 역사상 가장 훌륭한 쇼트 게임 능력을 가진 선수 중 한 명이었다. 그는 나에게 습관적으로 하는 연습 게임을 보여주었다.

폴은 공 하나를 가져와서 연습그린 주변 각기 다른 10개의 지점에 공을 두었다. 그리고 폴은 그 10개의 지점에서 20타 이내로 공을 홀에 넣으려 했다. 그 룰대로면 파 세이브에 한 번이라도 실패하면 20번을 넘기지 않기 위해 한 개의 공을 단 한 번에 넣어야 했다. 폴은 내가 지켜볼 때는 이 게임에서 거의 실패하지 않았다. 만약 실패하면 폴은 처음부터 다시 시작했다.

연습그린에서 쇼트 게임 연습을 할 때 보통은 제자리에서 연달아 공을 치곤 한다. 하지만 이처럼 어프로치와 퍼팅을 분리해서 연습하는 것보다 어프로치 샷을 하고 바로 이어서 퍼팅으로 마무리하는 것이 더 좋은 방식이다. 선수는 경기에서의 압박감에 대비하여 스스로 압박감을 가질 수 있는 상황을 설정해야 한다. 선수는 원 퍼트로 끝내지 못하면 아무리 좋은 어프로치 샷이라도 소용없다는 생각을 해야 한다. 그리고 어프로치 샷이 만족스럽지 않더라도 좋은 퍼트로 만회할 수 있다는 생각을 해야 한다. 이와 같은 방법으로 훈련하기 위해서는 한 개의 공을 사용해야 한다. 다시 말하지만 이 방법은 실제 경기를 가정해서 할 수 있는 훈련방법이다.

패드릭 해링턴은 실력 있는 골퍼와 약간의 돈을 걸고 내기하는 것을 좋아했다. 게임 룰은 벙커 혹은 어프로치 상황 등을 설정해서 홀인을 시도하는 것이다. 한 번에 홀인이 되면 2점을 얻을 수 있고, 아무도 넣지 못하면 가장 가까운 사람이 1점을 얻는다. 만약 상대방이 어프로치 샷이나 벙커 샷을 넣은 후 자신이 연달아 넣으면 4점을 얻을 수 있다. 5점에 가장 먼저 도달하는 사람이 내기에서 이기게 되고, 게임은 다시 시작된다.

나는 이런 종류의 게임을 특히 좋아한다. 왜냐하면 이런 게임은 패드릭 해링턴 같이 실력 있는 선수들을 무의식적인 동작으로 유도하기 때문이다. 패드릭은 이 게임이 어프로치 샷을 연습할 때 가장 좋은 방법이라고 생각하고 있다. 만약 골퍼들이 단순히 연습그린 주변에서 어프로치 샷 연습을 한다면 기술적인 부분에 대해서 생각할지도 모른다. 패드릭은 이 점을 잘 알고 있기 때문에 경기장에서 혼자 연습하게 되면 캐디인 로난과 함께 내기를 한다. 로난은 10달러를 걸고, 패드릭은 저녁내기를 건다. 패드릭은 내기에 이기기 위해 공 5개 중에서 4개의 공을 1m 이내로 넣어야 한다. 로난은 이 게임이 패드릭의 감을 좋게 만든다는 것을 알고 있으며, 결국 경기 후 더 큰 보상이 주어질 것이라는 사실을 알고 있었다. 로난은 패드릭의 내기 제안을 마다할 필요가 없었다.

이런 게임들은 퍼팅에도 적용할 수 있다. 나는 아이들이 서로 대항하여 퍼팅게임하는 모습이 좋다. 아이들은 원하기만 하면 쉬지 않고 몇 시간이든 계속할 수 있다. 그래서 이런 게임은 아이들의 퍼팅 실력 향상에 많은 도움이 된다. 그러나 일반적으로 성인이 하는 연습의 경우에는 수확체감의 법칙이 빠르게 적용된다고 생각한다. 이는 연습량이 많더라도 그 효과는 감소한다는 의미이다. 하루에 4시간씩 훈련하는 프로 선수가 하루 연습 시간 중 퍼팅에 얼마나 많은 시간을 할애해야 하는지 묻는다면, 나는 15~20분이면 충분하다고 대답할 것이다. 나는 선수들이 더 많은 시간을 보낼 때, 여러 가지 안 좋은 것들이 일어난다고 생각한다. 선수들은 롱 퍼팅을 하면서 공이 홀에 들어가지 않는 장면을 많이 볼 수 있고, 쇼트 퍼팅을 할 때에는 기술적인 부분에 대해 심각한 고민을 시작할 수 있다.

선수들은 퍼팅 연습을 할 때, 2m 안쪽에서의 연습을 많이 해야 한다. 그 정도 길이의 퍼팅에 자신감이 있어야 한다. 이런 퍼트는 거의 모든 라운드에서 나오기 때문에 매우 중요하다. 선수들은 보통 짧은 퍼팅일지라도 경사가 있는 곳에서 연습을 해야 한다. 세 가지의 다른 라인, 세 가지의 다른 스피드로 홀에 넣는 브래드 팩슨의 연습방법을 시도해보는 것도 좋다.

다른 연습방법도 많이 있다. 그래엄 맥도웰은 세계일주라고 불리는 훈련을 한다. 이 방법은 홀 주위로 원을 그려 동서남북 방향에 4개의 공을 둔 후 연속해서 퍼팅을 시도하는 것이다. 만약 4개의 공을 모두 성공시키면 한 발 혹은 두 발 정도 멀리 공을 두고 다시 시도한다.

도티 페퍼는 그린에 세 개의 티를 꽂고 하는 연습을 즐긴다. 하나는 홀에서 1m 지점에 꽂고, 또 하나는 1.5m에 지점에 꽂는다. 나머지 하나는 2m 지점에 꽂는다. 그런 후 우선 1m 지점에서 세 개의 퍼트를 연달아 성공시킬 때까지 퍼팅을 한다. 그리고 1.5m 지점으로 이동한다. 다시 세 개를 연달아 성공시키면 2m 지점으로 이동한다. 만약 중간에 미스하면 도티는 1m 지점으로 돌아와 다시 처음부터 시작했다. 아마추어 골퍼가 이 연습방법을 사용한다면 1m 지점의 퍼팅을 많이 할 수 있고, 그러면 2m 안쪽의 퍼트에 자신감을 가질 수 있다. 그 자신감은 게임의 모든 측면을 강화시킬 것이다.

선수들이 퍼팅 연습을 할 때는 경사진 곳에서 하는 것이 더욱 좋겠지만 분필 라인을 사용한 직선 퍼트 연습도 해야 한다. 건축 도구 중에는 분필 가루가 담겨져 라인을 그릴 수 있는 도구가 있다. 이것을 이용하여 그린 위에 직선으로 임시의 선을 긋는다. 평평한 곳에서 홀의 가장자리로부터 2m 혹은 3m 길이로 선을 긋는다. 그리고 공을 라인에 두고 퍼트를 한다. 이때 일부러 퍼터 헤드가 선을 따라 움직이는 것을 생각할 필요는 없다. 그냥 자연스럽게 한다. 그러면 내가 분필 라인의 마술이라고 부르는 몇 가지 좋은 일이 일어날 것이다.

첫 번째, 조준과 스트로크에 대해서 생각하지 않더라도 그것들이 자연스럽게 좋아질 것이다. 이 느낌은 잠재의식의 뇌에 기록되어 코스에 나가면 도움이 될 것이다. 두 번째, 선수는 2m 이내의 퍼트에서 원래보다 더 많은 성공을 거두게 될 것이다. 사실, 분필 라인을 사용할 때 2m 이내의 퍼트에서 실수하기는 어렵다. 그것은 자신감을 키우는데 도움이 될 것이다. 세 번째, 퍼트 라인 보는 연습을 할 수 있다. 이 방법은 골퍼가 눈을 더 이용하도록 만든다. 많은 선수들이 이 훈련을 마치고 나면 퍼팅할 때마다 분필 라인이 보인다고 말한다. 그 분필 라인은 마음속에 퍼팅 라인을 그리기 위한 훈련 도구가 되어준다.

그러나 분필 라인 연습을 몇 시간 동안 할 필요는 없다. 단 5분이면 충분한 효과를 얻을 수 있다. 분필 라인 연습을 변형한 방법도 있다. 우선 막대기나 연필 두 개를 그린에 꽂는다. 그런 후 25cm 정도의 높이로 실을 팽팽하게 해서 양쪽에 묶는다. 그리고 실 아래에서 퍼팅을 하는 것이다. 하지만 나는 분필 라인을 사용하는 방법이 더 좋다고 생각한다. 왜냐하면 이렇게 실을 이용하여 연습한 후, 코스에 나가서 25cm 높이의 실을 상상하면서 퍼팅한다고 말한 선수는 이제껏 없었기 때문이다.

그 다음으로 5~12m 정도 거리에서의 퍼팅연습을 제안한다. 잠깐이면 된다. 이때의 연습은 홀을 타깃으로 삼지 않는다. 동전을 두거나 티를 꽂는다. 혹은 연습그린의 가장자리인 프린지를 향해 퍼팅한다. 골퍼들이 이 거리에서 홀을 타깃으로 연습한다면 골퍼들은 미스 퍼트를 보게 된다. 골퍼들은 굳이 실수하는 퍼팅을 연습할 필요는 없다. 단지 잠재의식의 뇌 감각을 익히기 위한 연습이 필요할 뿐이다. 어떤 거리를 치기 위해 어느 정도의 세기로 쳐야 하는지만 연습하면 된다.

일반적으로 아마추어 골퍼들은 2~5m 거리에서의 퍼팅연습에 그렇게 많은 시간을 투자하지 않아도 된다. 하지만 프로들은 다르다. 프로는 그 정도 거리에서도 성공확률을 높여야 하기 때문에 연습이 더 필요하다. 그러나 아마추어든 프로든 홀을 타깃으로 하는 연습을 한다면, 공이 홀에 들어가는 모습을 많이 보아야 한다.

마음을 훈련하라

“내가 집중할 때 무엇에 대해서 생각하고 있는지 나도 모른다.
나는 집중할 때 생각할 수 없다.”
-요기 베라

내가 언젠가 세베 바예스테로스와 처음으로 이야기를 나눌 때, 그는 약간 익살스러운 면이 있었지만 나름 흥미로운 점도 있었다. 세베는 자신의 친구가 만들어준 특이한 오디오 테이프에 대해서 말했다. 그 테이프에는 세베의 마스터스 우승에 대해 처음부터 끝까지 자세하게 묘사되어 있었다. 그 테이프가 특이했던 이유는 테이프를 만든 시기 때문이었다. 세베의 친구는 세베가 1980년에 마스터스에서 첫 우승을 하기 전에 그 테이프를 만들었다.

지금은 유럽 사람이 마스터스에서 우승한다 해서 더 이상 깜짝 놀랄 일은 아니지만, 세베가 마스터스에서 우승했을 당시에는 유럽에서 우승자가 나온 적은 단 한 번도 없었다. 그것은 어마어마한 정신적 장벽임을 세베는 직감적으로 깨달았다. 친구가 만든 테이프는 그가 장벽을 극복한 방법이었다. 세베는 1980년 마스터스에 참가하기 위해 비행기에 올랐고, 비행기가 미국에 착륙할 때까지 테이프를 수천 번 들었다. 세베가 비행기에서 내릴 때 그는 이미 마스터스에 우승할 수 있음을 느끼고 있었다.

나는 세베에게 별다른 문제가 없었는지 물었고, 그는 조용히 미소지었다. 세베는 마지막 4라운드에서 18번 홀 페어웨이를 걸을 때조차 들뜨지 않았다고 말했다. 그는 자신이 우승할 것이라는 사실을 알고 있었지만 흥분하지 않았다고 했다. 그 이유는 테이프를 통해 이미 경험했기 때문이었다.

나는 웃으면서 말했다. "그럼, 우승 후에 어떤 파티를 해야 할지만 고민하면 되겠네." 세베는 내가 버지니아 대학의 스포츠 심리학 대학원생들에게 가르쳤던 것을 직관적이고 타고난 능력으로 스스로 알아냈다. 세베의 경험은 마음의 훈련이 신체적인 훈련만큼이나 중요하다는 것을 일깨워준다.

의식적인 마음은 골퍼의 잠재의식에 내재된 마음을 계획한다. 골프에 관한 생각들, 골프에 관한 신념과 느낌, 골프에 관련한 대화, 사람들이 자신의 골프에 대해서 말하는 것들까지 이 모든 것은 의식적인 생각의 이면, 자신의 뇌 어딘가에 모두 저장되어진다. 이 기록은 스스로에게 엄청난 기회를 제공한다. 골퍼는 자신을 주인공으로 한 영화의 작가가 될 수 있고, 제작자도 될 수도 있으며, 연출자도 될 수도 있다.

하지만 내가 말하고자 하는 것은 단순히 자신의 부와 명예를 상상한다고 해서 그 꿈이 이루어진다는 의미가 아니다. 골프는 그런 식으로 되는 것이 아니다. 골프 실력은 기술과 자신감의 동등한 양으로 이루어진다. 선수에게는 둘 다 필요하다. 나는 앞에서 신체적인 훈련에 관한 나의 생각들을 제시했고, 무엇보다도 어려운 위치에서 어프로치 샷 연습이 필요하다고 제안했다.

그러나 어려운 위치에서의 어프로치 샷을 잘 해낼 수 있다고 해서 좋은 경기를 위한 준비가 끝난 것은 아니다. 골퍼는 경기 중 이러한 기술들을 코스에 적용시킬 수 있다는 확고한 믿음, 즉 자신감을 개발시켜왔을 것이다. 만약 그러한 자신감을 갖지 못했다면 연습장에서 아무리 잘한다 하더라도 정작 코스에서는 잘 되지 않을 것이다.

분명한 사실은 연습장에서 좋은 샷을 치고 난 후에 다시 그 샷을 상상할 수 있다면, 그것은 자신감을 향상시키는데 도움이 된다는 것이다. 하지만 필요한 것은 더 있다. 골퍼가 어떤 수준에서 경기를 하든지 승리를 원한다면 위기상황에 처했을 때 자신을 믿어야 한다는 것이다. 골퍼는 반드시 코스가 아니더라도 이런 자신감을 위해 멘탈 훈련을 할 수 있다. 자신이 주인공인 영화를 상상해보라고 제안하는 이유가 여기에 있다. 세베가 친구의 테이프를 사용했던 것처럼 골퍼들은 의식적인 마음을 사용하여 잠재의식 속 마음을 계획할 수 있다. 그것은 압박감이 있는 상황에서 안정적인 수행을 도와줄 것이다. 골퍼는 이런 방법으로 멘탈 훈련을 할 수 있다.

명상은 멘탈 훈련 중 하나이다. 선수들은 때때로 이렇게 말한다. 아무리 열심히 노력해도 상상을 하는 동안이나 샷을 하기 전에 마음을 깨끗하게 비울 수 없다는 것이다. 언제나 생각은 의식적인 뇌에서 쏜살같이 지나가는 법이다. 나의 대답은 이렇다. 고요한 마음을 만들고 싶다면, 그렇게 고요한 마음속에 있는 연습을 해야 한다.

우선 조용하고 어두운 방에 앉는다. 핸드폰을 끄고 마음을 가다듬는다. 그리고 어떤 무언가에 자신의 모든 관심을 집중시킨다. 그것은 호흡이 될 수도 있고, 심박수가 될 수도 있다. 또는 누워있다면 천장의 타일이 될 수도 있고, 엄지발가락이 될 수도 있다. 만약 호흡에 집중하고 있다면 폐로 들어왔다 나가는 공기를 느껴보라. 갈비뼈가 수축하고 팽창하는 것을 느껴보라. 산소가 몸으로 퍼지는 것을 음미해보라. 몸과 마음이 어떻게 숨을 쉬어야 하는지 의식할 필요가 없음을 음미해보라. 그냥 하는 것이다. 계속 유지하라. 그렇게 호흡하면서 점점 고요해지는 마음을 느껴보라. 차분해지는 마음을 느껴보라. 이런 명상을 매일 하는 루틴으로 만들어라. 그러면 경기할 때 고요한 마음의 상태를 만들기 위한 좋은 훈련이 될 것이다.

나는 골프코스가 아닌 곳에서도 할 수 있는 멘탈 훈련에 대해 설명했다. 이제 알다시피 중요한 점은 가능한 한 진짜처럼 생생하게 상상할 수 있는 경험을 만드는 것이다. 만약 자신이 코스를 벗어날 때 걱정이 많아지는 골퍼라면 이런 훈련은 걱정을 생산적으로 사용하는 방법이다. 그 걱정을 생생하게 상상하기 위한 동기부여로 사용하라.

이것을 끈질기게 지속적으로 수행하라. 때때로 선수들은 심상을 시도해보라는 나의 제안을 받은 후 일주일 정도가 되면 나에게 전화를 한다. 그리고 더 이상 못하겠다면서 이렇게 말한다. "우승하는 내 자신을 상상하려고 노력했어요. 루틴을 실행하는 상상도 했고, 공을 치는 상상도 했어요. 그리고 성공하는 퍼팅을 상상하기도 했어요. 그런데 저는 생각만 해도 심장이 떨려요. 그래서 상상을 제대로 할 수가 없어요."

그러면 나는 이렇게 대답한다. "그래, 한 번 생각해보자. 너가 침대에 누워있을 때 그런 상상조차 할 수 없다면, 실제로 경기에서 너의 마음과 감정을 충분히 조절할 수 있을 것 같아? 상상으로도 안 되는 일을 어떻게 할 수 있겠어? 만약 누군가가 스윙을 바꾸라고 해서 나흘 동안 연습했다고 가정해보자. 그런데 아무런 진전이 없었던 거야. 그러면 나흘간의 노력은 헛수고했다는 생각으로 그만 포기할 거야? 아마 그렇지는 않겠지. 뭔가 변화가 있으려면 시간이 걸린다는 것을 알고 있기 때문에 아마도 너는 계속 노력할 거야. 상상하는 훈련도 마찬가지야. 마음속으로 들어간 상상을 제어할 수 있을 때까지 훈련을 계속 해야 해."

나는 선수들의 이미지 트레이닝을 돕기 위해 오디오 녹음파일을 만들었다. 선수들은 녹음파일을 저장해두고 밤마다 잠들기 전에 들을 수 있다. 아래 내용은 우승경험이 있는 많은 선수들이 들어왔던 것을 글로 옮겨 적어 놓은 것이다. 선수들이 이 글을 녹음하여 듣는다면 자신의 마음에 어떤 그림을 상상하는데 도움이 될 것이다.

당신은 햇볕이 들어오는 편안한 의자에 누워있습니다. 따뜻한 날, 태양이 구름 뒤에서 막 얼굴을 내밉니다. 햇볕의 따사로움이 이마에 느껴집니다. 마음이 점점 편안해집니다. 햇볕이 당신의 눈꺼풀을 건드리면, 당신의 눈은 아주 따뜻해집니다. 당신의 눈은 아주 나른해집니다. 태양이 당신의 어깨 위로 내려가면서, 어깨에 힘이 빠지고 편안해집니다. 태양이 천천히 당신의 몸 전체로 내려갑니다. 몸 전체가 아주 편안해집니다. 몸은 아주 고요해지면서 여유롭습니다. 당신은 지금 기분이 매우 좋아지고 있습니다.

이제 경기에 참가하는 자신을 그려봅니다. 오늘은 일요일 마지막 라운드를 치르는 날입니다. 당신은 현재 후반 9홀에서 플레이하는 중입니다. 당신은 두 명의 세계 최고 골퍼와 한 조에 있습니다. 당신은 지금 얼마나 훌륭한 골퍼인지 자랑스러워하면서 자신감에 차 있습니다. 이 게임은 자신이 원해왔던 경기입니다. 당신은 매우 행복하고 확신에 차 있습니다. 당신은 골프를 하기 위해 태어났고, 훌륭한 선수가 될 운명이라는 사실을 알고 있습니다. 이곳은 당신을 위한 자리입니다. 그동안 훈련과 발전을 거듭해온 오랜 시간들은 당신을 세계 최고의 골퍼 중 한 사람으로 만들었습니다. 당신은 이 사실을 알고 있기 때문에 얼마나 기분이 좋은지 모릅니다. 당신은 지금 챔피언 조에서 플레이 중이고, 온 세계는 지금 당신의 플레이를 지켜보면서 즐기고 있습니다. 당신은 기쁨으로 가득 차 있습니다. 당신은 그저 멋진 골프를 하는 좋은 느낌을 즐기는 중입니다.

당신은 지금 차분한 마음으로 멋진 샷을 날리는 자신의 모습을 선명하게 보고 있습니다. 당신은 지금 공 앞에 서 있습니다. 당신이 늘 하는 일은 그냥 공을 보고 치는 것뿐입니다. 퍼팅그린 위에서는 그저 공을 보고 굴리는 것뿐입니다. 웨지 샷을 치면 벙커 너머에 있는 어려운 핀 위치로 공을 떨어뜨립니다. 생각하는 것은 아무것도 없고 마음은 그저 고요합니다. 당신은 공이 홀 쪽으로 갈 것이라는 사실을 확신하고 있습니다. 그리고 망설이지 않고 샷을 합니다. 만약 가끔 그린을 놓치더라도 당신은 훌륭한 쇼트 게임 능력을 가지고 있다는 사실을 잘 알고 있습니다. 당신은 조금도 흔들리지 않습니다. 당신은 그냥 공으로 걸어가면서 공이 홀에 들어가는 상상을 합니다. 당신은 그렇게 멋진 골퍼가 되는 기분이 얼마나 좋은지 느끼고 있습니다. 그저 즐기기만 할 뿐입니다.

당신은 자신이 멘탈적으로, 감정적으로 얼마나 강한 사람인지 알고 있습니다. 당신은 마치 바위와 같습니다. 무엇도 자신을 괴롭히거나 속상하게 하는 것은 없습니다. 당신은 한두 번의 미스 샷을 할지도 모릅니다. 하지만 실수는 누구나 할 수 있다는 사실을 알고 있습니다. 그런 실수는 당신에게 아무런 의미가 없습니다. 당신은 미스 샷을 하더라도 아무런 감정을 갖지 않습니다. 다음 샷을 할 때는 새로운 라운드의 시작인 것처럼 샷을 합니다. 라운드가 끝날 때까지 공을 보고 그냥 칠 것이라는 자신의 다짐은 결코 약해지지 않습니다.

당신은 행복한 마음으로 경기합니다. 당신은 자신의 성격대로 나답게 하는 것을 즐깁니다. 샷과 샷 사이에는 캐디 혹은 동반자와 이야기를 나누면서 편안함을 느낄 수 있습니다. 당신은 자신이 소망했던 순간들을 즐기고 있습니다. 후반 9홀을 경기하는 동안 행운이 올 것이라 믿고 좋은 일이 일어나기를 바랄 뿐입니다. 당신은 올해 많은 우승을 하게 될 것이라는 사실을 알고 있습니다. 당신은 좋은 바운드를 기대하면서 공이 홀에 붙기를 바랍니다. 당신은 자신의 스윙이 얼마나 좋은지, 경기하고 있는 이 순간이 얼마나 기쁜지를 생각하지 않을 수 없습니다. 이런 플레이가 자신의 게임이기 때문입니다. 이것은 타고난 재능이면서 당신이 사랑하고 즐기는 게임입니다.

당신은 페어웨이를 거닐면서 즐겁고 행복한 마음을 느낄 수 있습니다. 당신은 진정으로 자신이 좋아하는 게임 안에 있음을 느낍니다. 당신의 목표는 샷을 할 때마다 같은 방식으로 샷을 하는 것입니다. 자신과 캐디에게 이 점을 상기시킵니다. 당신은 마음속에서 샷을 한 후 공을 칩니다. 당신은 마음속에서 퍼팅을 한 후 공을 굴립니다. 이보다 더 중요한 것은 없습니다.

퍼팅에서 자신이 신경 쓰는 것은 보고 굴리는 것뿐입니다. 당신은 자신의 능력과 재능을 완전히 신뢰하고 있습니다. 당신은 끈기가 있습니다. 당신이 그렇게 좋은 인내심을 가질 수 있는 이유는 샷을 하는 순간 어떤 생각을 해야 하는지 알고 있기 때문입니다. 그리고 오늘은 고요한 마음으로 첫 번째 티박스로 갈 수 있었기 때문입니다. 하루 종일 자신을 신뢰하고 똑같은 방식으로 경기를 한다면 승리는 당신에게 올 것입니다. 당신은 이것을 느끼기 때문에 기분이 좋아집니다. 한 번에 하나의 샷을 치는 것, 공이 어디로 가든 받아들이는 것, 다시 공을 찾아 같은 방식으로 샷을 하는 것, 당신은 이것이 승리의 열쇠라는 사실을 알고 있습니다.

당신은 자신의 재능과 자신의 게임을 사랑하기 때문에 볼 앞에서 선 당신의 마음은 아주 차분합니다. 당신은 자신의 본능을 믿습니다. 당신은 이것을 즐기고 있습니다. 당신은 다른 선수들이 클럽 선택을 할 때, 길지 짧을지에 대해 너무 많이 생각하는 모습을 봅니다. 당신은 자신이 하는 일에 대해 믿는 것만으로도 아주 즐거운 시간을 보내고 있습니다. 당신은 그냥 보고 샷을 하면서 단지 게임을 사랑하고 있다는 좋은 느낌을 즐기는 중입니다. 그린 위에서는 자신에 대한 믿음을 잃는 법이 없습니다. 당신은 홀을 보고 공을 굴립니다. 당신은 자신의 본능이 잘 발휘되는 것에 만족해합니다. 당신은 그린 경사를 읽을 때 처음의 본능적인 느낌을 따라가는 것이 얼마나 쉬운 일인지, 이것을 즐기는 중입니다. 당신은 믿음을 가지고 공이 홀에 들어가는 모습을 볼 때 자신의 눈이 얼마나 좋은지, 그린 경사를 얼마나 잘 읽는지, 그런 자신을 자랑스럽게 생각합니다. 당신은 공이 짧게 남거나 홀을 지나치는 것에 대해 걱정하지 않습니다. 당신은 그저 홀을 보고 공을 굴립니다. 그 느낌은 세상에서 가장 멋지고 흥미롭습니다.

오늘 경기는 아주 느리게 진행됩니다. 같은 조의 다른 선수들은 불만스럽게 여기면서 초조함을 느낍니다. 하지만 당신은 행복하기만 합니다. 그 무엇도 당신을 이런 기분에서 끄집어낼 수 없습니다. 당신은 그 어떤 것도 자신을 괴롭히고 속상하게 만들 수 없다는 사실을 잘 알고 있습니다. 당신이 있어야 할 곳은 경기장이기 때문에 당신은 골프장에 있는 것만으로도 즐겁습니다. 당신은 다른 선수들이 괴로워하고 속상해 하는 모습을 볼 때 그것이 자신에게 유리하다는 것을 알고 있습니다. 그들은 실수를 하면서 혼란스러워합니다. 하지만 당신을 괴롭히는 것은 아무 것도 없습니다.

바람이 불고 있을지도 모릅니다. 당신은 훌륭한 선수이기 때문에 바람을 좋아하기로 결심했습니다. 당신은 평정심을 잃지 않습니다. 바람이 자신의 마음을 지배하도록 놔두지 않습니다. 당신은 자신의 마음이 바람을 지배하도록 할 것입니다. 바람이 다른 선수들을 괴롭힐수록 당신의 기분은 더 좋아집니다. 그렇지만 좋은 날씨에 완벽한 조건 안에서 경기하는 것을 더 좋아합니다. 왜냐하면 좋은 마음으로 당신은 버디를 많이 기록할 것이고 좋은 점수를 만들 것이기 때문입니다. 당신은 집중을 잃지 않고 차분하고 고요한 마음을 가집니다. 당신은 경기 내내 그냥 홀을 보고 공을 굴리는 일만 합니다.

당신은 게임에 도전하는 것을 즐깁니다. 그 도전은 자신을 이겨내는 것이고 코스와 싸우는 것입니다. 자신과 공 그리고 코스만 있을 뿐입니다. 당신은 정말 다른 어떤 것에도 신경 쓰지 않습니다. 플레이가 점점 나아질수록 더 차분해집니다. 더 많은 버디를 기록할수록 더 고요해집니다. 더 여유로운 마음을 가질수록 게임을 더 즐길 수 있습니다. 당신은 그냥 홀을 보고 샷 하는 것이 얼마나 좋은지 모릅니다. 왜냐하면 모든 것이 자신의 방식대로 될 때 당신은 그저 자동 조종장치에 맡겨놓은 것처럼 느끼기 때문입니다. 당신은 그런 자신의 방법에 분석하는 마음을 갖지 않습니다. 그렇게 분석하도록 자신을 내버려두지 않습니다. 당신은 이것을 확실히 합니다. 그냥 타깃을 보고 샷을 할 뿐이고 그 좋은 느낌을 즐깁니다. 당신이 훈련해온 것처럼 그것은 골프의 전부입니다. 이것은 자신감 있는 골프의 모든 것입니다. 마음속에서 분명하게 볼 수 있는 것은 골프는 하나의 게임이고 그 게임을 즐겨야 한다는 것입니다.

이제 마지막 그린 위에서 4m 퍼트를 합니다. 모든 사람들이 그 퍼트가 얼마나 중요한지 알고 있습니다. 그 퍼트는 당신에게 첫 번째 우승을 가져다 줄 것입니다. 마음을 가다듬습니다. 목표는 1라운드 첫 번째 그린에서 했던 것처럼 퍼트하는 것입니다. 그것은 차분한 마음으로 그냥 홀을 보고 굴리는 것입니다. 당신은 이렇게 하는 이유를 알고 있습니다. 이렇게만 한다면 당신은 경기에서 우승할 수 있고, 자신의 꿈을 이룰 수 있다는 것을 알고 있습니다. 당신은 지금 무엇을 해야 하는지 알고 있습니다. 그저 홀을 보면서 공을 굴리고, 공이 홀에 들어가는 모습을 볼 때 당신은 좋은 기분을 느낍니다.

마침내 홀에서 볼을 꺼낼 때, 당신은 미소 지으며 만족합니다. 그리고 캐디와 포옹하면서 축하를 받습니다. 상금을 받고 트로피를 쥐고 있는 자신의 모습을 볼 수 있습니다. 우승소감에 대해서 인터뷰하는 자신의 모습을 봅니다. 전화를 걸어 가족들과 친구들에게 이야기합니다. 당신은 기분 좋은 하루를 보내고 있습니다. 하지만 당신이 가장 자랑스러워하는 것은 얼마나 여유로웠는지, 얼마나 재미있었는지, 얼마나 자신을 신뢰했는지입니다. 당신은 이런 날들이 앞으로 더 많을 것이라는 사실을 알고 있습니다. 왜냐하면 남은 선수생활 동안 계속 게임을 이렇게 단순하게, 재미있게 플레이할 것이기 때문입니다.

당신은 알고 있습니다. 단순히 홀을 보고 공을 치면서 재미있게 경기할 때 승리가 따라온다는 사실을 알고 있습니다. 이것이 골프라는 경기를 잘하기 위한 진짜 비밀입니다. 당신은 마음이 상상한대로 그렇게 할 수 있습니다. 당신은 원하는 샷을 마음에 그리면 그대로 칠 수 있습니다. 당신은 원하는 퍼팅을 마음에 그리면 그렇게 퍼팅에 성공할 수 있습니다. 당신은 그것을 느끼는 것이 얼마나 좋은지 모릅니다.

자, 이제 아주 천천히 눈을 뜹니다. 그리고 깊은 숨을 두 번 정도 내쉬면 당신은 현재로 돌아옵니다.

다른 어떤 훈련도 마찬가지겠지만 이와 같은 멘탈 훈련에 노력을 기울인다면 그만큼의 보상이 주어질 것이다. 만약 선수들이 이런 것에 무관심하다면 경기력에 대한 변화는 기대할 수 없을 것이다. 하지만 멘탈 훈련을 열심히 한다면 자신의 게임은 향상될 것이다. 선수들은 이런 경험에 기분 좋게 놀랄 것이다. 결코 마음의 힘을 과소평가해서는 안 된다.

노력에 대한 보상

"쇼트 게임에 자신감이 부족한 골퍼는
풀 스윙으로 그린을 공략할 때 엄청난 부담을 느낀다."
-폴 런얀

2011년 브리티시 오픈이 열리기 전날, 나는 로얄 세인트 조지스 골프장의 퍼팅그린에서 대런 클라크를 만나 인사했다. "박사님! 우리 정말 할 이야기가 있지 않아요?" 그가 말했다. 내가 알기로 대런은 쇼트 게임의 감이 좋지 않았다. 특히 퍼팅이 좋지 않았다. 그로 인한 대런의 실망감은 게임 전체로 번지는 중이었다.

대런은 나와 여러 해 동안 알고 지내왔고 나의 지도를 받은 적도 있었다. 나는 그를 좋아하기도 하지만 아주 훌륭한 선수라고 생각했다. 그런 그를 도울 수 있다는 것은 나에게 행복한 일이었다. 우리는 퍼팅그린에서 나와서 클럽하우스 옆에 있는 골프장 회원 전용 구역으로 갔다. 날씨가 꽤 쌀쌀해서 우리는 바람을 피할 수 있는 구석에 자리를 잡았다.

회원들은 대런을 가깝게 볼 수 있어서 아주 기뻐했다. 대런은 영국 전역에 걸쳐 사랑받는 인물이었다. 대런은 암으로 아내를 잃은 아픔을 딛고 여러 해 동안 라이더 컵에 출전했다. 대런은 유럽팀 선수로서 뛰어난 경기를 보여주었다. 영국 사람들은 그런 대런의 극기심을 기억하고 있었다.

골프장 코스관리 책임자가 대런에게 다가와서 자신을 소개했다. 대런은 그에게 최상의 코스상태를 칭찬했다. 그러자 그는 웃으면서 대런에게 커피 한 잔을 가져다주었다. 다른 회원들은 대런에게 수줍게 다가와서 사인을 요청했다. 대런은 회원들이 건네준 모자며, 깃발이며, 종이에 사인을 해주었다. 회원들은 아주 고마워했다. 대런은 밝은 표정으로 회원들의 요청에 모두 응해주었다. 그리고 사인을 해주는 사이에 대런은 나에게 자신의 기분이 어떤지 말했다.

또 다른 회원에게 사인을 해준 후 대런은 이렇게 말했다. "저는 다른 사람에게는 친절해요. 하지만 저는 제 자신에게는 비참한 느낌이 들어요. 당장 이 경기에도 나가고 싶지가 않아요."

대런의 말은 메이저 대회 전날 내가 선수에게 가장 듣고 싶지 않은 말이었다. 그는 지난 몇 년 동안 미국에 거의 있지 않았기 때문에 나는 예전에 만났던 것만큼 그를 자주 보지는 못했다. 대런은 랭킹이 하락하여 미국에서 열리는 메이저 대회나 월드골프챔피언십에 자동출전권을 받을 수 없었다. 그의 나이 42세였다. 한 때 그는 아일랜드 골프의 차세대 기대주로 평가받았다. 하지만 2011년 여름, 어떤 기자는 '대런의 시대는 끝났다'라는 기사를 썼다. 실제로 아일랜드의 어린 선수들, 패드릭 해링턴, 그래엄 맥도웰, 로리 맥길로이와 같은 선수들은 이제 대런을 능가하는 것처럼 보였다. 나는 그 선수들과 각각 만난 적이 있었고 그들은 모두 메이저 대회에서 우승했다. 대런은 그들의 우승에 진정으로 기뻐했고 축하해주었다. 하지만 그들의 우승은 대런에게 메이저 대회 우승을 더욱 갈망하게 만들었다.

나는 대런의 삶에서 긍정적인 변화가 있었다는 사실을 알 수 있을 만큼 그와 가까이 지내왔다. 그는 두 아들인 타이론과 코너를 런던에서 다시 북아일랜드로 데리고 갔다. 대런은 아이들과 함께 홈 코스인 로얄 포트러쉬에서 골프를 많이 쳤다. 대런은 최근에 약혼한 상태였다. 그리고 그는 5월 중순에 유럽투어 대회인 이베르드롤라 오픈에서 우승을 차지했다. 2008년 이후 첫 우승이었다. 그래서 나는 이번 브리티시 오픈에서도 대런의 좋은 성적을 기대했었다. 나는 그에게 무슨 일이 있었냐고 물었다.

"우승은커녕 완전 망했어요." 대런이 말했다. "저는 자꾸 모든 것에 완벽해지려고 해요. 스윙을 너무 완벽하게 하려고 해요. 그렇게 하는 것이 우승하기 위한 노력이라고 생각하는 것 같아요. 퍼팅 스트로크도 더 완벽하게 만들려고 애쓰고 있어요. 활 모양의 궤도를 따라 스트로크를 만들어보기도 했고 그립을 앞으로 기울여보기도 했어요. 저는 지도자들이 말해준 대로 많은 것들을 시도했어요."

대런의 말은 나에게 익숙한 것이었다. 보통의 골퍼들은 선수들이 우승할 때, 특히 메이저 대회에서 우승할 때 생각에 의해서 반응되는 것이라고 생각할지도 모른다. 선수들이 다음과 같은 생각을 한다면 다행이다. '드디어 나는 좋은 스윙과 좋은 퍼팅 스트로크를 만들었어! 나는 이제 스윙에 관해 걱정을 안 해도 돼. 무의식적으로 가자. 그리고 우승에 도전하는 거야.' 하지만 많은 선수들이 생각하는 방식은 이렇다. '와우! 우승을 하면 2년 동안 투어카드를 준다는 의미잖아. (메이저 대회 우승이라면

5년.) 난 그동안 스윙을 고치고 퍼팅 스트로크를 재정비할 거야. 완벽하게 준비할 거야.' 이런 생각과 함께한 노력은 선수들의 게임과 자신감을 망치는 길이 될 수 있다. 대런이 바로 이런 과정에 있었던 것이다.

대런은 말했다. "샤프트를 기울일수록 모든 퍼트가 밀려나가요. 밀려나갈까봐 걱정하면 이젠 당기는 퍼트가 나와요. 노력에 대한 보상은 아무 것도 없는 것 같아요. 더 열심히 하면 할수록 기분만 안 좋아지고 플레이도 잘 안 돼요. 미스 샷이 자꾸 나오고 성공하는 퍼트가 없어요. 라운드 중에 퍼트하는 방식을 바꾸기도 해요. 그냥 이렇게 계속 하다보면 진짜 미칠 것 같아요."

나는 대런이 퍼팅에 대한 태도를 바꿀 수만 있다면 쇼트 게임과 샷에 대한 압박을 덜어낼 수 있을 것이라고 생각했다. 그는 버디를 잡고 싶을 때 모든 어프로치 샷을 핀으로부터 1m 안에 붙여야 한다는 생각을 버려야 했다. 퍼팅에 너무 신중해지는 태도는 게임의 다른 부분에도 영향을 미칠 수 있었다. 대런은 원래 샷이 아주 좋았다. 그의 풀 스윙은 바람이 많이 부는 링크스 코스에 적합했다. 탄도가 낮고 힘이 있었다. 하지만 퍼팅에 대해 걱정하는 마음이 다른 기술까지 약화시킨 것 같았다.

"1m 정도의 퍼팅은 정말 괜찮아요. 하지만 3~5m 정도 되는 퍼팅이 잘 안 돼요." 톱 프로는 3~5m 정도의 거리에서 버디를 기대한다. "그리고 롱 퍼트에서의 거리 조절이 아주 형편없어요. 아예 퍼터 페이스 중앙에도 못 맞추는 것 같아요. 그리고 공을 본대로 출발시키지도 못해요."

대런은 이번 브리티시 오픈에서 최고의 기량을 보여줌으로써 스페인에서의 5월 승리를 입증하고 싶어 했다. 이 욕망은 매우 강했다. 하지만 그 욕망은 대런의 좌절감만 키우는 듯 보였다. 대런은 상황을 긍정적으로 보지 못했다. 피곤함과 실망감을 더 느꼈다. 대런은 언제나 생기 넘쳐 보였지만 때때로 그런 모습이 성공으로 나아가게 하는 긍정적인 에너지가 되기도 했고, 자신을 위축시키는 부정적인 에너지가 될 때도 있었다.

나는 대런을 쳐다보며 말했다. "대런, 내가 알기론 자네가 10대일 때 퍼팅을 정말 못했어. 하지만 16~17살이 되었을 때는 퍼트를 멋지게 잘할 수 있었잖아." "네, 맞아요." 그가 말했다. "이 말은 자네가 이미 퍼팅하는 법을 알고 있다는 뜻이야." 내가 말했다. "자네가 이제 퍼팅하는 법을 모르는 척하지 않았으면 좋겠어. 만약 그렇게 모르는 척하는 것을 그만두게 되면 '정확하게' 하는 것을 멈추고 자네 방식대로 할 수 있을 거야." 그러자 대런은 "저는 더 이상 제 방식이 뭔지 모르겠어요. 저는 이미 많은 것을 시도했어요." 하고 말했다.

"퍼팅을 할 때 '정확하게' 해야 한다는 생각으로 열심히 하는 것은 소용이 없어. 그리고 꼭 넣어야 한다는 생각으로 지나가게 치려는 생각을 버려야 해." 내가 말했다. "그러면 그 다음엔 훨씬 지나칠까봐 무서워서 짧게 치고 말거야. 톰 왓슨의 태도를 조금 배워야 할 것 같아. 톰은 공이 어디로 가든지 받아들이면서 그냥 보고 그냥 치거든. 너무 완벽하게 하려고 하지 말고, 모든 것을 정확하게 조절하려고 하지 않았으면 좋겠어."

나는 대런에게 퍼팅할 때 기술적인 생각은 마음에서 지우고 그냥 타깃에 무의식적으로 반응해야 한다고 이야기해주었다. 대런이 말했다.

"아, 박사님 말이 맞아요. 저는 무의식적으로 하는 것을 좋아했어요. 제가 그렇게 무의식적으로 하는 것을 좋아하지만, 그렇게 하면 두려운 마음이 커질 거예요. 전 퍼팅을 너무 오랫동안 의식적으로 해왔어요."

내가 말했다. "만약 자네가 퍼팅하는 방법을 알고 있다고 믿는다면, 무의식적으로 하도록 그렇게 내버려둬 봐. 자네가 만약 퍼팅을 잘 못했었고 퍼팅하는 방법을 몰랐다면, 의식의 뇌를 사용해서 퍼팅 스트로크를 조절하는 것이 맞아. 하지만 지금은 기본으로 돌아가야 할 것 같아. 오랜 시간 이야기하지 못했던 것을 점검해보도록 하지."

나는 대런에게 골프공을 하나 가지고 와서 나에게 던져보라고 했다. 대런은 내 손을 향해 공을 던졌다. 내가 말했다. "좋아. 좀 더 해봐." 나는 앞뒤로 움직이면서 던지는 거리가 달라지도록 했다. 그리고 대런은 나에게 몇 개의 공을 더 던졌다. 물론 대런이 던진 모든 공은 내가 쉽게 잡을 수 있을 만큼 부드럽고 정확했다.

"지금 자네는 그냥 내 손을 보고 공을 던지고 있어." 내가 말했다. "나한테 공을 던질 때 자네 손바닥이 어떻게 조준되었는지 생각했나?" "아니오!" 대런이 대답했다. "그럼 손이 정확하게 조준이 되었는지 확인하기 위해 자네 손을 본 적이 있었어?" "아니오." "그럼 공을 던질 때, 얼마나 세게 던질지 혹은 팔을 뒤로 얼마나 보낼지에 대해서 생각했어? 아니면 어떻게 서야 할지, 체중은 어떻게 두어야 할지를 생각한 거야?" "물론 아니죠." "하지만 자네는 공을 던질 때마다 적당한 스피드로 내 손에 정확하게 넣었어. 자네는 공을 던질 때 스스로를 완전하게 믿었던 거야."

나는 대런에게 회원전용 구역에 처음 들어와서 이야기를 시작했을 때 일어났던 일들에 대해서 떠올려보라고 했다. "자네가 누군가에게 사인을 해줄 때마다 자네는 사인하는 것을 보지 않았어. 그렇지만 이름을 쓸 수 있었고, 그때마다 사람들은 좋아했지. 우리가 이야기하면서 앉아 있는 동안에 자네는 누군가 가져다 준 커피를 마셨잖아. 그것도 놀라운 일이야. 자네는 나를 쳐다보면서, 골프에 대해 이야기하면서 바지에 아무것도 흘리지 않았어. 도대체 입이 어디에 있는지 어떻게 알았던 거야?" 대런은 미소 지었다.

"자네의 행동은 연주회에서의 훌륭한 피아니스트와 같아. 피아니스트는 그냥 머릿속에서 음악을 듣고 있을 뿐이고, 손은 시속 100km로 움직이는 중이지. 피아니스트는 마음속에서 듣고 있는 것에 반응하는 것뿐이야. 피아니스트가 의식적으로 건반을 정확하게 쳐야 한다는 생각을 하지 않고, 틀린 건반을 칠까봐 걱정하지 않는다면 피아니스트는 결코 틀린 건반을 누르지 않을 걸세."

나는 대런에게 마지막으로 그의 집을 방문했을 때를 상기시켰다. 우리는 당시 4살과 6살 즈음 되었던 대런의 아이들과 축구를 했었다. 우리가 아이들에게 공을 찼을 때 우리는 발동작을 어떻게 할 것인지, 아이들 앞으로 공을 차기 위해 얼마나 멀리 보내야할 지에 대해 생각하지 않았다. 우리는 그냥 아이들이 움직이는 대로 공을 찬 것뿐이었다.

내가 말했다. "지금 자네는 아이들과 골프를 많이 치고 있잖아. 내가 자네에게 요구하는 것들은 아이들에게는 무척이나 쉬운 일이야. 자네가 그걸 알게 되면 놀랄 거야. 아이들이 90타를 깨지 못한다고 해서 오늘 골프가 재미없었다고는 말하지 않을 걸세. 자네가 바로 그런 태도를 가져야 하네. 하지만 우리가 골프라는 세상 안에서 성장하고 자라날 때, 왜 그런지 모르게 결과에 집착하는 마음을 갖게 되어 있어. 우리는 무의식의 마음보다 의식의 마음을 더욱 신뢰하도록 교육 받았던 거야. 심지어 우리가 아주 능숙한 일을 할 때도 말이지."

나는 대런에게 미국 말더듬협회에서 내가 진행했던 프로그램에 대해서 말해주었다. 말을 더듬는 사람들 중 많은 사람들이 혼자 있을 때는 완벽하게 말을 할 수 있다. 하지만 말할 때 사회적 압박을 받으면서 실수할까봐 걱정을 하게 되면 말을 더듬기 시작한다.

나는 대런에게 마이클 조던의 최근 책에 대해서도 이야기해주었다. 마이클 조던은 적어도 선수와 관련한 두려움의 개념을 깨끗이 잊어버렸다. 조던이 말하기를 두려움은 신기루이며 환상이라는 것이다. 나쁜 일이 실제로 일어나지 않는데도 많은 선수들은 플레이가 잘 안 된다고 느끼고 의식의 마음을 일으킨다. 기억해야 할 것은 골프는 단순한 게임이고 노는 마음으로 해야 한다는 것이다. 경기에서 두려워할 것은 없다.

"경기를 하기 위해서 자네는 강해져야 하네." 내가 말했다. "강해져야 한다는 마음이 바로 무의식적인 마음이야. 무의식적으로 하기 위한 노력과 자신을 실력 있는 골퍼로서 믿으려는 노력은 자신과 다른 선수들이 다르다는 것을 보여줄 수 있는 방법이 될 거야. 내 말은 자신의 재능을 자유롭게 풀어주라는 것이네. 자네는 충분한 재능을 가지고 있어. 하지만 그 재능을 발현시키기 위해서는 의식적인 조절을 하지 않아야 해. 그렇게 의식적인 마음에서 벗어난 후 그냥 타깃에 무의적으로 반응하는 거야. 왜 그렇게 해야 하는지 완전하게 설명할 순 없지만, 자네가 어떤 재능이 있어서 그냥 타깃을 보고 무언가 하도록 내버려둘 때, 자네 몸은 공이 그곳으로 가도록 반응하는 거야. 이것이 자네가 가지고 있는 능력이라네."

나는 대런에게 우리가 많이 이야기해왔던 부분을 상기시켰다. 그것은 선수생활 동안 자신에게 최고의 친구가 되어주는 것과 덜 노력하기에 대한 것이었다. "대런 자네는 너무 열심히 노력해왔어. 그건 최선을 다하는 것이 아니야."

나는 대런에게 위대한 축구 지도자 빈스 롬바르디의 말을 이야기해주었다. 그는 '피로가 우리 모두를 겁쟁이로 만든다'고 했다. "자넨 좀 휴식이 필요한 것 같아. 그렇게 하지 않으면 이번 시합에서 자네가 해야 할 일들을 감당하지 못할 거야. 여기서 이렇게 하루에 7시간씩이나 연습할 필요는 없어. 자네는 이미 공을 치는 방법에 대해 알고 있잖아. 자네는 여유로운 시간을 좀 보내야 할 것 같아. 슬럼프에 벗어나기 위해 매일 낮에 여기 와서 이러고 있을 필요가 없어. 자네는 이미 게임을 잘할 수 있는 법을 알고 있어."

그때 대런은 전화기를 꺼내면서 말했다. "그 말씀을 다시 한 번 이야기해주세요. 메모를 해야겠어요. 그렇게 해야 할 것 같아요. 왜냐하면 사실 지금 너무 피곤하거든요. 연습할 때 저는 녹초가 돼요. 그런데 패드릭 해링턴은 이걸 어떻게 한 거죠? 전 패드릭을 정말 좋아하지만 패드릭이 저보다 더 분석적인 사람이라는 것을 알아요."

내가 말했다. "대런, 자네 말이 맞네. 하지만 패드릭은 골프를 할 때면 분석적인 마음을 접었어. 그리고 자신의 재능을 자유롭게 풀어 놨지. 하지만 지금 자네는 골프만 하면 더 분석적인 마음을 가지려고 하지. 패드릭은 그런 것을 이해하려고 나에게 많은 질문을 했다네. 하지만 한 번 이해하기 시작하니 패드릭은 무의식적으로 하는 것을 정말 잘 해냈어."

나는 대런에게 퍼팅그린으로 오라고 했다. 그리고 아무 생각 없이 타깃을 보고 퍼팅을 해보라고 했다. 내가 대런에게 바랐던 것은 만약 타깃이 홀의 5cm 옆이라면 정확히 5cm 떨어진 곳의 한 점을 쳐다보는 것이 아니고 그냥 무심코 오른쪽을 보는 것이었다. 그런 후 무슨 일이 일어나든 내버려두는 것이다.

대런은 한동안 그렇게 하더니 "참 느낌이 좋네요. 퍼터 페이스 중앙으로 정확하게 공을 치는 것 같아요"라고 말했다. 나는 그때 퍼팅에 대해 벤 크렌쇼로부터 배운 것들을 이야기해주었다. 벤은 오거스타에 있을 때면 퍼팅이 아주 잘 되는 것처럼 느낀다고 했다. 왜냐하면 그린이 아주 매끄러워서 스피드에 따라 6~7가지의 라인으로 공을 홀에 넣을 수 있었기 때문이다. 벤은 의도적으로 조절하지 않았고 자신이 그냥 좋게 느끼는 라인으로 퍼팅했다. 그는 그런 방법으로 퍼팅을 잘할 수 있다고 느꼈고 많은 퍼트를 성공시켰다.

"대런, 이제 그냥 때리는 거야. 난 자네가 루틴을 지키려고 노력하는 것조차 바라지 않아." 대런의 귀가 번뜩했다. 그는 내가 항상 루틴의 중요성을 강조해왔다는 것을 알고 있었기 때문이다.

"만약 자네가 아무 생각 없이 타깃을 바라보면서 무슨 일이 일어나든 무의식적으로 일어나도록 내버려 두는 퍼팅을 한다면, 모든 사람들이 자네가 좋은 루틴을 가지고 있다고 말할 거야. 그냥 별 생각 없이 타깃을 보고 무의식으로 치는 거지. 어떤 일이 일어나도록 내버려두는 거야, 그냥 보고 굴리는 거지. 그 스피드와 방향이 얼마나 좋아질지 알게 되면 자넨 아마 놀라게 될 거야."

대런은 그런 식으로 몇 개의 공을 굴렸다. 그리고 퍼터 페이스 중앙에 공이 맞는 느낌이 어떤지 다시 말했다. 나는 그가 퍼터 페이스 어디에 맞든 신경 쓰지 않기를 바랐다. 그래서 그에게 퍼터 페이스의 바깥쪽 끝 부분(토우)을 사용하여 몇 개의 공을 쳐보도록 했다. 대런은 연달아 3~4개의 공을 성공시켰다. 그런 후 나는 다시 퍼터 페이스의 안쪽 끝 부분(힐)을 사용하도록 했다. 그런 다음 손에서 퍼터를 90도 비틀어서 모서리 부분으로 잡도록 했다. 대런은 시키는 대로 했다.

내가 말했다. "요즘에 나오는 퍼터들은 너무 잘 만들어져서 페이스 전체가 아주 단단해. 공이 퍼터 페이스 어디에 맞든지 별로 중요하지 않아. 꼭 퍼터 페이스의 중앙에 맞추려고 하지 않아도 돼. 그런 생각을 안 하면 오히려 좋은 임팩트가 나올 수 있어. 이 점을 꼭 이해해야 하네. 페이스 중앙을 신경 쓰지 않을수록 페이스 중앙에 맞추는 것이 더 쉬워지는 거야."

대런은 이런 방식으로 몇 개의 공을 더 쳤다. 그리고 퍼팅할 때의 느낌이 정말 마음에 든다고 말했다. 그러나 그는 여전히 스트로크에 대해 분석적인 마음을 버리지 못했다. "약간 손목을 쓰면서 풀어지는 것이 느껴져요. 그렇다고 손목을 풀어주려고 하는 것은 아니에요." 대런이 말했다.

내가 말했듯이, '풀다(Release)'라는 말은 전문가에 따라 모두 다르게 해석될 수 있다. 여섯 명의 퍼팅전문가에게 물어보면 모두가 다른 답을 할 수 있다는 것이다. 나는 대런에게 그것이 무엇을 의미하느냐고 묻지 않았다. 대런은 스트로크를 하는 동안 '손목쓰임'에 의해 손목의 꺾임을 느꼈던 것이다. 많은 퍼팅 지도자들은 손목 동작 없이 퍼터를 움직여야 한다고 말한다.

"자네가 느끼는 것이 정답이야. 무슨 일이 나든 일어나도록 그냥 내버려 둬." 내가 말했다. 나는 대런에게 뭔가를 꼭 느껴야 한다고 말하지 않았다. 왜냐하면 내가 만약 뭔가를 느껴야 한다고 말한다면 대런은 그것이 잘 되고 있는지 걱정할 수 있기 때문이다. 그러면 무의식의 퍼팅과는 정반대의 퍼팅이 되어버린다. 퍼팅할 때 어떤 일이 일어나게 내버려둔다는 개념은 대런에게 흥미롭기도 하지만 어떤 면에서는 이해하기 힘들 수도 있다.

나는 대런이 퍼팅 스트로크의 기술적인 부분에 대해서 걱정하지 않기를 바랐지만, 아직 그러질 못했다. 나는 다시 대런에게 회원 전용 구역에서 했던 것처럼 다양한 거리에서 몇 개의 공을 더 던져보라고 했다. "대런, 내가 말할 수 있는 것은 자네는 1~2m 떨어진 곳에 서서 공을 던질 때 손목 쓰는 것을 볼 수 없어. 하지만 어느 정도 물러선 거리에서는 손목을 쓰기 시작해. 그런 동작은 운동선수에게 본능적인 것이야. '풀다(Release)'라는 것은 필요할 때 일어나는 일이야. '푼다'는 것을 일부러 하려고 집중한다거나, 그것을 잘하기 위해 노력할 필요는 없어. 그 동작에 신경 써서는 안 된다는 말이야. 그냥 일어나도록 내버려두어야 하는 것이지."

나는 대런이 이해하고 동의하고 있다는 것을 느낄 수 있었다. 나는 데이비드 프로스트에게 적용했던 벙커 샷에 관한 이야기를 해주었다. 대런은 벙커 플레이를 아주 잘하는 선수였다. 내가 대런에게 벙커 샷에 관해 물었을 때, 대런 역시 클럽페이스를 얼마나 열었는지 혹은 스탠스는 어떻게 취했는지와 같은 문제에 대해서 무의식적으로 하고 있다는 것을 확인했다. 대런은 그런 것들은 그냥 했고, 볼은 자신이 바라보는 곳으로 날아갔다.

그는 다양한 거리에서 퍼트 연습을 했다. 대런은 거리가 바뀔 때마다 스피드 조절을 잘 해냈다. 하지만 스피드를 의식하게 되면 짧게 치거나 훨씬 지나치게 쳐버렸다. 그러면 그는 놀란 얼굴을 했다. 대런은 원래 항상 생각했던 것들을 잊을 수 있었고 좋은 퍼팅을 보여주기 시작했다. "전 스탠스가 어떻게 되었는지, 혹은 체중이 어디 있는지, 자세가 어떻게 되는지조차 모르겠어요." 대런이 말했다.

"좋아! 나도 자네가 그걸 알기를 바라지 않아. 아주 잘 하고 있어. 그냥 자네가 공이 원하는 곳으로 가는 것을 상상하고 그렇게 되도록 내버려두었으면 좋겠어. 이런 방법은 차를 운전하는 것과 같아. 자네가 럭비를 잘했을 때도 그렇게 했던 거야. 자네가 가장 잘하고 가장 좋아하는 골프를 제외한 모든 신체 활동은 그런 방식이었어. 골프 코스에서 의식의 뇌를 켤 때, 자신의 재능을 스스로 방해하는 꼴이 되어버린다네." 내가 말했다. "나는 자네가 마치 의식의 뇌를 라커룸에 완전히 가두고 온 것처럼 퍼팅했으면 좋겠어. 나는 자네가 눈과 귀 그리고 본능으로 퍼팅하기를 바라네. 무의식적으로 하라는 말일세. 공이 굴러갔으면 하는 곳을 바라본 다음 본능적으로 공을 치는 거야. 우리는 그런 퍼팅을 멋진 스트로크라고 이야기하지."

대런은 1라운드에서 퍼팅을 정말 잘 해냈고 68타를 기록했다. 선두와 3타 차였다. 다음날 연습그린에서 대런을 다시 만났다. 그는 TV를 통해 1라운드에서 퍼팅하는 자신의 모습을 봤다고 했다. 대런은 TV에서 본 자신의 스트로크와 코스에서 느꼈던 방식의 스트로크에 차이가 있음을 느꼈다. 그리고 그런 차이가 있는 것이 놀랍다고 했다. TV에서는 손목 쓰임도 없었고 젖혀지는 동작도 없었다는 것이다. 그는 그렇게 하고 있는 모습이 좋았다고 했다. 그것은 실제 코스에서 느꼈던 것과는 달랐다.

"제가 느끼는 것과 제가 하고 있는 것이 꼭 같지는 않았어요." 그가 말했다. "하지만 어제는 모든 퍼트에서 페이스 중앙으로 쳐서 본대로 공이 간 것 같아요. 거리감도 아주 좋았어요. 저는 시간을 끌지 않았어요."

내가 말했다. "나는 그것이 왜 자네를 놀라게 했는지 모르겠네. 그것은 자네의 타고난 재능이고 자네의 능력이야. 자네는 자신의 실력대로 한 것이고, 자신의 능력을 잘 발휘한 것일세. 그렇게만 한다면 그 능력은 자네 꿈이 이루어지도록 할 거야. 하지만 그것을 의도적으로 조절하려 들면 안 돼."

대런의 퍼팅에 대한 변화는 스코어에서 나타났다. 그는 2라운드에서도 68타를 기록하며 선두인 루카스 글로버와 공동선두가 되었다. 그러나 대런의 변화는 갤러리, TV 시청자 혹은 언론도 쉽게 알아차리지 못했다. 금요일에 한 기자가 나에게 전화를 걸어 물었다. "대런의 퍼팅이 좋아진 이유가 공 앞에 서 있는 동안 연습 스트로크를 하지 않는 것 때문인가요? 그 방법은 퍼팅 코치로부터 받은 조언인가요?" 나는 이 말에 동의할 수 없었지만, 대런이 '완벽한' 퍼팅 루틴을 따르지 않았다는 사실을 기자들에게 이해시키거나 혹은 받아들이도록 할 수 없었다. 정반대였기 때문이다. 대런의 퍼팅이 향상될 수 있었던 것은 완벽을 추구하는 헛된 노력을 멈추고, 무의식적인 퍼팅을 하면서부터였다. 그것은 위대한 일을 성취하는 방법이다.

토요일에 티오프하기 전 대런을 다시 만났다. 대회 직전의 이 단계에서는 선수에게 많은 것을 가르칠 수 없다. 그래서 나는 그저 코스에서 생각할 수 있는 몇 가지 조언만 주곤 한다. 골프는 샷과 샷 사이에 생각할 수 있는 시간이 많다. 그 시간에 선수들은 자신에게 이로운 것을 생각해야 한다. 나는 선수들이 여유롭고 자신감 있는 생각을 하도록 돕고 싶다.

나는 대런에게 말했다. "여유롭게만 경기할 수 있다면, 자신감 있는 경기를 할 수 있을 거야. 자신의 재능에 몸을 맡겨버려! 자네 능력을 발휘해봐. 모든 것이 자네 안에 있는 거야. 어떤 것을 만들려고 하지 마. 그냥 저절로 되도록 내버려두어야 해. 그렇게 하는 방식은 일부러 무언가를 만드는 것하고는 아주 다른 방식이야. 자네가 우승하지 못할 것을 걱정하면 뭔가를 만들게 될 거야. 저절로 되게 하는 방식을 따르다 보면 행복감이 들고 끈기를 발휘할 수 있게 돼. 자신이 멋진 경기를 할 수 있다는 자신감이 있으면 얼마나 행복해지고, 얼마나 큰 인내심이 생기는지 모르네. 그 방식으로 되어야 해. 하지만 그렇게 하는 것은 쉽지 않아. 왜냐하면 열심히 노력한다는 것에 너무 익숙해져 있고, 저절로 일어나도록 내버려두는 것은 자네가 충분히 노력하지 않는 것처럼 느낄 수 있기 때문이지. 만약 자네가 저절로 일어나도록 하면서 도전을 좋아하고 그 도전을 즐길 수 있다면, 나는 자네가 원하는 것을 얻기 위해 할 수 있는 일이라면 뭐든 해낼 수 있다고 생각해. 자네는 노력하지 않는 것처럼 생각할 수도 있어. 하지만 다른 모든 사람들은 자네를 멋지고, 차분하고, 침착한 사람으로 바라볼 거라네!"

나와 대런은 첫 번째 티를 향해 걸어갔다. 관람석에 꽉 들어찬 사람들과 줄 따라 서 있는 갤러리들의 박수 소리가 우리 둘을 잠시 압도했다. 내가 말했다. "대런! 자네와 함께 경기하는 여기 모든 사람들은 자네만큼이나 게임을 좋아하는 사람들이야. 마치 가장 친한 친구들과 파티를 하는 것 같지. 자네가 파티장에 들어서면 누구를 만날지 흥분되어 아주 큰 미소를 짓게 되겠지. 자네가 이렇게 느꼈으면 하네."

토요일 3라운드, 대런은 69타를 기록했고, 더스틴 존슨을 제치며 1타 차 선두로 올라섰다. 나는 마지막 라운드 대부분의 시간을 퍼팅그린에서 보냈다. 티오프 전 퍼팅연습을 하는 선수들과 이야기를 나눈 것이다. 대런은 연습장에서 몸을 풀고 라운드가 시작되기 전 퍼팅그린으로 오는 마지막 선수 중 한 명이었다. 나는 그가 어떤 태도로 다가올지 궁금했다. 대런의 모습이 눈에 들어왔을 때, 나는 전율이 느껴졌다. 왜냐하면 그가 활짝 웃는 얼굴을 하고 있었기 때문이다. 대런은 그의 선수생활에서 가장 중요한 라운드를 앞둔 선수라기보다는 이 골프장을 소유하고 있는 사람처럼 느긋해 보였다. 대런은 그린으로 오는 길에 아이들에게 사인을 해주었다. 대런은 각각의 아이들과 눈을 마주치면서 기분 좋은 순간을 보냈다.

그 광경은 2008년 로얄 버크데일에서 열린 브리티시 오픈에서의 패드릭 해링턴을 생각나게 했다. 이때 패드릭은 브리티시 오픈에서 두 번째 우승을 차지했다. 나는 대런이 패드릭과 같은 마음을 가졌다는 사실에 안심이 되었다. 그에게 정말 좋은 기회가 왔다고 느꼈다.

나는 대런을 보고 활짝 웃어주었고 하이파이브를 했다. "대런! 이제 파티할 시간이야." 대런은 기분이 좋다고 말하면서도 어제 3라운드에서 6번 홀까지는 긴장을 많이 했다고 말했다. 왜냐하면 첫 번째 티에 올라왔을 때, 긴 시간 동안 갤러리들이 열렬하고 따뜻한 환영을 해주어서 깊은 감동을 받았다는 것이었다. 그래서 경기 초반, 버디 퍼팅을 할 때 의식적이었고 조심스러웠다고 했다. 그 바람에 퍼팅을 짧게 치고 말았지만, 7번 홀부터는 원래 상태로 돌아온 후 라운드가 끝날 때까지 무의식으로 할 수 있었다고 말했다. 나는 대런이 스트로크에 대해서 조목조목 체크하고 분석하지 않기를 바랐다. 나는 그에게 감정 컨트롤을 잘 하고 있다고 말해주었다. 그리고 라운드가 진행될수록 여유롭고 자유롭게 플레이하는 모습이 정말 마음에 들었다고 말했다.

"후반에 퍼팅한 것들은 정말 멋졌어!" 내가 말했다. 대런은 3라운드 마지막 홀에서 오르막 뒷핀의 7m 퍼트를 성공시켰다. 나는 그 홀에서 많은 선수들이 짧게 치는 것을 보았다. 대런은 1.5m를 지나간 퍼트도 그냥 다가가서 아무 생각 없이 쳐버렸다. 그 장면은 낸시 로페즈를 떠올리게 했다. 낸시는 전성기 때 홀을 지나가게 퍼팅하는 것을 좋아했다. 왜냐하면 다음 퍼팅을 빵! 하고 쳐버리면 상대 선수들이 당황스러워했기 때문이다. "자네가 퍼팅하는 기분이 어땠는지에 대해 말할 때 난 그렇게 생각했던 거야." 내가 말했다.

나는 대런에게 퍼팅의 귀재인 브래드 팩슨에 대해서 말해주었다. 브래드는 그린에서 두 가지를 생각했다. 첫 번째는 라운드가 진행될수록 신경을 덜 쓴다는 것이고, 두 번째는 들어가든 안 들어가든 멋진 퍼트를 상상한다는 것이었다. "좋은 마음가짐으로 공을 굴리면, 들어가는 것을 마음속으로 상상했기 때문에 멋진 퍼트가 나올 거야." 내가 말했다. "만약 그런 방법을 계속 유지한다면 자네는 늘 한결같은 퍼팅을 하게 될 것이고, 위대한 업적도 세우게 될 것이네. 그리고 퍼팅에 대한 만족감은 반드시 홀에 들어가야 가질 수 있는 것은 아니네. 마지막 날에는 많은 선수들이 좋은 퍼팅을 하다가도 나쁜 퍼팅을 만들곤 하지. 그러면 그 나쁜 퍼팅 때문에 의식적이고 조심스럽게 할 수밖에 없었다고 합리화시키게 돼. 이렇게 스스로를 방해하는 골프가 되지 않도록 조심해야 해. 실수가 몇 번 나오더라도 그냥 받아들이고, 스스로를 비난하지 않아야 하고, 자신에게 화를 내지 않아야 하네. 밝은 마음으로 자네가 할 수 있는 모든 것을 발휘하고 그 순간을 즐기는 거야. 만약 조심스러워지고 의식적으로 하는 자신을 느끼게 되면, 거기서 빠져나와 웃음을 터트려버려. 그리고 자신에게 이렇게 말해보게. '아 이런 바보야, 어떻게 하는지 알고 있잖아! 그냥 보고 치는 거야!' 이렇게 자신과의 싸움에서 이겨내고 그냥 보고 치는 골프를 해내길 바라네."

대런이 말했다. "박사님, 전 스코어보드도 신경 쓰지 않을 거고, 다른 선수들도 신경 쓰지 않을 거예요. 전 캐디하고 더스틴 그리고 그의 캐디와 떠들면서 그저 저만의 작은 세상 안에서 즐기려고 해요. 전 그냥 공이나 치면서 하루를 즐겁게 보내려고요." 나는 대런이 한 말이 마음에 들었다. 그 후 몇 분 동안 대런은 나와 많은 대화를 나누었다. 그는 자신이 받았던 모든 메시지로부터 긍정적인 부분을 정리했고 그것에 대한 생각을 이야기했다. 나의 일은 그냥 대런의 말을 들어주는 것뿐이었다.

대런은 잠시 2006년에 세상을 뜬 아내에 대해서 이야기했다. "박사님도 알다시피 저는 정말 아내를 잃은 뒤로 더 많이 성숙해졌어요. 아내 일은 정말 비극이었고 제 삶에서 힘든 시간이었어요. 하지만 힘든 시간을 겪으면서 충분한 휴식을 가질 수 있었어요."

나는 대런에게 자신의 길을 막는 골프를 하지 말라고 했다. 그리고 기다리면 좋은 일이 생길 것이라고 믿고, 자신은 그런 운명을 가졌다고 생각해야 한다고 말해주었다. 톰 왓슨은 언젠가 이렇게 말했다. "우승하기를 소망한다면 기다릴 줄 알아야 하고, 그 기다림을 위해서 수용하는 마음을 가져야 한다." 대런은 아내 잃은 아픔을 긍정적으로 받아들이려고 노력했다. 대런은 아내를 잃은 직후 열린 2006년 더블린 외곽 K클럽에서의 라이더컵을 떠올렸다. 그는 여태껏 경기하면서 그토록 긴장한 적이 없었다고 했다. 대런은 그 긴장감과 비슷한 오늘의 최종일 경기에서 별일 없이 잘할 수 있다는 자신감을 가졌다.

대런은 주머니에서 핸드폰을 꺼내면서 말했다. "박사님, 제가 보여줄 게 있어요." 그것은 다리 부상으로 브리티시 오픈에서 예선 탈락한 타이거 우즈의 메시지였다. 타이거와 대런은 오랫동안 시합을 같이 해왔고 둘 사이에는 깊은 우정이 있었다. 나는 타이거가 대런한테 연락했다는 사실이 매우 인상적이었다. 타이거로부터 응원을 받는다는 것은 대런에게 큰 의미가 있었다. 대런은 나한테 그 메시지를 보여줄지 망설였다고 했다. "타이거의 메시지는 우리가 이야기해온 것과 아주 비슷한 것 같아요." 대런이 말했다.

"그가 이렇게 보냈어요. '과정에 집중해야 해. 시합에 들어서면 자신을 믿어야 해. 초반에 버디를 좀 잡아내면서 한 샷 한 샷에 집중하도록 해. 넌 이것을 어떻게 해야 하는지 알고 있잖아. 가서 끝장내버려. 즐거운 하루 보내고. 응원하고 있을게!'"

대런은 아일랜드 사람으로서 동료 선수인 그래엄 맥도웰과 로리 맥길로이로부터도 응원의 메시지를 받았다. 로리의 메시지 내용은 2011년 US 오픈 최종일 전날 저녁에 대런이 로리에게 보낸 메시지와 똑같은 것이었다. 타이거가 보낸 것처럼, "가서 끝장내버리라고!"

내가 말했다. "대런, 알다시피 자네는 항상 친구들을 믿어 왔잖아. 친구들은 자네를 확실히 믿고 있어. 이제 자신을 믿어야 할 시간이야. 무의식적일 때 샷이 얼마나 좋았는지 생각해봐. 그리고 이번 시합에서 자네가 했던 퍼팅 그리고 어프로치 샷, 벙커 샷들이 얼마나 좋았었는지를 떠올리고 자신감으로 경기해봐. 무의식적으로 재미있게 놀아보자고. 갤러리와 경기 파트너인 더스틴 존슨에게 좋은 마음을 가지고 즐거운 시간을 보내자고. 자신을 있는 그대로 보여주어야 하네. 자신을 비난하지 말고, 게임을 평가하지 않도록 해. 그리고 게임이 어떻게 될지 예측하지 말고 그냥 플레이만 집중해. 우승이 제 발로 오도록 하는 거야."

대런과 나는 첫 번째 티를 향해 걸어갔다. 박수갈채가 대단했다. 나는 사람들을 향한 대런의 눈빛과 자신을 응원해주는 사람들과 악수하면서 고마워하는 그 모습이 마음에 들었다. 대런은 자신의 모습대로 움직이고 있었다. 그는 첫 번째 홀에서 4m 퍼트를 성공시키면서 파를 기록했다. 나는 대런이 무의식적으로 실행하는 것을 보고 아주 기쁜 마음이 들었다. 대런은 1.5m 정도 되는 퍼트들을 잘 해냈다. 그는 경기를 잘 풀어나가고 있었다. 대런은 멋져 보였다.

대런은 스코어보드를 보고 싶어 하지 않았지만, 나의 눈은 그곳을 향했다. 필 미켈슨은 10번 홀까지 6언더파를 기록하고 있었고, 더스틴 존슨은 한두 타 차로 쫓아오고 있었다. 하지만 대런은 7번 홀에서 이글을 기록하며 7언더파로 경기를 마쳤다. 나는 대런이 자기 자신을 방해하는 게임이 되지 않도록 응원하면서 따라다녔다. 필 미켈슨은 대런이 이글을 기록한 후 쇼트 퍼트 몇 개를 실패했다. 더스틴은 14번 홀에서 OB를 내고 말았다.

결국 대런에게 우승이 찾아왔다. 경기가 끝난 후 우승 파티는 대런의 매니지먼트 회사가 마련해준 집에서 열렸다. 나는 대런의 어머니와 아버지 그리고 대런의 약혼녀인 엘리슨과 이야기를 나누었다. 그들은 나에게 물었다. 대런이 시합 내내 어떻게 그렇게 여유로움을 유지할 수 있었는지 궁금하다고 했다. 나는 미소지었다.

대런은 나에게 말했다. "저는 캐디가 5타 차 선두라고 말하기 전 17번 홀까지 완전히 무의식적으로 하고 있었어요. 하지만 그 사실을 알자

마자 저는 약간 의식적이 되었죠. 그리고 퍼트를 짧게 남기면서 보기를 기록했어요. 18번 홀에 와서 티 샷을 가운데로 잘 쳤지만 세컨드 샷을 의식적으로 해버린 것 같아요. 그때 전 경기가 끝났다는 것을 알았어요. 그리고 또 보기를 했죠. 전 마지막 이 두 홀을 다시 플레이한다면 무의식적으로 할 수 있을 것 같아요."

하지만 대런은 실수에 대해 자신을 비난하지 않는 것이 더 좋다는 사실을 이미 알고 있었다. 그가 말했다. "제가 메이저 대회에서 우승할 수 있어서 말할 수 없이 기쁘지만, 훨씬 더 기쁜 일은 대회 4일 동안 내 자신을 방해하는 골프를 하지 않았다는 것이에요. 그 점이 정말 자랑스러워요. 이 대회를 치르면서 깨달은 점이 있어요. 제 나이로도 이런 대회에서 충분히 우승할 수 있다는 것이고, 제 자신을 있는 그대로 내버려두면 더 많은 것을 얻을 수 있다는 것이에요." 대런은 이어서 말했다. "그렇게 하니까 정말 도움이 많이 됐어요. 시합을 하는 동안 긴장이 되지 않았어요. 제가 잘한 일은 그냥 좋은 마음을 갖자고 자신에게 계속 말한 것이에요. '기회가 다시 오지 않을 수 있으니 이번 대회에서 반드시 우승해야 한다'와 같은 생각은 전혀 하지 않았어요."

나는 그의 말에 동의했다. 나는 대런이 더 많은 메이저 대회에서 우승할 수 있다고 믿는다. 물론 그가 더 할 수 있을지는 알 수 없다. 하지만 대런이 2011년 브리티시 오픈에서 보여주었던 방식대로 자신의 마음과 감정들을 잘 조절할 수만 있다면, 항상은 아니더라도 언제든지 우승자가 될 수 있을 것이다.

내가 여기에 특별히 더 이야기하고 싶은 것은 나의 도움을 받았다고 해서 모든 선수들이 대런과 같은 결과를 내는 것은 아니라는 점이다. 패드릭 해링턴은 이번 브리티시 오픈에서 예선 탈락을 하고 말았다. 패드릭 역시 나에게 여러 해 동안 지도를 받아온 선수다. 패드릭은 자신이 해야 할 일이 무엇인지 잘 이해하고 있을 뿐만 아니라 그 일을 능숙하게 잘 해냈다. 하지만 이번 대회에서는 잘 되지 않았다.

패드릭은 이번 브리티시 오픈에서 실패한 후 나와 이야기를 나누었다. 패드릭은 몇 년에 걸쳐 받은 레이저 눈 수술이 집중력에 영향을 미쳤다고 했다. 그는 시력 변화에 잘 적응하지 못했다. 패드릭은 그린 경사를 읽을 때 자신의 눈을 신뢰하지 않았음을 깨달았다. 퍼팅을 시작하기 직전, 정밀한 조정으로 그린을 다시 파악하려 했던 것이다. 메이저급 대회에서 그런 망설임은 우승으로 가느냐와 집으로 일찍 가느냐를 결정짓는 요소이다.

패드릭의 실패는 쇼트 게임을 어떻게 해야 하는지 알더라도, 그것만으로 충분하지 않다는 것을 보여준다. 안다는 것은 쉬운 일이지만 실천하는 것이 어려운 법이다.

여러분이 지금까지 이 책을 주의 깊게 읽었다면, 내가 2011년 브리티시 오픈에서 대런 클라크에게 해준 조언들이 이 책에서 서술해온 내용과 같다는 것을 알 수 있을 것이다. 그 조언들은 어떤 골퍼라도, 어느 수준의 골퍼라도 도움이 되는 내용이다. 보통의 골퍼들은 대런만큼 힘있게 공을 칠 수 없을지도 모른다. 하지만 어떤 골퍼든 위대한 프로들의 방식으로 생각할 수는 있다. 여러분도 퍼팅, 어프로치 샷, 벙커 샷을 할 때 무의식의 동작으로 할 수 있다는 것이다. 그런 방법을 통해 골퍼들은 게임의 수준을 한결같이 유지할 수 있고, 위대함으로 끌고 갈 수도 있다. 그러나 그 위대함은 자신이 정한다.

골퍼들이 이런 방법으로 플레이할 수 있다면 자신감이 넘쳐 질주하는 골퍼가 될 것이다. 이제 여러분은 자신의 그 질주를 가로막는 사람 역시 오로지 자신뿐이라는 것을 알고 있다. 자신의 골프를 스스로 가로막을 것인가? 아니면 무의식의 골프가 되도록 할 것인가? 자신의 골프가 자유롭게 되도록 놔둘 것인가? 챔피언처럼 생각할 것인가? 여러분이 이 질문에 좋은 답을 한다 해도, 자신의 경기에서 우승자가 될 것이라고 나는 확신할 수 없다. 하지만 내가 확실하게 이야기할 수 있는 부분은 코스를 떠날 때 자신을 자랑스러워하며 그렇게 플레이한 방식에 행복할 수 있다는 것이다. 여러분은 승리를 위해, 자신을 위해 최선을 다하게 될 것이다.

당신도 챔피언이 될 수 있다.

감사의 말

이 책을 위해 도움을 준 많은 사람들에게 감사의 말을 전한다. 나의 동료 밥 크리스티나는 운동기술 발달에 대한 아이디어와 정보를 제공해줌으로써 큰 도움을 주었다. 밥은 노스캐롤라이나주 파인허스트에 있는 파인허스트 골프 아카데미와 그린즈버로에 있는 로버트 린빌의 프리시전 골프 아카데미에서 가르치는 일을 하고 있다. 어떤 골퍼라도 밥 크리스티나와 함께 시간을 보낸다면 도움을 받을 수 있을 것이다.

나는 수년간 세계 최고의 골퍼들과 함께 일해온 것을 영광스럽게 생각한다. 그들 중 몇 명은 특별히 이 책에 도움을 주었다. 트레버 임멜만, 그래엄 맥도웰, 마크 윌슨, 대런 클라크, 피터 유라인, 팻 브래들리, 키건 브래들리까지 이들은 자신들의 경험과 추억을 공유해주었다.

톰 카이트, 패드릭 해링턴, 데이비스 러브 3세, 데이비드 프로스트, 브래드 팩슨은 수년간 고객 이상의 친구였다. 또한 아마추어 고객들에게도 감사의 말을 전하고 싶다. 특별히 마티 제이콥슨과 게리 버크헤드에게 감사의 말씀을 드린다. 나는 함께 일해온 모든 선수들로부터 배움의 기회를 가질 수 있었고, 그것들은 이 책 안에 고스란히 수록되어 있다. 그들 모두에게 감사의 말을 전한다.

출판 대리인 라페 사갈린과 편집자 도미니크 안푸소는 이 책을 출판할 때도 그랬듯이 17년 동안 진실한 파트너들이었다. 마지막으로 나의 아내 달린이 없었다면 이 책은 세상에 나오지 못했을 것이다.

많은 사람들이 골프를 어려워한다. 선수들도 마찬가지이다. 여러 이유가 있겠으나 나는 이런 생각을 해본다. 우리가 골프를 잘하기 위해서 상식적으로 생각하는 태도들이 있다. 가령 '열심히 해야 한다', '신중하게 해야 한다', '진지하게 해야 한다', '정확하게 해야 한다', '완벽해져야 한다' 등이 그것이다. 선수라면 더더욱 강요당하는 것이고, 골프를 잘하기 위해서 반드시 필요한 태도라고 생각하기 쉽다. 하지만 아이러니하게도 결국 이런 태도들이 골프의 발목을 잡고 만다.

골프를 잘하기 위해서는 연습량이 전부가 아니다. 신중할수록 더 많은 실수가 나온다. 진지한 태도는 흥미를 떨어뜨린다. 정확성을 위한 노력은 문제를 해결시키지 못한다. 완벽함을 추구하는 것은 멘탈적으로 많은 취약점을 드러낸다. 이렇듯 골프의 진실에는 상식에 반하는 모순이 있다. 이것은 생각의 문제이고 관점의 문제이면서 마음의 문제이다.

이런 까닭에 '골프는 멘탈 게임, 마음의 게임'이라는 말이 어색하지 않는 듯하다.

나 역시 골프를 잘하기 위해, 프로가 되기 위해 죽기 살기로 연습에 매달렸던 시절이 있다. 열심히, 신중하게, 진지하게, 정확하게, 완벽하기 위해 노력했다. 하지만 결과는 실패의 연속이었다. 자그마치 10년이 넘도록 반복했다. 나는 골프에 서려있는 그 모순을 깨닫고 나서야 비로소 프로에 입문할 수 있었다. 나뿐만 아니라 멘탈 문제로 나를 찾아오는 대부분의 선수들 역시 성실하게 선수생활을 해왔지만 자신이 원하는 결과에 이르지 못했다. 이 선수들의 노력 또한 내가 했던 노력의 범위에서 크게 벗어나지 않았다. 나는 이 책을 번역하는 동안 골프의 속성을 빨리 이해하지 못한 지난 시간이 못내 아쉬웠다.

로텔라 박사는 선수들에게 이렇게 조언한다. '연습량을 줄여야 한다', '신중한 태도에서 벗어나야 한다', '게임을 즐겨야 한다', '정확성을 위한 노력을 멈춰야 한다', '완벽을 추구해서는 안 된다.' 이는 열심히 하지만 노력의 방향이 잘못되어 있는 선수들에게 해줄 수 있는 조언이다. 로텔라 박사는 이렇게 말한다. "골프를 잘하기 위한 최선의 노력은 노력하지 않는 것처럼 느껴질 수 있다. 그것이 현명한 노력이다." 골프의 이런 모순을 이해하기 위해서는 골프 학습과정에 대한 기초지식을 알아야 하고, 무턱

대고 열심히만 할 것이 아니라 골프를 멘탈적, 심리적 관점에서 접근해야 한다. 필드에서의 성공을 위해서는 반드시 고민이 필요한 부분이다.

이러한 점에서 로텔라 박사의 강의는 빛이 난다. 로텔라 박사는 다양한 예시와 에피소드를 통해 골프의 속성을 설명한다. 또한 세계 최고의 선수들과 함께한 경험을 공유한다. 이 책은 비록 쇼트 게임에 관한 내용이지만, 결국 골프 전체에 관한 내용이기도 하다. 쇼트 게임에 대한 본질이 곧, 골프 자체에 대한 본질이기 때문이다. 골프에 길을 잃고 방황하는 선수들, 골프가 한없이 어렵게만 느껴지는 아마추어 골퍼들에게 이 책은 마치 망망대양의 등대가 되어줄 것이다. 노력은 하지만 만족스런 결과를 얻지 못해 괴로워하고 있는 골퍼들이라면 이 책에서 그 해답을 찾을 수 있을 것이다.

끝으로 바쁜 일상에도 불구하고 번역에 도움을 준 미국인 Craig Succop에게 감사의 말을 전한다. 그리고 출판에 협조해주신 예문당의 임용훈 대표님과 관계자 분들께도 감사의 뜻을 전한다.

한국의 '밥 로텔라'를 꿈꾸며

골프심리코치 이종철